课程资源论

京师教师教育·教师新视点丛书

丛书主编 吴刚平

吴刚平 李茂森 闫艳 著

北京师范大学出版集团
北京师范大学出版社

图书在版编目（CIP）数据

课程资源论/吴刚平等著．—北京：北京师范大学出版社，2014.7（2024.8重印）

（教师新视点丛书）

ISBN 978-7-303-12643-9

Ⅰ.①课… Ⅱ.①吴… Ⅲ.①教学研究－中小学 Ⅳ.①G632.0

中国版本图书馆 CIP 数据核字（2014）第 016066 号

图 书 意 见 反 馈　gaozhifk@bnupg.com　010-58805079
营 销 中 心 电 话　010-58802135　010-58802786
北师大出版社教师教育分社微信公众号　京师教师教育

出版发行：	北京师范大学出版社　www.bnup.com
	北京市西城区新街口外大街 12-3 号
	邮政编码：100088
印　　刷：	北京虎彩文化传播有限公司
经　　销：	全国新华书店
开　　本：	710 mm×1000 mm　1/16
印　　张：	15.75
字　　数：	315 千字
版　　次：	2014 年 7 月第 1 版
印　　次：	2024 年 8 月第 6 次印刷
定　　价：	30.00 元

策划编辑：伊师孟		责任编辑：倪　花　薛奕娇
美术编辑：焦　丽		装帧设计：吴乾文
责任校对：李　菡		责任印制：马　洁

版权所有　侵权必究

反盗版、侵权举报电话：010-58800697
北京读者服务部电话：010-58808104
外埠邮购电话：010-58808083
本书如有印装质量问题，请与印制管理部联系调换
印制管理部电话：010-58806364

总　序

　　基础教育课程改革的深入推进，为中小学教师专业发展提供了更为广阔的空间和要求，广大教师也热切呼唤能够有更多的研究成果为教育教学改革实践提供更为专业的思想理论基础。正是在这一大的时代背景下，我们决定推出以中小学教师和教育研究者为主要读者对象的《教师新视点丛书》，目的就是要为教师创造性地开展教育教学活动提供新视角、新方向和新成果，为中小学教师专业发展注入新动力。

　　《教师新视点丛书》会聚教育研究领域的一批新锐作者，致力于发表支持教师专业发展的课程研究、教学研究和教师研究方面的最新成果，围绕课程、教学和教师领域的热点和盲点问题进行历史考察、理论分析和趋势展望。特别是有关课程领导、课程资源、课程思想、对话教学、教学创新、教师身份、教师角色、教师教育等专题研究成果，反映了中小学教育改革和发展的新视角和新观点。

我们深知,中小学教师新视点的涵盖面非常宽广,远非一套丛书就能完全承担。所以,我们只能不揣浅陋,确定这套丛书的首批著作重点呈现四大主题的研究成果:一是课程与教学研究,二是课程史研究,三是教师研究,四是教师教育课程研究。

关于课程与教学研究主题,涉及课程资源、课程领导、对话教学和教学创新四个专题。其中,《课程资源研究》突破人们长期固守的教材概念局限,在课程资源视阈下对知识观、教学观、教师观、学习观和评价观进行反思,重点阐释教学预设资源、动态生成性资源、教室和场馆资源、现代教育技术资源、教师资源、社区资源和时间资源等课程资源开发、利用和共享的理论与技术。《课程领导研究》从认识论知识观扩展为生存论知识观,据此重新审视中小学课程相关利益主体参与课程决策的需求与可能,主张专业、民主与服务的课程领导方式,建设解决问题的课程团队,确立课程的社会价值与个人价值及其实现机制。《对话教学研究》从师生互动的角度,确认教学对话的独特性,并结合具体教学案例和话语分析,探讨教师如何通过提出真实且有意义的问题来驱动和指导对话教学的策略和方法。《观念转变与教学创新》引入知识获得、课程素养和教研问题意识等新的观念形态,为中小学教学创新提供新视角、新思路和新方法。

关于课程史研究主题,涉及中国古代课程思想史、儒家课程哲学和中国公民课程史三个专题。其中,《中国课程思想史》以古代官学为主,兼及私学和书院,梳理和探讨先秦、秦汉、隋唐、宋元和明清时期课程思想的演化过程、历史贡献和当代价值,旨在提供当代中国基础教育课程改革的历史视野。《智与德的共生:四书的课程价值哲学》从价值论的角度,挖掘我国传统经典四书的课程哲学思想，探讨化解当代课程重智轻德危机的古代智与德共生的思想资源和可行性路径。《中国公民课程的孕育》从课程史的角度，选取学校科目社会史研究路径，探究中国公民教育课程的孕育过程，深度思考我国公民教育课程目标、课程内容和课程组织形式的变迁历程、当下困境与发展思路。

关于教师研究主题，涉及教师身份认同和教师知识分子角色专题。其中，《教师身份认同研究》从学理上将作为"教师"的人和作为"人"的教师有机统一起来，探明教育变革中教师的身份认同危机，探讨如何实现教师自我内在能动性的有效扩展，促进教师的自我改变和自我超越。《教师知识分子角色研究》以专业性和公共性为视角，通过构建教师知识分子角色双锥模型分析框架，探讨教师知识分子角色的转化路径和重建策略。《教师如何做评价》从校本评价的视角出发，探讨教师开展校本评价的意义、途径和方法，尤其是如何建立校本评价的文化，如何收集、解释和报告校本评价信息，如何引导学生成为校本评价的主体。

关于教师教育课程主题，涉及教师教育课程的国际比较和国别研究两个专题。其中，《教师教育课程发展的国际比较研究》重点探讨美、英等西方发达国家的教师教育课程在功能价值、目标定位、课程结构、课程内容、教学方式、课程评价和课程管理等方面的理论成果、政策措施、操作经验和发展趋势等。《儿童学习结果取向的美国教师教育课程研究》以美国多所著名大学教师教育课程为例，全面探讨儿童学习结果取向的教师教育课程目标、体系、实施和评价及其理论与实践成果，以及对中国教师教育课程改革的借鉴意义。

我们期待这些研究成果能够为中小学教育改革和发展，特别是教师专业发展起到实践反思和观念重建的助推作用。同时，我们对这些研究领域的不同视角和观点保持开放的态度，乐见不同研究者相互切磋、商榷、争鸣和批判。

在此，真诚感谢北京师范大学出版社为这套丛书出版提供的宝贵支持和帮助，特别是叶子总编辑、倪花编审等领导和老师为丛书出版付出了专业而高效的辛勤劳动。

吴刚平
2013 年 10 月 30 日
于华东师范大学课程与教学研究所

目 录

第一章 课程资源建设的挑战与机遇 ………………… 1
　一、课程资源短缺的现实问题 ………………………… 1
　二、课程资源与三级课程管理 ………………………… 4
　三、课程资源与课程发展的时代特点 ………………… 10

第二章 从教材扩展到课程资源的意义 ……………… 17
　一、课程资源与知识观的重新定位 …………………… 17
　二、课程资源与教学观的更新 ………………………… 19
　三、课程资源与教师观的再认识 ……………………… 23
　四、课程资源与学习观的变革 ………………………… 26
　五、课程资源对评价观的冲击 ………………………… 28

第三章 开发和利用课程资源的基本思路 …………… 30
　一、构筑课程资源的分析框架 ………………………… 30
　二、建立课程资源的协调与共享机制 ………………… 34
　三、开发和利用课程资源要逐步深入 ………………… 36
　四、以教师专业发展为突破口 ………………………… 41

第四章 作为课程资源的教学案与练习题 …………… 45
　一、基于学生学习的教学案设计 ……………………… 45
　二、从书面习题作业向创造性作业扩展 ……………… 55
　三、促进学生学习的考试命题 ………………………… 67

第五章 动态生成性资源的捕捉与利用 ……………… 76
　一、对动态生成性资源的基本认识 …………………… 76
　二、教学思维方式与动态生成性资源 ………………… 84
　三、动态生成性资源的价值实现策略 ………………… 93

第六章　教室等场馆资源的开发和利用　98
　　一、教室资源的开发和利用　98
　　二、农村学校如何应对场馆资源的挑战　109
　　三、通过数字化实现图书馆的跨越式发展　119

第七章　现代教育技术资源的开发和利用　130
　　一、现代教育技术资源　130
　　二、信息技术资源与教学的整合　136
　　三、现代化的教育手段与现代教育的关系　143

第八章　教师课程资源的开发　155
　　一、教师课程资源及其影响因素　155
　　二、教师的专业智慧　162
　　三、教师的人格魅力　168
　　四、教师成为学习者和研究者　174

第九章　社区资源的开发与利用　181
　　一、社区资源的内涵与意义　181
　　二、社区资源与学校课程的融合　187
　　三、加强学校与社区的有效沟通　193

第十章　时间资源的激活与利用　200
　　一、课程表的设计与时间资源的激活　200
　　二、有效教学与课时资源　210

第十一章　课程资源的共享机制　222
　　一、课程资源共享的必要性和可行性　222
　　二、课程资源的校内与校际整合　225
　　三、学校资源与社区资源的整合　229
　　四、课程资源的数据库建设　236

第一章　课程资源建设的挑战与机遇

课程资源建设是我国基础教育课程改革面临的一个崭新课题。随着课程改革的力度不断加大，课程资源的重要性日益显现出来。但不可否认的是，当前我国课程资源建设仍然存在着很大的问题。这些现实的问题对我国课程资源建设提出了挑战。课程资源建设也只有在迎接和战胜这些挑战的过程中才能寻找、创造和抓住可能的机遇。

一、课程资源短缺的现实问题

任何课程改革政策的有效推行都离不开课程资源的大力支持。"如果制定政策时没有考虑实施政策所需的资源，而且如果没有必要的资源，学校、教师和学生就会处于要求得不到满足的局面。"[①] 当前，我国课程资源建设还面临着课程资源短缺的现实困扰，课程资源短缺的现实问题尚未得到根本解决。

（一）课程资源意识淡薄

在我国，课程资源短缺的一个重要原因就是学校教师的课程资源意识还比较淡薄。由于课程资源意识的淡薄而导致大量课程资源特别是素材性资源被埋没，不能及时地被加工、转化和进入实际的中小学课程，造成了许多有价值的课程资源的闲置与浪费。

1. 课程概念理解上的褊狭

课程资源与课程存在着十分密切的关系，没有课程资源也就没有课程可言。反之，有课程就一定有课程资源作为前提。长期以来，对于"课程"概念的狭隘认识导致了课程资源意识的淡薄。

从课程定义的整个发展变化历程来看，课程概念的内涵与外延已经发生了深刻的变化，即从片面强调名词意义上的、静态的"学科内容"转变为对动词形式上的、动态的"学生经验或经历"的积极关注等。课程内涵与外延的不断变化，使得课程理论工作者和实践工作者的课程意识也需要相应地发生转变，需要不断进行课程概念的重构，更新课程的价值观念。这也为课程资源的合法性存在奠定了基础。

---

① ［美］国家研究理事会. 美国国家科学教育标准[S]. 戢守志, 译. 北京：科学技术文献出版社，1999.276.

但新的课程概念要内化为教师实际的课程价值观念还需要一个过程，"课程领域已经发生的变化，还不足以从根本上动摇人们心目中久已形成的'课程'概念"①。因此，当教师没有在观念层面上对课程本质的认识发生根本性转变，也就是说，当课程的新价值观念还没有真正成为教师课程行为的指导方向时，教师仍然会习惯性地把教材看作"金科玉律"，对教材之外大量鲜活的课程资源熟视无睹，这似乎也就成为正常的现象了。

2. 课程资源的认识误区

教师对课程资源概念本身在认识上存在很多误解，造成了在教育实践中课程资源意识淡薄的现象。首先，从课程资源存在的空间范围来看，可以包括校内课程资源和校外课程资源。然而很多教师只将学校层面的人、财、物看作课程资源，对校内的时间、空间、信息等资源视而不见；同时，对诸如博物馆、纪念馆、科技馆等广泛存在于校外的社会资源不予关注。其次，从课程资源的功能特点来看，可以分为素材性资源和条件性资源。很多教师私下抱怨学校的设施设备等条件性资源的匮乏，那是因为他们只关注教材、参考书、教学设备等课程资源的显性功能；而对于教师、学生作为课程资源的生命载体，特别是课堂上瞬间即逝的生成性资源等，往往漠然视之，认识不到其存在的重要教育价值。正因为教师"眼中"看不见诸如此类的课程资源，对于课程资源的认识褊狭或不到位，造成资源意识淡薄也就在所难免。

3. 教学惯习的束缚

惯习是"一种外在性的内在化"的产物，是个人经验的历史性积淀。教学惯习就是教师个体在课堂教学过程中长期积累的经验所形成的一种习惯性做法，是教师教学行为的一种权威定势。当教师面临具有流动性特征的课程情景时，总会在不断生成的课程资源中进行价值性选择。选择使人成为偶在性，教师个体也因此要承担教育的风险，这种风险的存在是因为判断的不可重复性。当我们把课程当作一种动态过程，而不是强制性的负担时，我们就赋予了课程巨大的弹性空间，这一空间也就可以催生一系列精彩的"细枝末节"并提供课程资源生成的机会。但在具体现实中，很多教师不愿意承担由此可能产生的风险。教师调整了自己的课程行为，满足了学生全面充分发展的教育终极关怀，但可能会付出学生对教材规定的内容不能"吃透"的代价，导致学生在考试中不能获取高分。当教师沿袭以往的教学方式方法，而忽视课程资源的完整性、典型性、多样性、针对性、动态

---

① 陈桂生."教育学视界"辨析[M].上海：华东师范大学出版社，1997.118.

2

性和适应性，学生也许能够"吃透"教材内的东西，但却没有时间和意识去学习教材以外的东西，学生的全面发展可能流为一句空话。在这种博弈的过程中，教师显然会受到来自国家政策、社会、家长、学生、学校等多方面因素的影响，为了减少教育风险，教师个体不得不采取审慎的态度，这就致使许多动态生成的课程资源仅仅"昙花一现"。

（二）课程资源开发能力不强

长期以来，我国实行的是中央集权式的课程管理体制，改革往往采用自上而下的模式，教师扮演着课程的忠实执行者的角色，教师的头脑中只有教学意识，而少有课程意识，这就造成教师在课程改革中常常处于等、靠、要的被动接受状态。直到20世纪80年代中后期，我国教师"在课程意识和课程观念甚至较为宏观的课程决策等方面的现代化转换上仍是尚付阙如"①。自新课程改革实行国家、地方、学校三级课程管理政策以来，教师具有某些政策意义上的课程决策权利，教师在专业行动上也体现出许多自主性。但这种外在赋予的课程权利是否能够转变为教师的课程行为，则取决于教师是否具有课程意识以及课程开发能力。

在教育实践中，教师的课程资源开发能力依然不强。一个重要的原因就是教师自身缺乏相应的课程资源开发的理论与技术，并对专家身份盲目依赖。虽然赋予教师专业自主权从根本上为教师对教学材料进行重构提供了机会，但是教师长期处于课程权力结构的最底层，在主观上已经习惯于直接利用专家开发的各种课程资源。即使提供了这种机会，由于教师缺乏必要的课程理论知识准备和课程实践的支撑，导致课程资源的开发能力不强。

教师课程资源开发能力不强源于教师缺乏相应的课程资源开发的理论与技术。在我国，帮助教师获取相应的课程资源开发的理论与技术的一条重要途径就是在职培训。然而，现实中的教育培训效果并不佳，因为它受到了诸多不利因素的影响。一是从整体上来看，教师参加高水平教师培训的机会并不多，农村地区教师的机会就更少；二是培训的理论话语模式仍然体现出"变革者倡导的渠道"，而不是"教师的渠道"，培训只是企图"灌输"一些理论术语，这对于本身缺少教育理论素养的教师来说难以理解和适应；三是教师自身缺乏一定的批判反思意识和能力，使得一些课程理论知识在转化的过程中，只是囫囵吞枣式地获取一知半解，因而难以指导具体的课程资源开发的实践。

（三）课程资源配置不合理

就课程资源本身而言，也存在着很多问题。首先，我国课程资源的总

---

① 吴刚平．校本课程开发[M]．成都：四川教育出版社，2002.52．

体数量不足、质量偏低，难以满足基础教育课程改革的实际需求。由于基础教育领域，特别是义务教育阶段教育经费投入不足，使得我国相当一部分地区和学校难以跟上社会发展步伐的现实需求，许多学校的设施、设备难以满足提高教育教学质量的基本要求。同时，作为一种兼具素材性资源和条件性资源双重特征的教师本身素质水平不高，也在很大程度上影响了课程资源建设。

其次，我国课程资源的分布极不均衡。尤其是在需要较大经济投入的条件性课程资源方面，我国课程资源的分布往往很不平衡。在一般情况下，经济发达的东南部地区课程资源的状况比中西部地区优越，城市比农村优越，示范性学校、实验性学校比薄弱学校、普通学校优越。目前，这种分布不均衡的现象在一定程度上还呈现出扩大的趋势。

最后，有限的课程资源在使用上存在着浪费现象。教育经费投入严重不足造成了课程资源绝对数量上的短缺，但在我国课程资源本身严重匮乏的情况下，浪费现象也依然严重。其一，大量设备、仪器、图书资料等物质资源闲置，师生比例居高不下，少数教育投入流失在非正常性教育开支之上，有限的教育资源没有用在刀刃上[①]；其二，不同学校之间、学校与社区之间的课程资源缺乏有效整合，造成课程资源的规模效益缺失。

二、课程资源与三级课程管理

三级课程管理对于全面贯彻和落实国家课程计划、实现教育培养目标、促进全体学生的健康成长具有极为重要的意义和作用。在三级课程管理体制下，无论是学校自行开发的校本课程，还是国家课程和地方课程的校本化实施，抑或是教师在课程实施中自主权的运用问题上，都要充分考虑课程资源的问题。

（一）课程资源与国家课程的校本化实施

在整个课程结构体系中，国家课程与地方课程处于主导地位。国家与地方课程实施的效果如何，在很大程度上取决于教学是否真正有效，取决于课程目标能否在学生身上得到真正体现，取决于教师能否利用课程资源来创造性地对国家与地方课程进行校本化实施。

1. 对国家与地方课程校本化实施的基本认识

从课程的价值取向来说，国家课程的主导价值在于通过课程体现国家的教育意志；地方课程则是通过课程满足地方社会发展的现实需要，两者相对于学校课程来说，体现的是整个国家或某一局部地区的共性特征。但

---

① 程方平．中国教育问题报告[M]．北京：中国社会科学出版社，2002.111.

是，我国长期存在的城乡二元结构特征，以及东中西部经济发展的严重不均衡导致各地教育发展水平的差异，学生的社会生活环境也各有特点，在这种现实情况下，国家与地方课程难以兼顾各个地区与学校的具体情况，无法反映课程发展上存在的各种差异。这就需要学校能够根据当地社会经济发展的实际水平、学校自身发展的特色与愿景、学生的现实需求创造性地实施国家与地方课程，以便更好地达成课程目标。也就是说，学校需要进行国家与地方课程的校本化实施。

学校层面存在两种取向的课程实施模式，一种是忠实取向，一种是创生取向。而事实上，即使在中央集权课程开发机制下的课程实践中两种取向都是存在的，只不过忠实取向更多一些或者更有政策基础，而创生取向则比较不被提倡或者其政策基础并不明确，而且这两种取向常常是融合在一起的。

在高度稳定的计划经济时代，我国实行刚性课程框架，忠实取向的课程实施占主导地位，而创生取向的课程实施不被重视或不具备课程政策上的合法性。如果说这种局面对于当时我国基础教育的发展还是适应的话，那么进入新世纪，面对我国社会主义市场经济突飞猛进的发展形势，社会和个人对于人才素质的多样化和个性化需要日益突出，课程适应性问题的矛盾就越来越尖锐。

为了更好地增强课程对于地方、学校和学生的适应性，基础教育课程改革确定了三级课程管理政策，提出国家、地方和学校共同建设课程的思路。这样，学校层面的课程实施就不仅仅是一个执行的过程，同时还是一个更为重要的创造和丰富的过程。因此，创生取向的课程实施模式受到了重视，走向了合法化。所以，学校根据实际情况创造性地进行国家与地方课程的校本化实施，不仅在理论与实践上是合理的，而且在政策上也是合法的。在新一轮基础教育课程改革中，除了传统学科课程需要校本化实施之外，那些如综合实践活动之类的国家课程则更需要进行校本化的实施。这就需要学校根据自身的特点和条件，就课程资源、单元进度、授课顺序、教学方法等课程议题进行自主决策。

2. 国家与地方课程校本化实施对课程资源的现实需求

有效地保障国家与地方课程校本化实施，不仅需要制度政策与组织人员的条件，更需要各种课程资源的支持。为此，学校在实现国家与地方课程校本化实施的过程中，应该注意两个方面的基本问题：

第一，在对学校课程的整体规划中，需要结合本校的实际与学生的需求等因素，积极寻求各种课程资源的有效支持。诸如：（1）纸质课程资源的支持，如教材、教学辅导书、练习册等；（2）场馆课程资源的支持，如教室、操场、体育馆等，以及相应的教学设备、教学设施和实验教学条件和消耗材料等；（3）信息化课程资源的支持，主要是借助多媒体网络课程资源对教学的支持；（4）在课程实施过程中动态生成的课程资源等。

第二，需要特别注重教师对课程的"二次开发"。从课程定义的层次来说，美国学者古德莱德（J. Goodlad）曾区分了课程的五个层次：理想的课程、正式的课程、领悟的课程、运作的课程与经验的课程。实际上，课程必须经过教师的领悟和运作以及学生的体验才能真正发挥其应有的课程功能和课程意义。教师"领悟的课程"和"运作的课程"在课程实践层面成为一只影响学生成长的"看不见的手"，教师在理想的课程、正式的课程向学生体验的课程转化过程中起着重要的中介或桥梁作用，它比国家政府颁布的正式课程文件这只"看得见的手"的影响更为直接。

国家与地方课程的校本化实施，正是教师对课程"二次开发"的过程，实现从"理想的课程""正式的课程"向学生实际"经验的课程"的转化。国家与地方课程进入学校以后，为了提高课程的适应性，满足学生的真实需求，教师必须要对国家与地方课程重新进行改造与调适，甚至是创生。但是在对课程"二次开发"的过程中，教师需要获取各种课程资源的有效支持，包括教师自身的生活经验和个人实践性知识。这就对教师个体的素质水平，以及学校课程资源建设的基本情况提出了挑战。

（二）课程资源与校本课程开发

按照不同的构词方式，汉语中对"校本课程开发"可以有两种不同的理解，一种是"校本课程的开发"，另一种是"校本的课程开发"。按照前一种构词方式，"校本课程开发"可以理解为是与国家课程、地方课程相对应的一类课程形态即"校本课程"的开发活动，它是基于学校的课程资源，依据学校自身的教育哲学和学生的实际需要，以学校的教师为课程开发主体所进行的课程开发活动。按照后一种构词方式，"校本课程开发"可能既包括校本课程的开发，也包括国家与地方课程校本化实施。在本部分的论述中，我们取前一种构词方式。

1. 校本课程的政策意义

设置校本课程的主要目的是增强课程对于地方、学校和学生的适应性，在课程的宏观结构上为尊重和满足地方、学校和学生的差异性创造条件。因此，校本课程与国家课程、地方课程在功能上是有很大差异的。

国家课程必须从国家的整体情况来考虑问题，因而它的规划只能是宏观的、整体的和原则性的，它不会、也不可能从某个地区或某所学校的具体特殊情况来考虑问题。国家课程的功能重点是反映社会和时代发展对基础教育在科学文化素养方面提出的基本要求，体现国家的基本意志，确保基础教育课程在语言与文学、数学、人文与社会、科学与技术、艺术、体育与健康、综合实践活动等学习领域的基本质量要求。可以说，国家课程满足了中小学生社会化过程中的主要发展需求，是基础教育课程的主体部分，在基础教育课程结构中起着主导性的作用。中小学的大部分课时都是用于实施国家课程的。地方课程突出了地方的特点和要求，这是地方课程的重点和优势，但它仍然不可能从某所学校、某类学生群体的特殊情况来考虑问题。

不管是国家课程还是地方课程，它们对于具体的某所学校、某类学生来讲，总是隔了一层，很难完全照顾到学生的实际发展需求，而其中相当一部分发展需求对于学生的健康成长和健全发展是有重要意义的，所以满足这一部分发展需求的任务不仅是重要的，而且只有在学校层面上才能完成。换句话说，设置校本课程就是要从课程结构上弥补国家课程和地方课程的局限，在整个课程中开一个口子，专门拿出一部分课时用于满足国家课程和地方课程所无法满足的那部分学生发展需要。这是校本课程的功能重点和优势所在，也是设置校本课程的基本政策意图。校本课程的决策主体是学校，而只有学校才能真正了解自己的学生，了解他们在学习和成长过程中，除了语文、数学、外语等国家课程的学习之外，还有哪些重要的发展需求可以通过校本课程的学习来得到满足。所以学校要不断地了解和确认这样的发展需求，并在规定的课时范围内开设相应的课程，从而更好地促进学生的健康成长和健全发展。

综上所述，校本课程在课程结构上的意义在于，弥补国家课程和地方课程的不足，满足国家课程与地方课程无法满足的那部分学生发展需求。这样，国家课程、地方课程和校本课程就共同构成了一个功能上各有侧重、各有分工的课程整体。从课时比例上来看，校本课程与国家课程相比，在整个课程计划中处于辅助性的补充地位。但是，从学生发展的角度来看，这种补充是必不可少的、不可替代的，而且越来越重要。对于学校来讲，校本课程不是可有可无的，而是必须开设的，只不过它具有更大的自主性。

2. 课程资源与校本课程

对学校来讲，校本课程开发的困难在哪里呢？一所学校，自主开设一两门课，一般是没有什么问题的。困难的是怎样开设才能比较好地促进学生的发展，体现学校的办学思想和特色，同时又符合国家课程政策。要解决这个问题，就要重点关注五个方面，即所谓校本课程开发的五根支柱。

它主要表现为：满足学生实际发展需求、发挥师生的主体作用、丰富学生学习方式、考虑学校的实际可能、形成和体现学校办学特色。①

从校本课程开发的基本支柱来看，它与课程资源的开发与利用有着内在的关联。首先，二者都要以满足学生实际发展需要、丰富学生的学习方式、形成和体现学校办学特色为共同的目标指向，从而能够真正增强学校、学生对课程的适应性。其次，要切实考察学校的实际可能。因为各种课程资源的存在为校本课程的开发提供了所需要的材料和条件，校本课程的开发有赖于学校、教师是否拥有足够丰富的课程资源。再次，强调教师在开发活动的主体作用。学校与教师对于开发什么样的校本课程具有较大的自主性，但它同时也对教师的素质水平，即识别和有效利用课程资源的意识和能力提出了很高的要求。如果教师只能照本宣科地进行教学，而没有丰富的知识储备和较高的课程开发能力，校本课程的建设只能是空中楼阁，大量的、丰富多彩的课程资源也就被闲置与浪费。

（三）课程资源与课程自主权

对于教师来说，不仅要在不断变化的课程情境中以个性化的视角来解释和使用课程教材，发现课程编制者课程意图之外的课程的可能性，而且要发掘课程教材之外的许多有价值的课程资源，诸如选择特定的学术材料补充到课程之中等，这些都是学校教师课程自主权的基本体现。

1. 教师对"空无课程"的批判反思

"空无课程"（null curriculum）是美国课程论专家艾斯纳（E. W. Eisner）提出的一个重要概念。这一概念的提出为我们看待课程提供了一个独特的视角，即不能仅仅探讨学校"教了什么"，同时也应该分析"没有教什么""为什么没有纳入课程范围内"等问题。"空无课程的出现，有故意设计者，有疏忽而未纳入正式课程者，更有因时代和社会变迁课程改革无法因应者"②。对教师来说，正确认识到空无课程的存在和成因才能保证教学的有效性和适切性。大多数学科课程教材都是课程编制者对学术材料等人类已有文化研究成果筛选的产物，它是帮助具有未成熟特征的学生逐步成长的重要中介。然而课程对某一部分内容的选择就意味着对另一部分内容的丢弃，在学校正式课程之外的东西却不一定就是要完全抛弃的，甚至很多校外课程也具有丰富的教育价值。

具有课程资源意识的教师，必然会根据实际需要不断地更新和补充课程内容，批判反思学校忽略或蓄意排除的课程材料，为学生的均衡发展提

---

① 吴刚平. 学校课程管理实务[M]. 北京：高等教育出版社，2005.64.
② 黄政杰. 课程设计[M]. 台北：东华书局印行，1995.83.

供支持。这种更新和补充不是增加原有课程的容量,而是经过教师专业自主的筛选,将缺乏而重要的空无课程纳入其中。因此,作为专业自主的教师,不是让学生单纯接受一种观念、一种意识形态,而是让儿童去倾听多种声音、去了解多元文化的价值观念;摒弃纯粹社会价值的"复印机""传声筒"等角色隐喻,转变为激发学生批判性思考的"导引者"。

2. 教师对"外显课程"的创造性诠释

"外显课程"是教师在课堂教学中体现创造性和自主性的重要教学材料,涉及教师怎样理解课程的问题。教师作为课程实施的主体,必然要对教材、课程标准以及教师指南等课程文件进行充分的理解,但这种理解是忠实于课程编制者的课程意图,还是从教师自身出发对课程教材进行个性化、创造性的处理,反映了不同教师在课程实施中不同的价值取向,也体现出教师课程自主权的不同表现水平。理解是诠释学研究的基本概念,其中作者、文本和读者之间的关系问题构成了诠释学发展的基本线索。在西方,诠释学的历史发展经历了三个阶段[①];即作者中心论、读者中心论和文本中心论。我们也沿着这一思路来分析教师与课程之间的关系,并揭示教师课程自主权的表现水平问题。

"作者中心论"主张将诠释学看作是一种理解和解释的方法论或认识论。这种理解和解释强调对作者原意的追求,消解了读者的个体性和历史性。具体到课程领域,教师作为课程实施的主体,必然要对教材、课程标准以及教师指南等课程文件进行充分的理解,但这种理解是忠实于课程编制者的课程意图,或者说是对课程编制者思想的"复制",任何渗入教师个人思想的理解和解释都只能看作是一种扭曲和误解。因此从课程实施的价值取向来看,它是属于"忠实"取向的,教师不可能个性化地、创造性地使用教材,只能充当教材等课程文件的"奴仆"。

"读者中心论"认为诠释学是一种"此在"理解的本体论,它强调了读者对文本意义的创生,读者的历史性和个体性得到彰显,而作者的原意则被抛弃。具体到课程领域,从课程实施的价值取向来看,它是属于"创生"取向的。真正的理解不仅是教师对课程教材普遍性知识的把握,更是教师从自身出发对课程教材进行个性化诠释的结果,课程创生的意义就在这种普遍与特殊的诠释学张力中生成。由课程设计者编制的教材等课程文件都只不过是教师用于创生课程的一个资源而已,教师应真正成为课程的开发者,课程是一种情境化的、师生不断互动、建构的结果。

---

① 彭启福.西方诠释学重心的转换及其合理走向[J].安徽师范大学学报(人文社会科学版),2003(2).

"文本中心论"指出，无论是"作者中心论"还是"读者中心论"都将理解和解释的重心置于两个极端，或者突出作者的原意表达，或者强调读者的存在性理解，它们都忽略了"文本"的重要性。当强调"文本"是理解和解释的重心时，文本自身的客观性与读者的主观性都得到了应有的重视。具体到课程领域，从课程实施的价值取向来看，它是属于"相互适应"取向的。教师成为课程文件的积极主动的"消费者"，为了使教材等课程文件适应课堂教学情境的实际需要，教师和课程设计者之间不断地进行交互作用，从而寻求理解的一致性。

课程实施的价值取向的发展过程，可以反映出教师课程自主权的不同表现水平以及现实限度。"忠实"取向的教师没有任何课程决策的权力；"创生"取向的教师虽然拥有巨大的课程权力，但就目前教师队伍整体的发展水平而言，在我国乃至世界各国都还是一个值得不断追求的理想目标；而"相互适应"取向的教师拥有一定的课程权力，在课程变革中具有自觉能动性，能够积极关注课程变革的过程性和复杂性。因此，在课堂教学中，作为保障教师课程资源意识觉醒的专业自主行为，要求教师将个人已有的生活经验、实践性知识和教育观念等纳入到对课程教材的理解和解释之中，在与课程编制者甚至学生的对话过程中，必须个性化地理解课程教材，增进课程教材在课程情境中的适切性，而不再是简单地进行"文化复制"，最终形成自己看待课程教材的独特"视界"。正如伽达默尔所说，"理解就不只是一种复制的行为，而始终是一种创造性的行为"[①]。

三、课程资源与课程发展的时代特点

不同时代的课程都不可避免地被打上所处时代的烙印，并对课程资源建设产生重要影响，当代课程发展体现出的基础性、选择性和综合性等时代特点，也必然会对课程资源建设提出相应的要求。

（一）课程资源与课程的基础性

基础教育课程特别是义务教育课程是为学生终身学习奠定基础的课程，是面向全体学生的课程。我们应该意识到：第一，义务教育是国家为每个适龄儿童提供的基础教育，应该提供均等的就学机会，保障儿童法定的受教育年限；国家课程标准应当是一个基本的标准，是绝大多数学生通过努力能够达到的。第二，义务教育是为每一个学生今后的发展和从事终身学习打基础的教育，是提高全民族素质的教育而不是精英教育、选拔教育。因此，它的课程内容和要求应该是基础的、有限的和具有发展性的，不能

---

① 洪汉鼎.诠释学——它的历史和当代发展[M].北京：人民出版社，2001.219.

被任意扩大、拔高。第三，义务教育不是终结性的教育，课程要给学生全面发展留有充分的时间和空间，应有利于学生自主、多样、持续地发展。第四，普通高中教育阶段，虽然不是义务教育，但在大多数省份已经普及，在少数经济欠发达的省份也正在努力普及。高中教育的性质和定位仍然是继续提高国民基本素质的基础教育。因而，从基础教育的基本性质出发，必须切实落实课程的基础性、普及性、发展性。

1. 课程基础性的集中体现

如何才能体现课程的基础性呢？从课程开发的角度来看，可以根据实际情况参考和借鉴一些可能的做法。

第一，国家可以通过设置必修课程的方式来保证为所有学生提供具有共性的课程，从而培养德智体美全面发展的"四有"新人。其中，义务教育课程设置中规定的国家课程所占的比例达到80%左右。

第二，课程内容要精选学生终身发展必备的基础知识和基本技能，特别是重视从儿童的经验出发，更加注重联系社会的发展，联系学生的生活实际。因为我国长期以来，人们更多地关注基础教育如何才能更好地为高一级学校输送人才，而较少考虑大多数人在义务教育阶段后直接进入社会、从事各种工作的需要，当然也就无从谈起适合每个受教育者终身学习和发展的需要。因此，在制定学科目标时，需要明确提出这门学科对那些以后不会成为这个领域的专家的人会有什么功用，对一般社会公民会有什么功用。所以在内容的选择上，可以有效地改变内容多、难度大、程度深的弊端，加强对学生作为一名普通社会公民所需的"双基"培养。

此外，以往人们在编写教学大纲和教材时，力求内容的完整性、系统性、科学性，注重所编内容是否符合学科知识体系、逻辑是否严密、某一个知识点在本学科中的位置等，而较少考虑学习内容对学生是否是基础的、必需的、恰当的，对学生认知能力的发展、基础知识的把握有着怎样的意义等。究竟什么样的知识是最有价值的、是终身发展必备的？如何根据儿童的发展需要去把握课程内容等，都恰好是课程基础性的集中体现。

2. 课程的基础性对课程资源建设的强烈呼唤

课程的基础性是对课程内容的一种"底线"要求，它为每一位学生顺利成长提供必需的基础知识和基本技能。在底线的基础上还存在着无限的发展空间，这就要求我们能够明确教材是重要的但并不是唯一的课程资源，要用"好"、用"活"教材，充分发掘教材中蕴含的课程潜能；在编制教材时"丢弃"的部分，作为一种重要的潜在课程资源，也需要教师根据学生的实际知识水平，灵活地加以识别和选择。

同时，课程内容要从儿童经验出发，密切联系时代的发展和学生生活的现实。这样，学生的知识经验、生活背景、个性特征、兴趣爱好、情感态度等作为课程资源就能够合法地纳入课程内容之中，使抽离出来的教材知识变得鲜活起来。而且学生的生活也不是脱离社会的，而是密切联系社会的，要培养学生的社会责任感和公民意识，必须有效利用各种社区资源，并有效整合进学校的课程之中，从而实现课程内容与社会发展的关联。而要做到以上这些，没有对课程资源积极、有效的建设，恐怕也只能成为不切实际的幻想。

(二)课程资源与课程的选择性

课程的选择性是针对地方、学校与学生的差异而提出的。由于不同地域的社会文化、生活习惯、经济发展水平等存在很大差异，不同地方的学校发展和学生的差异也都客观存在，而且这些差异在我国现在和今后相当长的时期内都将存在。正是由于这些差异的客观存在，为了增强课程对地方、学校和学生个体的适应性，必须体现课程的选择性。课程的选择性实质上也体现了对课程权力的一种再分配过程。它涉及各级地方教育主管部门、学校、教师、学生有什么样的权力以及有多大的权力对课程做出选择。

1. 课程选择性的基本体现

为了实现课程的选择性，国家通过设置供选择的分科或综合课程，提供各门课程课时的弹性比例和地方、学校自主开发或选用课程的空间，以增强课程对地方、学校、学生的适应性，以促进学生的个性发展。具体来说，主要表现为三个方面：

(1)地方和学校对分科与综合课程的选择

在国家课程的层面上，地方和学校可以选择综合理科即科学，也可以选择分设的物理、化学、生物；可以选择综合文科即历史与社会，也可以选择分设的历史和地理；可以选择艺术课程，也可以选择分设的音乐和美术等。分科与综合课程的选择涉及学校师资的整体状况以及可以利用的学校设备设施等资源，它需要学校根据具体情况进行综合判断和选择。

(2)弹性化地设置选修课程

选修课程是与必修课程相对应的一种课程类型。其中，必修课程的主导价值在于培养和发展学生的共性；选修课程的主导价值在于满足学生的兴趣、爱好，培养和发展学生的个性。从新课程中义务教育阶段课程设置的基本情况来看，地方与学校开发或选用的课程约占课时总比例的10%～12%，这一比例为地方和学校根据地区、学校和学生的具体情况，能够弹性化地设置选修课程创造了条件。在普通高中课程方案中，除了必修学分外，选修学分Ⅰ和选修学分Ⅱ的设置，则对课程的选择性提出了更多的要求。也就是说，如何设置选修课程、设置哪些选修课程，是地方和学校拥有多大程度的决策空间的问题。这一决策空间问题也恰恰为课程的选择性提供了合理、合法的存在基础。

(3) 不同学科和综合实践活动领域内的弹性内容

各门具体学科和综合实践活动课程在课程实施的过程中，都会对各自范围内的内容进行灵活的选择和安排，以满足不同学生的真实需求，体现以学生发展为本的课程理念。尤其是不同学科内容的选择问题，更是教师专业自主权的集中表现。

2. 课程的选择性对课程资源建设的现实需求

为了增强地方、学校与学生的适应性，课程的选择性对素材性课程资源建设本身提出了一些现实的需求，为学校和教师开发课程资源提供了合法的空间。它要求地方和学校在自主权限范围内，根据自身实际需求和办学特色，不断加强任意选修课程资源的研究和开发，并以灵活多样的选修课程形式呈现。例如，每一个地区特有的地方性知识和文化，诸如风俗习惯、人文地理、名胜古迹等课程资源都可以放在乡土课程之中；每一所学校的师资状况、校园文化、历史传统等课程资源也都是校本课程开发的重要素材。

我国课程资源的分布还存在着相当程度的不均衡，而农村地区课程资源的短缺问题尤为突出。不同地区间经济发展水平的差异、城市与农村的差距、校际之间的差距等，一方面现实地决定了课程资源开发必须以地方和学校为本位，为各具特色的课程资源提供存在的可能；另一方面又都导致每一所学校中的课程资源建设，尤其是需要较大经济投入的条件性课程资源方面，诸如计算机房、实验室、图书阅览室、教学仪器设备、网络等，面临严峻而现实的挑战。在教育经费和设施设备有限的情况下，如何因地制宜地开发和利用课程资源，如何解决条件性课程资源短缺的难题，如何实现课程资源的规模效益和共享机制，都是需要进一步加强课程资源建设的关键所在。

(三) 课程资源与课程的综合性

课程的综合性是依据基础教育的特殊功能、现代社会对人的素质要求以及儿童的认知方式而提出的，它是世界范围内义务教育阶段课程改革的基本方向之一，也是我国新课程改革在课程结构变化上的一个重点所在。长期以来，我国中小学的课程体系是以严格的、相互独立的"分科课程"的形式出现。分科课程虽然强调了一门学科内在逻辑体系的完整性，能够使学生获得逻辑严密和条理清晰的学科知识,但它由于不重视不同学科知识之间的相互联系,造成了学科间的相互分离,也在很大程度上忽视了与学生日常生活世界的联系。这种课程形态的教学不可能完全达到培养一个完整的、健全的人的根本目的。

改变分科课程教学可能造成的教育困境,重视不同学科间的相互联系与整合、关注学生的现实生活需求等特征的新课程形态就成为一种必然趋势,于是"课程的综合化"就出现了。与分科课程相比,综合课程可能具有诸多优势:第一,综合课程超越了分科课程的学科门类界限,为课程提供了更大的包容性、灵活性和适应性;第二,综合课程可以给学生提供考察世界的整体性观念,能够密切联系学生的生活世界;第三,综合课程提供多学科的方法和视野,有利于培养学生综合地运用知识解决实际问题的能力;第四,综合课程强调各门类知识之间的横向联系;第五,综合课程为教师和学生的自主探究等活动提供了更广阔的现实空间。

1. 课程综合性的实现方式

课程综合化的实现途径是多种多样的,可以通过设置综合课程、开辟新的课程领域、倡导学科教学中改造教与学的方式以及实现不同学科间的有机联系等不同的途径与方式来帮助学生形成对世界的完整性认识。

(1)按照综合的思路统整各门学科

按照整合的观念来重新审视分门别类的学科,是实现课程综合化的重点与难点所在。也就是说,学科教师如何才能在各自的学科框架内来有效打破学科体系之间的藩篱?"'学科'教师必须相当小心谨慎地留神偶尔出现于他们'学科'中的概念性问题间的联系……应通过多种途径采取统整方式给学生阐明和解释它们的必然联系"。[1] 长期以来,课程的学科中心化使得不同教师个体为了维护各自学科的边界,体现对自身学科的忠诚,往往将自己置身于学科壁垒之中,造成不同学科之间彼此缺少交流与渗透。在这种维护学科身份的环境下,教师的学科视野显得过于狭窄。

为了摆脱这种现实存在的窘境,以整合的观点来看待各门学科,必须将学科的设计与人类社会的发展现状和需求、学生的生活经验、兴趣和实际需要、知识的整体性结构和相应学科的知识等有机地联系起来。这种思路其实就是要求教师具有整体性的视野和思维方式,以本门学科为轴心,从社会、学生、知识三个领域来实现课程的综合。

---

[1] 罗厚辉. 课程开发的理论基础[M]. 济南:山东教育出版社,2002.57.

(2) 设置新的综合性学科

按照新课程的基本理念，在义务教育阶段需要开设一些新的综合性学科，以体现课程的综合性特征，诸如设置品德与生活、品德与社会、科学、历史与社会等学科。这种综合性学科主要是通过对课程内容进行整合，以促进学生对社会、生活、科学、自然、人类的整体性体认。

《基础教育课程改革纲要(试行)》明确指出，小学阶段以综合课程为主，初中阶段设置分科与综合相结合的课程，高中则以分科课程为主。这表明，小学阶段课程的综合性强于分科性，而高中阶段课程的综合性则弱于分科性。也就是说，综合课程与分科课程在学校课程结构中所占的比重随学校教育层次的变化而变化，反映出不同学科之间的界限并不是固定的、僵硬的，而是可以根据学生的整体性发展需要，进行不同学科知识之间的有机整合。

(3) 设置综合实践活动课程

综合实践活动课程是新一轮基础教育课程改革的重要课题。所谓综合实践活动，是基于学生的直接经验、密切联系学生自身生活和社会生活、体现对知识的综合运用的课程形态。与其他课程相比，综合实践活动具有整体性、实践性、开放性、生成性和自主性等特征。[①]

综合实践活动是一门与语文、数学、外语、品德与社会、科学等科目并行设置的、相对独立的综合课程。它虽然与其他课程有某种联系，但它的价值并不是其他课程所能完全体现的。因为其他任何相关课程都是在一定知识体系或学科体系下来实现某种课程价值的，而综合实践活动最突出的特征之一恰恰在于超越分科的知识体系和严密的学科逻辑，从学生发展的内在需要出发来安排学生从事实践性的学习活动。作为所有课程领域中最高课程形态的综合性程度，它在具体实施过程中潜藏着更多的不确定性因素，也就涉及更加广泛复杂的课程资源。

(4) 倡导在学科教学中体现综合性学习

学习和教学方式的革新，是新课程改革的重要变化。倡导自主、合作、探究的学习方式，逐步改变以教师为中心、课堂为中心、书本为中心的局面，是各学科课程标准的共同要求。它要求学生根据自身的兴趣和需要进行学习，实现各学科教学的生活化，使得各学科的教学都体现进行综合性学习的价值取向。例如在化学教学过程中，教师设计一些综合性的主题，如"调查当地的环境污染情况，提出初步的治理意见"等。这种综合性的学

---

① 钟启泉，崔允漷，张华.为了中华民族的复兴，为了每位学生的发展——基础教育课程改革纲要(试行)解读.上海：华东师范大学出版社，2001.73—74.

习要求能使学生将自己的学习活动与解决生活和社会实际问题密切联系起来。

2. 课程的综合性对课程资源建设的挑战

新课程改革以来，课程综合性的理念已被广泛接受，但这种理念能否有效地实现，取决于教师如何贯彻落实这一理念。由于开发和利用综合课程存在许多困难，它对中小学教师的知识背景、教学能力、经验和教学智慧等提出了新的要求。对习惯了分科课程教学的学校和教师来说，怎样才能保证课程综合性的基本实现，怎样才能有效地利用各种课程资源进行教学，是摆在学校和中小学教师面前的一个难题。它也为我国当前课程资源建设带来了新的机遇与挑战。

第一，对教师知识背景的挑战。课程的综合性要求教师必须根据教学任务的需要，选择多个学科领域中的知识加以整合，这对于大多数教师是很难适应的。如果教师缺乏相关学科领域的知识技能，就不可能将所需的知识技能成功地整合起来。从我国目前的师资培养体制来看，中等教育的教师是按照专才模式来培养的；初等教育的教师是按照通才模式培养的。前者的知识领域较为精深但范围狭窄；后者的知识领域比较宽泛但又相对浅显。这就要求中小学教师在知识背景方面进行必要的专业拓展，在实际的教学工作中，开发和利用多种课程资源来丰富自己的知识体系。这是教师所面临的第一个挑战。

第二，对教师教学能力的挑战。综合课程的实施，与分科课程的教学存在很大差异。但是，有的教师却认为这两种课程形态的教学区分只是表现在教材编写和内容设计上，而没有深入思考并探究它们在教学方式上的不同，以至于将综合课程的教学简单等同于"新的"分科课程的教学，以分科的教学模式来完成综合课程的教学，这就难以发挥出综合课程应有的效力。另一方面，一些教师对课程综合性的强调，只是在形式上突出学生的广泛参与和亲身探究，而不管课程内容的实际需要如何，一味追求课堂活动的"热闹"，导致教学效率不高。无疑，怎样根据教学内容选择恰当的教学方式和课程资源进行教学，把握好各种教学方式之间的互补和平衡，是教师面临的另一个挑战。

第三，对教师课程资源意识和开发能力的挑战。课程的综合性并不是仅仅根据某一本教材和参考书就能够解决问题的，教师必须具有宽阔的眼界，并不断开发出社会生活和大自然中潜藏的课程资源为自己的教学服务。因而，如何发现这些课程资源、如何有效利用这些资源是教师面临的第三个挑战。

第二章 从教材扩展到课程资源的意义

基础教育课程改革要求突破教材的概念界限，寻求更加广泛的课程资源支持与保障。课程资源的提出与深化研究对于创造性地实施新课程具有重要的意义。特别是在课程资源的视阈下，对知识观、教学观、教师观、学习观和评价观等方面的重新认识和理解，为持续不断改进现实中的教育教学行为提供了新的思路与可能。因此，我们必须重视从"教材"扩展为"课程资源"对于教学改革的重要价值，重视课程资源的开发与利用，不断强化课程资源的意识和能力，为优质教育的创造提供前提条件。

一、课程资源与知识观的重新定位

简单地说，知识观就是人们关于知识的基本看法和观点，它主要关注"知识的性质"问题。这一基本问题不仅决定着什么是知识或什么不是知识，而且决定着什么样的知识最有价值，它直接关系到人们如何选择、组织和实施课程内容。课程资源的概念会导致对于知识的重新定位。

（一）教材概念对知识观的局限

按照知识性质的不同标准，可以将知识划分为不同的类型，例如：根据知识是公共的还是个人的，可以区分为公共知识和个人知识；根据知识是显性的还是隐性的，可以区分为显性知识和隐性知识（又称为缄默知识）；根据知识是主观的还是客观的，可以区分为主观知识和客观知识。

从历史上看，知识的性质伴随着"知识"的概念有一个历史转变的过程。知识性质的历史转变在很大程度上不断地改变着一个时代的知识状况，并对一个时代的课程实践产生非常深刻的影响。自19世纪末20世纪初以来，尤其是20世纪中叶以来，随着社会思想领域对科学理性主义所产生的人类生存危机的深刻反省以及后现代主义思潮的强烈影响，人们已经从不同领域对现代知识观的客观性、普遍性、价值中立性、结果性、封闭性等特征不断地质疑和批判，并且逐步形成一种新的知识观。这种新的后现代知识观表现出与现代知识截然不同甚至相对立的性质，诸如知识的文化性、境域性、价值涉入性、过程性与开放性等。

在教育领域内，从"什么知识最有价值"的斯宾塞式问题，到"谁的知识最有价值"的阿普尔式问题的根本转变，也在一定程度上反映了从现代知识观向后现代知识观转型的基本特征。这种知识观的转型直接影响了我国当前的基础教育课程改革。基于传统教材概念的课程内容、组织和实施已经遭遇了后现代知识观的强烈影响和严峻挑战，教学大纲乃至课程标准和教材不再是唯一的，传统的"教材"概念在政策与实践中都不够用了。为此，必须重新寻找一个恰当的概念范畴来适应新知识观的要求。课程资源概念的提出大大突破了教材概念的局限，为确立新的知识观提供了新的可能和思路。

从"教材"的概念出发，在教学中往往强调学生对书本知识或间接经验的掌握。这种书本知识是国家组织某一领域的学科专家编制的、具有内在逻辑关联的学科知识，它与学生个体的日常生活和经验是分离的，被看作是有待占有的"对象物"，因而这种知识具有客观的属性。在新世纪的基础教育课程改革之前，教学大纲和教材是教师进行教学活动的重要依据，教师通过"教教材"就能够实现传递客观的书本知识的目的，能够满足教学目标的基本要求。在具体的课堂教学中，教材是教师以"国家代言人"的身份传递"法定知识"的主要载体，它是以"公共知识"的形态出现的，这造成了教师、学生具有的个人生活经验、情感、态度、价值观等内在生命化形态的资源被排斥在知识形态之外，学生的知识获得也容易停留在对结论性知识的记忆上，而忽视对过程性知识的意义建构与体验，使得"个人知识"缺乏合法的存在地位。

课程资源的概念是与基础教育课程改革密切相关的。课程改革以后，教学大纲变成了课程标准，教材变成了在课程标准下的"一标多本"，成了课程资源的一个重要组成部分。所谓课程资源，从广义来说，指有利于实现课程目标的所有因素；从狭义来说，是指形成课程的直接因素来源。从课程资源的功能来看，它可以分为素材性资源和条件性资源。其中，素材性资源又可以分为外在物化形态的资源和内在生命化形态的资源。外在物化形态的资源包括课程标准、教材、练习册等，内在生命化形态的资源包括师生的经验、感受、理解、问题、困惑、方式、方法、情感、态度、价值观等[1]。由此可以看出，无论是从课程资源的概念来理解，还是从课程资源的功能分类来认识，课程资源的范围都远远超出了教材的概念、教材只是课程资源的一个重要组成部分，不再能够"包打天下"。这就要求人们打破传统的教材观，确立新的课程资源观，最终实现由"教材"概念向"课程资源"概念的根本性转变。

（二）课程资源概念对知识观的拓展

由于知识观的不同，人们对知识的认识和定位也就存在很大差异。从

---

[1] 吴刚平．课程资源的开发与利用[J]．全球教育展望，2001(8)．

第二章　从教材扩展到课程资源的意义

"教材"的概念出发形成的客观主义知识观（或现代知识观），由于片面强调了知识的客观性、工具性，使得教师、学生对书本知识的"权威"形成了一种"顶礼膜拜"的心态和行为，导致"活"的儿童与"死"的知识之间形成一种主客二分的对立关系，漠视了儿童既有的生活经验，造成学生自由心灵的禁锢。实际上，儿童一进到学校，就进入到一个被各种学科知识包围的书本世界之中，其自身的生活经验世界被严重地割裂和侵蚀。著名教育家杜威（J. Dewey）早就意识到儿童直接经验的重要价值，并试图将其纳入到课程教学之中。他指出，"抛弃把教材当做某些固定的和现成的东西，当做在儿童的经验之外的见解；不再把儿童的经验当做一成不变的东西，而把它当做某些变化的、在形成中的、有生命力的东西。我们认识到，儿童和课程仅仅是构成一个单一的过程的两极。正如两点构成一条直线一样，儿童现在的观点以及构成各种科目的事实和真理构成了教学。"[①]因此，要想彻底改变师生对待教材知识那种顶礼膜拜的态度和行为，就必须转变对知识性质的看法，也就必须超越"教材"概念框架的束缚。

从课程资源的角度来看，客观主义知识观存在的困境主要在于强调了物化形态的资源，而漠视了生命化形态的资源。当生命化形态的资源能够内在地融入教学过程之中，学生在教学过程中就不再是、也不可能是机械地接纳某一客观知识，而是会根据自身的实际需要和已有的认知图式在课堂的互动、交往、对话中进行自主选择和积极建构，而这个过程的发生就体现了知识的主观建构属性。在这样的教学过程中，知识就会不断发生演化，由客观的公共知识向充盈生命活力的个人知识转化，从而丰富人的精神世界，完善人的内在素质结构，实现知识力量的激活，使获得基础知识和基本技能的过程同时成为学生学会学习和形成正确价值观的过程。

因此，在课程资源的视阈下，必须对知识观本身重新进行价值定位：即从客观主义知识观扩展到建构主义知识观、实现由公共知识向个人知识的转化，尤其要重视这种转化过程和转化机制在教学实践中的重大意义，积极引导和推动教学方式的变革。

二、课程资源与教学观的更新

长期以来，由于受到苏联凯洛夫教育学的深刻影响，无论是在理论上还是在实践中都有一种倾向：把教学过程仅仅当作知识传输的过程，传授"标准答案"、接纳"法定知识"的过程。这种倾向在很大程度上突出了对结论性知识的接受，而忽视了教学过程中学生的个人感受和独立思考，导致

---

① [美]约翰·杜威. 学校与社会·明日之学校[M]. 赵祥麟，任钟印，吴志宏，译. 北京：人民教育出版社，2005.116.

整个教学过程沦为缺乏生命活力的"银行储蓄式"教学，教师和学生都外在于整个教学过程。在"银行储蓄式"教学中，"知识是那些自以为知识渊博的人赐予在他们看来一无所知的人的一种恩赐"[①]。这种状况与强调创新精神、实践能力和个性发展的时代要求格格不入。

然而，课程资源的观念为转变这种状况提供了新的思路。在课程资源的视野下，课堂教学过程应该克服机械封闭性，保持一种开放性的品格，为教师转变传统教学观念的束缚开辟思想和创造的空间。

（一）保证教学目标的完整性和丰富性

传统教学认为，教学的目标主要在于让学生掌握"双基"（即基础知识和基本技能），为未来生活做准备。这种教学强调了教学目标的知识与技能维度，对于学生如何获得知识的过程、方法与情感体验却重视不够。除知识与技能目标之外的其他目标的缺失外，其他目标也以所谓认知的形式出现，导致教学失去了对人的生命存在及其发展的整体关怀。

新一轮课程改革的目标则明确指出，我们要改变以往过于注重知识传授的倾向，强调形成积极主动的学习态度，使获得基本知识与基本技能的过程同时成为学生学会学习和形成正确价值观的过程。从中我们可以看出，新的课程目标除了知识与技能以外，过程与方法、情感、态度、价值观的培养等也成为课程目标的重要价值追求。这样的目标，光靠教材的概念很难涵盖，仅有"教教材"的做法很难达到。实质上，学生作为一个正在成长的"人"，是以鲜活的、生动的生命形式出场的，我们不仅需要考虑学生在教学过程中获得什么样的知识，更要关注获得知识的过程、方法以及情感体验。而且，这个过程本身就是学生自己的生活，是学生人生的有机组成部分。只有关注了学生当下生活的质量，才可能真正创造出学生美好的未来生活。

要实现这个教学目标，如果忽略各学科知识间的相互渗透和有机融合，远离学生丰富、独特的生活经验，仅仅依靠学科知识资源（以教材为主要载体）则是远远不够的，因而需要课程资源的广泛支持，需要学校和教师积极开发和合理利用校内外各种课程资源。课程资源的丰富性和适切性程度决定着课程目标的实现范围和实现水平。[②] 因此，对素材性课程资源的重视，尤其是内在生命化形态的资源在教学过程中的真正渗透，以及对在教学过程中师生互动、生生互动不断动态生成的课程资源的敏锐捕捉，为实现课

---

① 保罗·弗莱雷. 被压迫者教育学[M]. 顾建新，等译. 上海：华东师范大学出版社，2001. 25.
② 吴刚平. 课程资源的理论构想[J]. 教育研究，2001(9).

程教学的三维目标提供了基本保证。

（二）增加教学内容的弹性空间

丰富多彩的课程资源能够合理合法地进入教学过程，使得教师在组织、选择、加工教学内容时具有更大的灵活性和弹性空间，而不必拘泥于统一教材等刚性框架的控制与束缚。传统教学中的教学内容主要包括教材、参考书、练习册等方面，学生学习的对象范围受到极大的限制。当我们把教材奉为经典时，教师就不能挖掘教材中存在的"空白"和弥补教材中出现的"缺陷"。

"课程资源"理念的提出，大大超出了这一狭窄范围。首先，从编制教材本身的来源来看，仍然可以发掘大量的、有价值的课程潜能。"课程潜能"（curriculum potential）这一概念是由本·佩雷茨（M. Ben-Peretz）提出的，是指出自特定来源的、为达到范围广泛的教育目标的全部学习经验[①]。它包括学术材料的课程潜能和课程教材的课程潜能两个方面。在著名的"泰勒原理"中，有"如何选择教学内容和经验"的基本问题，它要求教学内容的选择要经历"三个来源"（即学生、社会和学科的需要）和"两个筛子"（即教育哲学和教育心理学）的过滤。经过滤后，还剩下大量的、没有被组织进教学内容的、具有潜能的学术性材料等待开发和利用。从课程资源的角度来说，这些学术性材料仍然具有丰富的潜在教学价值，它对填补教材中的"空白"和"缺陷"具有参考意义。

其次，教师、学生以及动态生成的课程资源本身也成为重要的教学内容。实际上，在课堂教学过程中，授受的课程知识大体上包括三个方面，即教科书及教学参考书提供的知识、教师个人的实践知识、师生互动产生的新知识。这些不同形态的知识在不同课堂控制方式中所占的比例存在很大差异。在传统的课堂教学中，教科书作为官方确立的"法定知识"载体，已经成为唯一的课程资源。但在新的课程资源观看来，教科书只是课程资源的一种重要的非生命载体形式。具有生命载体形式的资源如教师和学生的经验、智慧、感受等，以及师生互动、生生互动生成的课程资源也是重要的教学内容。这就使得教师个人实践知识、学生的生活经验、课堂互动生成的知识等内容在课堂教学中得到了合法性的生存地位，超越了"法定知识"的唯一的统治性地位。正是在这种动态生成的课程资源观指导下，课堂中授受的知识类型从单一的"教科书知识"转向"教科书知识""教师个人知识"和"师生互动知识"多元并存的格局，教师与学生的知识得到了应有的

---

① 江山野．简明国际教育百科全书·课程[M]．北京：教育科学出版社，1991.11.

尊重。

最后，在课堂之外还存在着许多有待开发和利用的课程资源，例如，师生身边的日常琐事、学校文化环境、社区、学生家长、大自然、名胜古迹等。这些宝贵的课程资源与学生的生活世界密切联系，它们或隐或显地存在，无疑进一步扩大了教学内容根据实际需要进行选择的范围。

（三）确立动态生成的教学过程观

首先，学生的生活世界特别是他们的生活经验和学习经验作为一种课程资源，使课堂教学的动态生成成为可能。生活世界是与科学世界（或书本世界）相对的一个概念，科学世界是抽象的、系统的、逻辑的、脱离人的、死的世界，而生活世界则是具体的、日常的、直观的、关注人的、活的世界。近年来在教育领域中不断强调向"生活世界"的现实性回归，其目的是为了人性的复苏，为了追求失落的生命关怀和价值理性。新一轮基础教育课程改革的目标曾经明确指出，"要改变课程内容过于注重书本知识的现状，加强课程内容与学生生活及现代社会和科技发展的联系，关注学生的学习兴趣和经验"[1]。从这一改革目标可以看出，这次改革要求处理好"书本知识"与"学生生活经验"之间的关系，也就是要解决教育领域中长期存在的"直接经验"与"间接经验"、"学科课程"与"经验课程"、"科学世界"与"生活世界"之间的钟摆问题。

在传统的课堂教学中，由于教师过于注重书本知识的传授，人为割裂了科学世界与生活世界之间的关系，将学生固定在"书本世界"中，使学生的认知与情感、体验等领域的完整性发展机械割裂，难以体现课堂生活的生命价值；学生作为生动、具体、真实的"人"是外在于教学过程的，"儿童的生活世界成为被课堂教学遗忘的角落"[2]。事实上，学生作为"人"的生活意义和生命价值不应该被学科结构、概念体系所淹没，而应该回归于生活世界之中。批判课程论的重要代表人物吉鲁（H. Giroux）也认为，学生不能单纯地继承教材文本呈现的知识，而应该通过自己的"声音"来重构。这就要求作为呈现课程的重要形式——教材的垄断地位被彻底打破，使它成为学生依据自己经验进行自主建构知识的一种课程资源。

向学生生活世界的回归，突破了"科学世界"二元对立的"主客"思维方式，强调了生成性思维方式的形成，这种动态生成性思维具有"重过程而非

---

[1] 钟启泉．为了中华民族的复兴，为了每位学生的发展——基础教育课程改革纲要（试行）解读．上海：华东师范大学出版社，2001．

[2] 郭元祥．生活与教育——回归生活世界的基础教育论纲[M]．武汉：华中师范大学出版社，2002．325．

本质""重创造，反预定""重关系，反实体""重个性、差异和具体，反中心、同一和抽象"等特征①。正是在这种生成性思维方式的观照下，长期以来在本质主义思维支配下具有线性的、确定性的、控制取向等特征的知识传递过程得以解构，而课堂教学的动态生成性、过程性、创造性、注重个体体验的独特性等特征的意义建构过程就成为可能。

其次，师生互动、生生互动等形成的课程资源，使得动态生成的教学过程成为现实。课堂是一个充满确定性和不确定性双重特征的重要场所，但在实际的课堂教学中，许多教师没有给学生充分表达自己思考和想法的机会，教师重视的是机械化的知识传递活动，追求的是学生能否提供准确的答案，对学生得出答案的过程并不十分关心。当在课堂上不允许或不鼓励教育过程中出现大量的"节外生枝"的现象时，就往往会忽略学生对课堂教学过程的意义体验和知识建构，会抹杀课堂中生成的有价值性的课程资源，就会使许多宝贵的、不可重复的课程资源"白白浪费"。

在课程资源意识的指导下，大量的素材性课程资源才能够及时加工、转化和进入实际的中小学课程之中。只有当广大师生的生活世界，特别是他们的经验、智慧、理解、感受、问题、困惑、情感、态度、价值观等素材性课程资源能够与学生要获得的书本知识和解题技能等一道进入课程、进入教学过程的时候，教师和学生才会真实地感受到教学过程是他们的人生过程，是他们生命的有机组成部分，教学才有可能真正地促进学生的健康成长和健全发展，才有可能不断提高教师的专业发展水平，才有可能普遍地恢复它应有的生机和活力②。对动态生成性课程资源的重视，使得教学的生成性、过程性价值得到了应有的关注，使得课堂充满生命活力和激情，使学生的身份从"知识的旁观者、接纳者"向"知识的参与者、建构者"发生转变。每个学生个体的过往生活、现实生活和可能生活作为一个连续性的流动整体都在教育的生成性过程中不断产生教育意义和生命价值，教师的身份也正在超越"计划的机械执行者"向"课程事件的积极创生者"自觉转变，从而真正实现了对"考什么就教什么、教什么就学什么"传统思维方式的超越。

三、课程资源与教师观的再认识

传统教学存在一个重要的倾向，教师的主要任务就是忠实地传递书本知识。因此，在基础教育课程改革背景下，如何有效性地开发与利用课程资源、提高课堂教学的有效性，既对教师的素质状况和传统权威提出了挑

---

① 李文阁，于召平．生活世界：人的自我生成之域[J]．求是学刊，2000(1)．
② 吴刚平．动态平衡课程资源[J]．重庆教育，2003(2)．

战，也对促进教师角色的根本性转变，实现教师的专业自主提出了要求并开辟了可能。

（一）挑战传统教师地位

教师权威是教师开展教学工作的必要前提条件。关于教师权威的类型构成问题，被学者们引述最多的、最经典的观点是德国社会学家马克斯·韦伯（M. Weber）根据权威的主要来源划分的三种主要类型：一是传统型权威，二是魅力型权威，三是法理型权威。基于此，美国学者罗伯特（L. Robert）等人参照韦伯的理论对教师权威进行了深入的探讨，他们得出的结论是：教师权威主要取决于两个方面的因素，即制度性因素和个人因素。制度性因素形成教师的制度性权威，主要由社会的文化传统和社会制度赋予教师的法定权限所决定；个人因素形成教师的个人权威，主要由教师的个人学识、专长和人格魅力所决定。

在新课程改革的语境下，课程资源的丰富性对教师的传统权威提出了挑战。由于各种素材性课程资源都为学生的有效学习提供了多种可能性，学生拥有了更多的获取所需知识的渠道，作为"百科知识全书"化身的教师的"师道尊严"面临了重大的危机，教师与学生之间的"距离感"在不断缩小，教师"独白式"的传统权威也将逐渐退出历史舞台。为了消解教师这一"固定权威"的控制作用，使得权威不是只停留于某一个个体之上，而是广泛存在于所有个体之中，师生之间的对话、互动就成为课程实施的必然选择，师生之间的关系也就得以重新建立。"通过对话，教师的学生及学生的教师等字眼不复存在，新的术语随之出现：教师学生及学生教师"[①]，而教师成为"平等中的首席"。

在新的课程资源观的视角下，教师也是一种更为重要的课程资源，并且兼具素材性资源和条件性资源的双重特征。教师的生活阅历、知识经验、价值取向等都构成了潜在的教学因素，深刻地影响着学生的发展。而教师自身的素质状况又决定了课程资源的识别范围、开发与利用的程度以及发挥效益的水平。随着教师课程资源意识的逐步觉醒，课堂教学也就成为教师在课堂情境中的生命实践活动，成为教师个人意义的生成与建构的过程。当课程成为一种"反思性实践"的时候，教师就会把教学看成是生活的目的和意义。在教学行为发生的同时，教师个人的知识经验及其人格魅力正不断地介入师生对话、交流之中，教师也与自我世界展开了对话与交流，教师的生命价值也就从自在向自为、控制向自主的方向流动。这样，教师与

[①] 保罗·弗莱雷.被压迫者教育学[M].顾建新，等译.上海：华东师范大学出版社，2001.31.

课程之间的关系更加紧密，界限更加模糊和淡化。教师成为一种实实在在的"活着的课程"，其自身就成为重要的发展性的"课程资源"，教师的生命价值也就蕴含在其中。毫无疑问，每一堂课都是教师自己生命历程的一个重要组成部分，其生命价值在课堂生活中不断完满地实现。教师的传统制度性权威遭遇挑战，需要不断消解，而其人格权威和专业权威却需要得到彰显和发展。

(二) 促进教师专业自主

课程资源不是现实的而是可能的课程要素和条件，当课程资源没有得到实际运用的时候，只能是一种具有潜在性的课程要素和可能的条件。而在这个转化过程中，如何使课程资源的潜在教育价值和意义显性化，则依赖于教师主体的选择、开发与利用。"在一种创造性的教育活动中，教师应该是一个富有思想的自觉的教育工作者，而不是一个官僚机器上没有思想的零件或者一棵不能思考的芦苇"[①]。当教师自身缺乏课程资源开发的意识和能力时，课程资源就会处于一种被忽视、闲置和浪费的境地。课程资源作为实现课程目标的重要中介，对于长期依赖教学参考书进行教学的教师来说，如何使它成为有效的教学材料，既是一个严峻的挑战，也是一个自我更新的过程。斯基尔贝克(Skilbeck, M.)就曾认为，"专业自主是一个行动原则，其中教师的知识、理解能力、价值观都能得到充分的发挥，而不是一个与外部影响和力量相隔绝的领域，在这一领域中教师可以不受任何监督、不受任何控制地活动。"[②]教师可以根据自身的知识与价值观、学生的实际情况来自主选择、加工各种课程资源，尤其是作为素材性资源和条件性资源的"教师"的独特存在，为实现教师的专业自主创造了极为有利的条件。

教师的专业自主，要求教师成为课程的主人，实行个性化的教学，积极发挥自身的创造性和自主性。它使教师由外在于课程的"边缘人"逐步向内在于课程的"参与主体"转变，逐步解除工具理性对教师课程主体地位的蒙蔽。在课程资源的视野下，教师专业自主成为可能主要体现在两个层面：一是学校层面，即教师进行校本课程开发的活动，乃至综合实践活动(尤其是研究性学习)的开展；二是课堂教学层面，主要是对国家课程的教材进行的"二次开发"活动，特别是教师对教学内容的加工、创造和对教学方法的有效选择。这些活动的展开都需要教师具有课程决策的权力以及开发与利用课程资源的能力。它为实现教师的专业自主提供了宽阔的舞台，也真正

---

① 易凌云. 论教师个人教育观念的理论基础[J]. 湖南师范大学教育科学学报，2005(4).
② 罗厚辉. 课程开发的理论基础[M]. 济南：山东教育出版社，2002.175.

促使教师的身份发生根本性变化，使教师由纯粹的"制度课程"的机械执行者向"个性化课程"的积极主动开发者和创造者转变，在课堂生活中实现师生的生命价值。因此，在课堂教学中，作为保障教师课程资源意识觉醒的专业自主行为，要求教师将个人的已有生活经验、实践性知识和教育观念等纳入对课程教材的理解和解释之中，并最终形成自己看待课程教材的独特"视界"。

四、课程资源与学习观的变革

20世纪以来，心理学的历史发展轨迹对于"学习是什么"作出了许多不同的回答。行为主义把学习看作是刺激与反应之间建立联结的过程；认知主义强调学习是学习者通过与环境相互作用而不断形成认知结构的过程；建构主义则主张学习是学习者在认知、解释和理解世界的过程中形成的，是在人际互动中通过社会性的协商不断进行知识的社会建构过程。无疑，这些理论对"学习"的不同解读，对不同历史时期的教育教学活动都产生了强有力的影响。如今，在建构主义学习观的指引下，在教育教学活动中引入课程资源，必然对学生学习的过程产生深刻的影响，特别是带来学习本质和学习方式的重大变化。

（一）学习内涵的丰富

长期以来，"人的因素"在课堂中一直受到冷遇，学生被当作一个抽象的、静止的"人"，甚至是有待填充的"容器"，而不是积极主动参与的、具体的、发展的生命个体。这种看法忽视了对学生作为课堂教学中一个重要的参与者的个体生命价值的关怀。在"教学特殊认识论"支配下的学习活动往往过于窄化，学生常常处于被动地接纳和记住结论性知识的状态，其学习过程也就是简单地对客观知识的"占有"或"镜式反应"。日本学者佐藤学（Sato Manabu）认为，学习是与客体世界对话的"认知性实践"、与他人对话的"社会性实践"和与自我对话的"伦理性实践"的有机结合体[①]。从这一学习的本质来看，"教学特殊认识论"支配下的学生学习活动，只涉及认知性实践范畴，而几乎没有考虑到社会性实践和伦理性实践范畴。即使在"教学特殊认识论"的认知性实践范畴，学生接触到的客体世界（即教育内容的世界）也主要是教材等"法定"的客观知识，而教材之外的网络课程资源、社区课程资源等都没有得到充分有效的利用。因而，佐藤学的"学习"概念对以往的学习本质内涵是一次有力的革新和拓展，它强调了学习的认知维度、人际维度和自我维度，并努力引导学生与客观世界对话、与他人对话、与

---

① ［日］佐藤学．课程与教师［M］．钟启泉，译．北京：教育科学出版社，2003.13.

自我对话。也就是说，学习不仅是学生个体获取知识的过程，也是学生个体与学生个体、与学生群体、与教师之间的人际互动过程，还是学生个体不断自我反思并证明自己存在价值的过程。

课程资源的开发与利用为学生广泛地与各种课程资源打交道提供了适宜的机会。学生不仅与客体世界这一"物"的课程资源对话，而且与老师、同学、家长、自我等"人"的课程资源进行对话，从而对知识不断地进行自主的意义建构。也正是由于课程资源概念的引入，学生才被看作是一个完整意义上的生命存在，"让课堂焕发出生命活力"的呐喊[1]也逐步变为现实。因此，课程资源理念的提出，大大丰富了学生学习本质的内涵，为学生成"人"搭建了一个宽阔的平台。

(二) 学习方式的转变

从学生学习方式的角度来看，传统的学习方式导致学生学习的主动性、能动性、独立性不断消磨，学习就成为一种外在的、他主的控制力量，学生被这种控制力量所"奴役"。当学生的生命存在受到关注的时候，其学习的方式就会发生变化，学习就成了学生自主探究的活动过程，成了学生自身内在的精神解放运动。课程变革之前的大多数教学活动往往将学生局限在课堂这一特定的场所中，其活动的展开也主要是师生之间单向、线性的传递活动，学生的学习方式也以机械记忆、训练为主。而课程资源的开发与利用，主要以课程教学目标的达成为根本出发点，以学生身心的完整和谐发展为终极目的。由于课程资源的潜在性和多样性，学生学习的时空范围得以扩展，从局限于书本到关注对学习过程的参与，从课堂内到课堂外，从校内到校外（诸如图书馆、科技馆、博物馆、实验室等）。这些条件性资源都有效地改变了以往师生单向的知识传递渠道，形成了全方位的、多元化的学习渠道。课程资源视野下的学生学习，有效地改变了以往训练灌输、机械接受的状况，使学生的自主、探究性学习成为可能。

条件性课程资源提供了帮助学生更有效地学习的有利条件，而素材性课程资源则为学生的学习提供了更为有效和有价值的内容，例如为学生提供了许多具有教育价值和意义的课程资源，包括学生自身的生活经验、问题、困惑、情感、价值观等，这使学生将学科知识和现实生活世界的沟通与衔接成为可能，使得学生的学习充满了自主建构、意义建构的气息，学生的知识学习具有"有用性""意义性"。

对多种课程资源的有效整合使得学生的自主、探究学习成为可能，也

---

[1] 叶澜. 让课堂焕发出生命活力——论中小学教学改革的深化[J]. 教育研究，1997(9).

实现了对"什么知识最有价值"这一经典问题的重新解读,以及从"什么知识最有价值"到"谁的知识最有价值"和"怎样获得的知识最有价值"的跨越和拓展。

五、课程资源对评价观的冲击

教学评价是实现教学目标、推动教学发展的重要手段和有力杠杆,在课程改革中起着导向与质量监控的重要作用。它主要涉及对"谁来评""评什么""为什么评""如何评"等一系列问题的基本回答。评价观的转变是新课程改革的关键所在。在课程资源的视野下,人们对知识观、教学观、学习观等的认识都发生了根本性变化,这必然也会对传统的评价观产生重大影响。

(一)传统教学评价的局限

《基础教育课程改革纲要》指出,要"改变课程评价过分强调甄别与选拔的功能,发挥评价促进学生发展、教师提高和改进教学实践的功能",要"建立促进学生素质全面发展的评价体系",要"建立促进课程不断发展的评价体系"等。这些变化无疑为新时期的教育教学评价明确了价值取向和发展方向,即为建立素质教育的发展性课程评价体系指明了方向。然而我国现有的课程评价中存在的诸多问题,严重制约着教育改革的顺利展开和不断深化。

传统教学评价在价值取向上主要是目标取向,它在本质上是受工具理性支配的,其核心是追求对被评价对象的有效控制和改进。在教材概念下的传统教学模式中,预定知识与技能的教学结果往往成为教学评价的唯一标准。这种目标取向的评价往往只强调教学目标的达成情况,完全忽略了师生互动、生生互动等动态生成的资源在教学过程中的重要价值。在目标取向的评价观的指导下,评价功能仅仅局限于对学生掌握知识和技能情况的甄别和分等,忽视学生的个性化发展;评价内容仅仅强调教材中的客观知识,忽视学生在教学过程中的积极表现以及不断建构的个人知识;评价方法也仅仅追求绝对的量化,忽视对教学过程中学生表现的质性评价。

为此,如何突破与改进目标取向的评价,彻底改变"一考定终身"的被动局面,不断实现与深化发展性课程评价体系与机制,形成一种过程取向的发展性评价,是我国基础教育必须面对的现实、紧迫的问题。

(二)过程评价与质性评价的意义

课程资源概念的提出,改变了人们对知识观、教学观、教师观、学习观等的认识,因而评价观也不可避免地受到课程资源理念的冲击和影响。这就要求评价观冲破长期居于统治地位的知识和技能目标取向评价的藩篱,强调把教师、学生在整个教学运行过程中的全部情况都纳入评价的范围。

只要是具有教育价值的结果，不管与预定的目标是否相符，都应该受到评价的支持与肯定。评价范围的扩大强调了师生在教学过程中不断动态生成的课程资源的重要价值和意义，也自然凸显了评价活动对整个教学过程本身的价值和意义的关注。过程取向的评价作为对目标取向的评价的超越，它不仅重视学生是否获得正确的结论，更关注学生解决问题的具体过程以及在此过程中的情感体验，这就使得评价功能由强调对学生的甄别与分等转向关注学生的真实发展；评价内容就由对结果的重视转向对整个教学过程的关注；评价方法由追求量化评价转向关注学生发展的质性评价。

因而，课程资源观对过程评价与质性评价的重要价值的凸显，就成为如何评价学生作为内在生命化形态的资源融入教学过程之中所发生的实际情况，以及如何评价学生对外在物化形态资源的掌握情况所必须面临和解决的根本性问题。

综上所述，我们从教学论的视角出发，审视了"课程资源"对知识观、教学观、教师观、学习观、评价观五个方面的重要价值和意义。在课程资源的视阈下，课堂教学活动正不断超越工具主义价值取向，而向学生主体的自我意义建构迈进。因此，继续加强课程资源的建设、帮助教师形成课程资源意识，仍然是我国基础教育课程改革必须面临和解决的基本课题。

第三章　开发和利用课程资源的基本思路

如果要让课程资源发挥出实际的教育效能，那么就必须注意厘清开发和利用课程资源的基本思路，特别是要高度重视建立课程资源的分析框架，探讨课程资源的协调与共享机制，并将课程资源建设逐步深入落实到课堂教学和办学行为的具体过程之中。

一、构筑课程资源的分析框架

对课程资源建设要做到心中有数就必须建立课程资源的分析框架，以便对课程资源的类型进行划分，确定课程资源的筛选原则以及规划、开发和利用课程资源的渠道。

（一）划分课程资源的主要类型

广义的课程资源指有利于实现课程目标的各种因素，狭义的课程资源仅指教学内容的直接来源。根据中小学的实际情况以及课程改革的发展趋势，我们可以选择一个折中的课程资源概念，即课程资源是指形成课程的因素来源与实施课程的必要而直接的条件。

要正确理解课程资源，必须对课程资源进行比较清晰的分类。课程资源的分类多种多样，但无论从哪个角度划分课程资源的类型，都要注意两个基本原则：一是逻辑上要清晰，划分的课程资源类型不能自相矛盾和有过多交叉重叠；二是要有利于分析和解决学校实践中存在的主要问题，即要有利于我们看清中小学课程资源开发和利用中存在的主要问题，并有利于我们找到相应的解决途径和办法。只要把握住这两个基本原则，课程资源的分类就是比较合理的。我们也就可以据此建立起比较切实有效的分析框架。

从政策层面来看，诚如《基础教育课程改革纲要（试行）》所指出，"学校应充分发挥图书馆、实验室、专用教室及其他各类教学设施和实践基地的作用；广泛利用校外的图书馆、博物馆、展览馆、科技馆、工厂、农村、部队和科研院所等各种社会资源以及丰富的自然资源；积极利用并开发信息化课程资源。"

从教学层面来看，学校和教师面临的则是更为微观的课程资源类型，所以，可以考虑选择几个基本的角度来划分课程资源的类型，并用以指导学校的课程资源建设。比如，按功能特点来划分，可以分为素材性课程资源与条件性课程资源；按空间分布和支配权限来划分，可以分为校内课程资源与校外课程资源。此外，还可以根据许多不同的角度来划分，例如社会资源与自然资源，物质资源与信息资源，人力资源、物力资源与财力资源，纸质资源与电子声像资源，时间资源与空间资源等。

按照课程资源的功能特点把课程资源划分为素材性资源和条件性资源两大类。其中，素材性资源的特点是作用于课程并且能够成为课程的素材或来源，它是学生学习和收获的对象。比如知识、技能、经验、活动方式与方法、情感态度和价值观以及培养目标等方面的因素也属于素材性课程资源。条件性资源的特点是作用于课程却并不是形成课程本身的直接来源，并不是学生学习和收获的直接对象，但它在很大程度上决定着课程的实施范围和水平。比如直接决定课程实施范围和水平的人力、物力和财力，时间、场地、媒介、设备、设施和环境等因素就属于条件性课程资源。当然，把课程资源划分为素材性资源和条件性资源更多的是为了说明问题的方便，两者并没有截然的界线。现实中的许多课程资源往往既包含着课程的素材也包含着课程的条件，比如图书馆、博物馆、实验室、互联网、人力和环境等。

按照课程资源空间分布的不同，大致可以把课程资源分为校内课程资源和校外课程资源。凡是学校范围之内的课程资源就是校内课程资源，超出学校范围的课程资源就是校外课程资源。其中，校内课程资源可以包括素材性课程资源和条件性课程资源，校外课程资源也同样包括素材性课程资源和条件性课程资源。

由于划分标准的不同，课程资源还可以划分出许多不同的类型，在此很难一一涉及。不过，按照功能特点和空间分布对课程资源进行分类，可以帮助我们建立起中小学课程资源的基本分析框架，如表3-1所示。

表3-1 课程资源的分类

视角	类型		表现
功能	素材性资源	外在物化形态	学科、课标、教材、习题、声像等
		内在生命形态	经验、感受、问题、创意、交流等
	条件性资源	有形条件	师生、设备、设施、场地、载体等
		无形条件	时间、时机、氛围、环境等

续表

视角	类型		表现
空间	校内资源	物质条件	师资、设备、设施、场所等
		学习素材	图书、资料、教学案、教辅、习题等
	校外资源	物质基础	人力、财力、设备、设施、场所等
		学习素材	生活、历史、人文、自然、科技等
状态	社会资源	人工物质基础	家庭、社区、机构、聚落、行业等
		人工学习素材	人文、生活、历史、传统、科技等
	自然资源	自然物质基础	景观、环境、物种、物产等
		自然学习素材	自然现象、规律、法则、原理等
其他			

(二)确定课程资源的筛选原则

从当前我国课程改革的发展趋势来看，凡是有助于学生主动学习和和谐发展的资源都应该加以开发和利用。但究竟哪些资源才是具有开发和利用价值的，还必须通过筛选机制的过滤才能确定。

从课程理论的角度讲，至少要经过三个筛子的过滤筛选才能确定课程资源所具有的开发价值。第一个筛子是教育哲学，即课程资源要有利于实现教育的理想和办学的宗旨，反映社会的发展需要和进步方向；第二个筛子是学习理论，即课程资源要与学生学习的内部条件相一致，符合学生身心发展的特点，满足学生的兴趣爱好和发展需求；第三个筛子是教学理论，即课程资源要与教师教育教学修养的现实水平相适应。所以，开发课程资源，特别是开发素材性课程资源，必须反映教育的理想和目的、社会发展需要、学生发展需求、学习内容的整合逻辑和师生的心理逻辑。

在对课程资源进行筛选时还必须坚持优先性、适应性和科学性的原则要求：

第一，坚持优先性原则。学生需要学习的东西很多，远非学校教育所能包揽，因而必须在可能的课程资源范围内和在充分考虑课程成本的前提下突出重点，精选那些对学生终身发展具有决定意义的素材性课程资源，使之得到优先运用。比如，中小学教育要承担自己的责任，要帮助学生学会建设性地参与社会生活中应掌握的各种本领，就必须对他们应该具备的知识、技能和素质以及社会为个人所提供的种种机会进行综合的了解，做出恰当的判断，筛选出重点内容并优先运用于课程。同时，那些必要而直接的条件性课程资源应该优先予以保证。

第二,坚持适应性原则。课程的设计和课程资源的开发利用不仅要考虑一般学生对象的共性情况,也要考虑特定学生对象的具体特殊情况。如果要为特定教育对象确定恰当的目标,那么仅仅考虑他们已经学过的内容还不够,还需要考虑他们现有的知识、技能和素质以及能够提供的条件性课程资源背景。除了考虑学生群体的情况外,还要考虑教师群体的情况。并且,对于课程资源的优先性和适应性问题,应该广泛地听取广大教师和学生的意见和建议,反映他们的要求和呼声。只有这样,课程资源才能得到更加充分合理的开发与利用。

第三,坚持科学性原则。课程资源的开发和利用,必须有一个科学的态度。一方面,课程资源特别是那些涉及客观知识的素材性课程资源的选择,要注意它的真实性和可靠性;另一方面,又要注意打破对于包括教科书在内的课程资源的迷信,不能把教科书之类的课程资源当作"圣经"来对待,我们甚至要培养学生对课程资源的质疑精神。比如,长期以来,课程资源的选择往往习惯于用是否对我们"有利"来衡量它们的价值,而不是将事实的真伪和可靠性放在首位。于是,表面上对我们"有利"的信息一再夸大;对我们"不利"的信息则不闻不问。而评价是否"有利"的标准却既不科学,也不讲究实效,以致常常适得其反。像"太空见长城"这样的错误在教科书中的流传及其引起的争议,就应该引起人们多方面的反思。

(三)规划课程资源的开发和利用渠道

从学校层面来讲,课程资源的开发和利用,除了充分利用中小学的课程标准、教科书以及精选的教学辅助材料之外,还应该进一步规划和开通课程资源的开发和利用渠道。比如,可以大致参考以下五个方面的基本途径[1]来思考课程资源建设的大致方向。

第一,关注社会生活,不断跟踪和预测社会需要的发展动向,以便确定和选择有效参与社会生活、把握社会发展和个人发展机遇而应具备的知识、技能和素质。

第二,审查学生在日常活动中以及在实现自己目标的过程中能够从中获益的各种课程资源,包括知识与技能、生活经验与教学经验、教与学的方式和方法、情感态度和价值观等,并开发和利用相应的实施条件等。

第三,研究和确定学生的素质现状,了解他们已经具备或尚需具备哪些知识、技能和素养,以作为制定学校课程教学计划的基础。

---

[1] 江山野.简明国际教育百科全书·课程[M].北京:教育科学出版社,1991.112-115.

第四，鉴别和利用校外课程资源，包括自然与人文环境，以及各种机构、各种生产和服务行业的专门人才等，对此有选择地加以利用，使之成为学生学习和发展的财富。

第五，建立课程资源管理数据库，拓宽校内外课程资源及其研究成果的分享渠道，提高使用效率。可以根据实际情况，编制各种各样的《课程资源登记表》，把课程资源的类型、所有者、获取方式、开发动态和使用事项等登记，分类存档，归口管理，一方面便于查找、调用、更新和补充，另一方面可以不断提高课程资源的开发和利用水平，更好地创造和积累课程资源建设的经验，实现课程资源更大范围的交流和分享。

除此之外，课程资源的开发和利用还要考虑各地和各学校的实际情况，广开思路，多渠道发掘校内外的更具有针对性和适应性的素材性课程资源和条件性课程资源，从而更好地发挥各种课程资源的作用。

二、建立课程资源的协调与共享机制

校内外的课程资源对中小学的课程实施都有重要价值，但它们在性质上还是有区别的。就利用的经常性和便捷性而言，校内课程资源的开发和利用应该占据主要地位。校内课程资源是学校课程资源建设的基础和重点，是学校课程实施质量的主要保证。校外丰富多彩的课程资源对充分实现课程目标具有重要价值，是学校课程资源的重要补充，起着重要的辅助作用。只是在相当长的一段时期内，校外课程资源的开发和利用没有得到应有的重视，所以今后应该予以足够的重视，使校内外的课程资源之间保持一种动态的平衡。但是，这并不意味着在整个基础教育范围内从根本上改变校内为主、校外为辅的课程资源开发与利用的基本格局。为此，必须通过科学的课程管理建立起课程资源的协调与共享机制，提高课程实施的效益和水平。

（一）充分挖掘和有效利用校内课程资源

在校内课程资源中，课程标准和教材是课程资源最基本的组成部分，是课程的基本素材和课程实施的基本条件之一。教师对于其他课程资源的开发和利用，要建立在对课程标准和教材充分利用的基础之上，并且要积极主动地从"教教材"向"用教材教"扩展，使标准和教材成为支持教学的课程资源，而不是束缚教学的绳索。

与纸质印刷时代的要求相适应，教材一直是我国学校教育的主要课程资源。随着时代的发展和社会的进步，教材的形式和内容也会不断地发生变化，但从普遍的情况来看，教材仍然是最基本的课程资源。由于教材多样化的逐步实现，中小学面临一个重要的教材选用问题。学校选用什么样的教材，除了课程政策上的考虑之外，还应该对教材本身的内在品质及其对学校师生的适应性问题进行深入的研究。应该看到，教材是教学内容的重要载体，教材的开发和利用不仅要呈现学科知识，同时也应有利于教师创造性地开展教学活动，还应该考虑到如何有利于引导学生利用已有的知识与经验，主动地探索知识的发生与发展，以培养学生的创新精神和实践能力、收集和处理信息的能力、获取新知识的能力、发现和解决问题的能力以及交流与合作的能力，发展学生对自然和社会的责任感。所以，选用的教材应符合课程标准的要求，遵循学生的心理发展特点，精选对学生终身学习必备的基础知识与技能，从学生兴趣与经验出发，及时体现社会、经济、科技的发展，尝试以多样、有趣、富有探索性的素材展示教育内容，并且能够提出观察、实验、操作、调查、讨论等方面的建议。

一方面，我们要确认教材是最基本的课程资源，重视教材建设，充分发挥教材在教学中的重要作用；但另一方面，又必须认识到教材不是唯一的课程资源，我们要改变教材作为唯一课程资源的观念，合理构建课程资源的结构和功能。

学校的校长、教师和学生应该积极主动地参与中小学的教材开发和建设，反映和表达自己的需要和呼声。广大教师和学生在教学互动的过程中动态生成的知识、技能、方式、方法、情感、态度和价值观等方面的成果，是校内课程资源的重要组成部分，而且是更加鲜活和细致的素材性课程资源。对于这类课程资源的开发和利用，在很大程度上决定着学校的教学质量和办学水平。

学校要对学校内部的课程资源进行整合，提高使用效率。要充分发挥学校图书馆、实验室、专用教室及各类教学设施和实践基地的作用。图书馆、阅览室等肩负着特殊的责任，应该帮助学生有效地接触体现在学者、科学家及艺术家作品中的人类遗产。这些作品的意义在于它们的资源价值，在于学生能从中吸取终身受益的教诲。学校在图书馆、实验室和其他专用设施、设备等的服务时间、服务方式和使用效率上，需要不断地调整和完善，以适应中小学学生日益个性化的学习需要。各门课程之间要尽可能形成共用的专用教室、计算机房、实践基地等，做到物尽其用和一物多用。

学校要树立课程成本的观念，提高课程资源的利用效益，提倡因地制宜、因陋就简和师生共同创造性地开发和利用各种课程资源，鼓励学生之间、师生之间交流各种学习资源。学校不能不顾学校和学生的经济能力而一味追求条件性课程资源的现代化，更不能让现有课程资源大量地闲置和浪费。

(二)建立校内校外课程资源的协调和共享机制

学校要根据教学实际情况和学生发展的具体需要，广泛利用校外的图书馆、博物馆、展览馆、科技馆、青少年活动中心、电影院、工厂、农村、部队、政府机关、企事业单位、职业学校、成人教育机构、高等院校和科研院所等各种社会资源以及丰富的自然资源；积极利用和开发信息化的课程资源，有效发挥各种公众网络资源的价值。网络不仅是课程资源共享的手段，而且它本身就是一座具有巨大发展潜力的课程资源库，应该成为课程资源开发、利用和交流、共享的重要平台。农村地区的中小学还可以根据农村建设和发展的实际开发各种独特的课程资源。

从中小学课程资源的现实情况来看，建立校内与校外课程资源的协调和共享机制具有非常重要的意义。一方面学校要善于合理发掘和运用社区及其他兄弟学校的课程资源，另一方面学校内部的课程资源也可以向社区和其他学校辐射。比如可以在特色课程、专业教师以及场地设施等课程资源方面广泛地开展合作，互通有无，优势互补。真正的课程资源共享还必须建立相应的经验交流和合作研讨机制，定期和不定期地开展教学经验交流和办学思想研讨等活动。

各级行政部门有责任加强管理，在政策上建立健全校内外课程资源的相互转换机制，强化各种公共资源间的相互联系与共享。比如在各种基地建设和共享方面，像爱国主义教育基地、综合实践活动基地和教师校本培训基地之类，政府就应该发挥不可替代的独特作用。

各类示范性中小学以及各类优秀教师应该在校内外课程资源的协调和共享机制建设方面做出更多的贡献。从技术层面来讲，网络技术的发展开始逐渐打破校内与校外课程资源的划分界限，从而在很大程度使得课程资源特别是素材性课程资源的广泛交流和共享成为可能，校内课程资源和校外课程资源相互转化的可能性和优越性越来越大了。

三、开发和利用课程资源要逐步深入

中小学在办学条件和师资水平上存在着很大的差异，因此中小学课程资源的开发和利用要从实际出发，突出重点，并且逐步引向深入。

(一)将课程资源建设纳入课程改革计划

任何课程改革政策的推行必须有课程资源的支持。如果制定政策时没有考虑实施政策所需的资源，而且如果没有必要的资源，学校、教师和学生就会处于要求得不到满足的局面。因此，课程资源的建设必须纳入课程改革计划，必须在政策上保证各种课程资源能够得到落实。这是各国课程改革面临的一个重要课题，即使在美国这样经济发达的国家，也同样会面

第三章 开发和利用课程资源的基本思路

对这样的问题。① 反过来说，一项课程改革计划要得到很好的落实，要么课程资源得到保证，要么不盲目制订过高的改革目标，两者要相互协调。

各级政府在教育政策上必须保证为基础教育分配足够的基本资源，使其达到实施国家课程标准的起码要求，包括提供足够的教师、时间、材料和设备、适当而安全的场所和社区。课程改革计划还必须充分考虑到课程资源消耗、补充、维护和更新所需要的投入，要进行课程成本管理。

学校系统也需要开发一种能够鉴别、保管典型教学材料并让教师及时利用的机制，确保教师在需要时可以获得必要的教学材料。教师有责任在时间、空间和学习材料等方面为学生创造良好的教学环境，并且在资源的安排与利用上要起主导作用。同时学校的行政管理人员、学生、家长以及社区成员也都必须担负起他们应该担负的那份责任，确保资源能够得到有效的利用。

为学生们提供多种机会让他们参加一些他们感兴趣的研究，是学生学习的一个有机组成部分。在考虑如何安排可利用的时间时，有经验的教师会意识到，学生们要有时间去试验自己的新想法，需要有因出现错误而耽误的时间，需要有时间沉思默想，还要有时间开展相互交流讨论。所以，要提倡把属于学生的时间还给学生。教师在做诸如此类的抉择的同时，既要考虑到学生的安全、资源的适当用途和可获得性，也要努力培养他们积极参与探究性学习的兴趣和能力，让学生有机会通过多种渠道获取、评估和使用他们所需要的各种信息。

总之，上述课程资源的开发和利用必须纳入课程改革计划，得到课程政策的保证和支持。否则，课程资源的建设将举步维艰。

(二)保持条件性资源与素材性资源的动态平衡

对于条件性课程资源而言，必须首先保证中小学实施课程最基本的时间和空间，比如基本的安全而必需的场地、物资和设备等。这是保证中小学课程实施的前提条件，没有这样的前提条件，就谈不上中小学课程的实施问题。在具备了这些基本的前提条件之后，条件性课程资源的建设则要量力而行，不可盲目拔高要求。条件性课程资源的过度建设，不仅会增加不必要的课程成本，而且会破坏条件性课程资源与素材性课程资源的动态平衡，忽视甚至埋没大量素材性课程资源。当前，那种为追求一时的政绩和表面效应而过分热衷于条件性课程资源建设、忽略更为长远的素材性课程资源建设的做法，应该引起我们的高度警惕。须知，现代化的教育是由

---

① [美]国家研究理事会. 美国国家科学教育标准[S]. 戢守志，等译. 北京：科学技术文献出版社，1999.276.

具有现代教育观念的教师队伍来支撑的，而绝不是徒有形式的现代化物质外壳。与条件性课程资源的开发和利用相比，素材性课程资源的开发和利用对教育质量的提高更具决定意义，有更大的丰富性、灵活性和创造空间。

从目前我国中小学的一般情况来看，课程资源的总体状况是：经济发达的东南部地区比经济欠发达的中西部地区优越，城市比农村优越，重点中小学比一般中小学优越。但就同一地区和学校而言，课程资源分布失衡的情况也相当普遍，因为人们往往容易把关注的重心过分集中在条件性课程资源的建设上，而忽略对教育质量更具决定意义的素材性课程资源的建设，教育现代化的物质外壳与丰富内涵之间就严重分离了。所以，一个重要的课题是保持条件性课程资源与素材性课程资源之间的动态平衡，不仅要重视条件性课程资源的建设，更要加强素材性课程资源的建设，全面体现教育现代化的丰富内涵。

从理论上讲，即使条件相对落后的西部地区、农村地区，课程资源特别是素材性课程资源也是丰富多彩的，缺乏的只是对于课程资源的识别、开发和运用的意识与能力。目前，带有共同性的问题是对课程资源的地位和作用重视不够，一方面是课程资源特别是条件性课程资源严重不足，另一方面却是由于课程资源意识的淡薄而导致大量课程资源特别是素材性资源被埋没，不能及时地加工、转化和进入实际的课程和教学之中，造成许多有价值的课程资源的闲置与浪费。一些学校甚至把教科书当成唯一的课程资源，这对课程资源的理解十分狭隘。

许多不同的材料，如果以条件性课程资源的眼光来看可能存在天壤之别，而如果以素材性课程资源的眼光来看，它们的教育价值则是同质的，所以关键在于我们怎么运用它们。特别是在教师和学生的教学互动中创造出的各种活动形式及生成的各种信息，将是充满无限生机的课程资源。当然，这种说法绝不能成为我们拒绝改善条件性课程资源状况的理由，而应该成为我们开发和利用素材性课程资源的动力。各类重点中小学或示范性中小学的建设，应该特别注意保持条件性课程资源与素材性课程资源之间的动态平衡，尤其是在素材性课程资源建设方面应该做出更多的努力和探索，为全面体现教育现代化的丰富内涵起到应有的示范作用。

（三）深入研究教学过程中动态生成的课程资源

长期以来，由于课程设计上的封闭性，教师缺少课程资源的合法决策权力，因而也就缺少相应的能力，教师和学生的生活、经验、问题、困惑、理解、智慧、意愿、情感、态度、价值观等丰富的素材性课程资源通通被排斥在教学过程之外，原本十分丰富的教学过程缩减成为单一的传授书本知识和解题技能的过程，一种狭义的"双基"成为教和学的客观对象与目标，教师、学生在课程和教学中的积极性、主动性和创造性被束缚了，在教学互动中动态生成的课程资源被忽视甚至被压制了。

事实上，教师和学生在课程与教学中的主体地位的丧失，不仅否定了教学过程中知识的主观属性，也否定了教学过程作为师生共同的生活过程和人生过程的现实性，而且最终把教学过程窄化为"教教材、学教材、考教材"，甚至滑入"考什么，教什么；教什么，学什么"的怪圈。

应该看到，书本知识是重要的课程资源，具有客观属性，是教师教学和学生学习的对象，对此我们必须重视。但同时，知识也具有主观属性，是人类主观认识的成果，因而也可以是师生在教学过程中共同建构起来的。仅仅把知识当作纯粹的客观对象来学习的时候，很容易把学生学习的知识认为是固定不变的唯一结论或真理，导致教学过程成为一个简单的传授标准答案的过程。广大中小学教师在教学过程中的处境十分尴尬，绝大多数学生在教学过程中只能处于被动接受的地位，教学过程失去了应有的生机和活力。对于这种状况，从事实际教学工作的广大中小学教师是再熟悉不过的了。例如，许多老师在课堂上无法对学生的理解给予肯定，因为书上不是这样说的。所以，老师不但不能理直气壮地肯定学生的理解，相反还得不断运用"教学技巧"和"教学机智"，想办法如何一步步地"启发"学生得出"正确"的认识——书上的结论。许多科目的教学都存在这样的现象——让学生硬生生地去接受书本上提供的所谓客观知识结论。这样的教学片断看似平常，实则隐含着一个重要的课程设计思想——教师只是课程的执行者，教学过程即传授客观知识的过程。在这样的课程设计思想的指导下，教学也好，考试也罢，都走向一个唯一的模式——追求标准答案，而不管这个答案本身是否真的有"客观标准"，也不管追求这个标准答案的过程本身是否有教育价值。

表面上看来，绝大多数学生最后都"懂得"了书上的道理，而实际上这个教学过程的教育意义是值得怀疑的。因为，在这种课程设计思想指导下，学生不能独立思考，不能有自己的见解，如果他/她独立思考了，有自己独立的见解，他/她就是错的。老师也是同样的命运！

应该说，学生的经验、感受、见解、问题、困惑等是宝贵的课程资源，教师应该有权允许它们合法地进入课程，特别是进入教学过程。否则，学生就被排斥在课程与教学之外了，他们如何能够成为学习的主人？如何能够感受到学习的丰富意义？同样的道理，如果老师自己的经验、理解、智慧、困惑、问题等素材性课程资源不能合法地进入教学过程，他们自身也就被排斥在课程和教学之外了,他们就只能是一个"传声筒"。这样,教学过程就演变成为一个纯粹的客观学习过程,老师教着、学生学着他们都不信奉的"客观知识",这个过程除了与考试有关外,与他们的生活、与他们的人生无关!教师的教学工作似乎成了一个纯粹的"技术活儿",教师专业发展的重心似乎就是教学技巧的学习!这就是为什么现实中普遍存在着这样的现象:老师和学生上课和下课两副"面孔"、两个"腔调",而且彼此心照不宣。教学过程成了游离于老师和学生真实人生之外的"虚拟生活"!

事实上,教学过程一旦缺少了真实的交流,缺少了理解与感动,也就丧失了它应有的生机和活力,更为糟糕的可能是丧失了它应有的教育价值,成为浪费时间和生命的过程。即从价值引导的角度看,教学应该关注的是让学生知道:书本上的知识以及对于知识的理解与感受只是一部分人的理解与感受,每个人都可以有自己的理解与感受。

但是,有一点必须十分强调,表达自己的理解与感受是建立在倾听和尊重他人,包括课本上提供的知识基础之上的。学生在表达自己的理解与感受时,要同时学会倾听、尊重和分享别人的理解与感受,善于从别人的认识成果中获取启示。只有这样,学生才能够作为教学过程的参与者,他们表达自己的认识和感受才变得有意义起来。同样,老师也才能够作为教学过程的参与者表达自己的认识和感受。老师与学生共同解读书本知识,教师、学生与作者之间形成一种相互对话的关系。在表达各自的认识和感受的基础上,老师和学生彼此倾听和分享对方的认识成果,从而加深对周围世界的认识与理解,丰富自己的内心世界。老师和学生都会在这样的教学过程中获得成长和发展,并感受自己存在的意义。这时,"教学在互动中生成,在沟通中推进。与传统的教学机制相比最大的差异就是:把学生不只是看作教学的对象,同时还是教学的资源;把教师不只是看作知识信息的传递者,同时还是课堂上不同信息的接受者、倾听者、处理者;不只是把教学看作预设计划的执行,同时更是师生、生生相互作用的过程。"①

所以,一个有意义的教学过程,除了具有学习客观知识的特点之外,还应该成为广大师生共同建构知识和人生的生活和创造过程。只有当广大师生的生活、经验、智慧、理解、问题、困惑、情感、态度、价值观等素材性课程资源能够真实地进入课程、进入教学过程的时候,教师和学生才会真实地感受到教学过程是他们的人生过程,是他们生命的有机组成部分,教学才有可能真正地促进学生的健康成长和健全发展,才有可能不断地提

---

① 叶澜. 人生杂感——随笔四则[J]. 教育参考,2000(6).

高教师的专业发展水平，才有可能普遍地恢复教学应有的生机和活力。而做到这一点的前提条件恰恰是教师拥有课程资源的决策权力和能力，而这也是教师专业发展的重要议题。

中小学课程资源的开发和利用只有深入到课堂教学层面，认真研究课堂教学过程中动态生成的这一类素材性课程资源，课程资源建设才能从表浅走向深刻，课程资源的丰富内涵才能够真正体现出来。

四、以教师专业发展为突破口

素材性课程资源和条件性课程资源对于课程目标的实现都是非常重要的。但是在课程资源普遍紧张的情况下，我们必须确认那些居于主导地位、对于课程资源结构功能发挥具有决定意义的课程资源，并以此作为开发和利用中小学课程资源的突破口和生长点。

（一）教师专业发展是课程资源建设的突破口

在所有课程资源中，教师是起着主导和决定性作用的因素。因为教师不仅决定着课程资源的鉴别、开发、积累和利用，是素材性课程资源的重要载体，而且教师自身就是课程实施的首要的、基本的条件性资源。从这个意义上讲，教师是最重要的课程资源，教师的素质状况决定了课程资源的识别范围、开发与利用程度以及发挥效益的水平。事实上，随着课程教材改革和学校内部教育教学改革的深化，教师是教育改革关键性因素的观点，越来越引起人们的关注。许多教师甚至在外部课程资源极其紧缺的情况下"点石成金"，实现了课程资源价值的"超水平"发挥。

因此，在课程资源建设的过程中，要始终把教师队伍建设放在首位，提高教师的课程资源意识和开发运用能力，特别是要提高教师识别、捕捉、积累、利用和开发在课堂教学中动态生成的课程资源的能力，通过教师自身这一最重要的课程资源的突破来带动其他课程资源的优化发展。教师队伍建设是开发和利用课程资源最长期和最核心的工作，也是反映学校教育质量和办学水平的最主要的环节，是开发和利用课程资源的主要突破口和生长点。毫无疑问，学生的发展必须依靠训练有素的专业教师，教师必须做好准备以便能为在能力、需要、经验和学习方法等方面各不相同的学生提供优质的教学。同时，教师应该有获得充分的专业发展机会，以提高有效教学的能力。用于教师发展的资金和时间，应该成为教育预算的一个重要部分，因为这方面的投入对于学校和学生的发展是具有决定性意义的。

当然，重视专业教师资源并不意味着轻视其他人员的作用。相反，一所学校教师的资源优势能否恰当地形成和有效地发挥作用，与以校长为核心的学校领导班子的课程资源意识和能力息息相关。因为教师专业素质的提高是一个长期的持续发展的过程,所以学校领导特别是校长在教师队伍建设问题上应该树立高度的历史责任感。除学校行政人员和教学同仁外,其他支持人员包括资料管理员、实验室技师或维修人员等,他们也发挥着课程资源的作用。同样,学生的经验、智慧、问题和困惑等一旦进入教学过程,也就成为课程的重要资源,发挥着课程资源的作用。

(二)促进教师多渠道开发和利用课程资源

从课程资源的角度看,学校要为教师提供多样化的渠道和平台,引导教师通过多种途径开发和利用课程资源,不断提高专业发展水平。

1. 探讨符合学生兴趣爱好的教学活动方式、教学手段和教学用具

研究青少年的普遍兴趣以及能给他们带来欢乐的种种活动,既有利于发现多姿多彩的奖励方式,帮助学生树立刻苦学习和取得良好学业的信心,也可以启发教师打开记忆的宝库,从自己以往与学生交往的经验中挖掘出大量有益的参考资料。教学方式特别是学习方式本身就是重要的课程资源。就学习动力而言,研究普通青少年的种种活动与兴趣,尤其是调查特定课程受教对象的兴趣和活动是大有益处的,因为从中可以归纳出能够唤起学生强烈求知欲的各种教学方式、手段、工具、设施、方案、问题,以及如何布置作业、安排课堂内外学习等,以帮助学生更好地达成课程目标。各种教学用具是重要的课程资源,要根据教学的需要和学校以及学生的实际情况,创造性地开发和利用各种教具和学具,为提高教学质量和教学水平服务。教学用具的开发和使用要因地制宜,简便实用,与学校和学生的发展水平相适应。

2. 研究和确定学生的发展基础以及相应的教学材料和要求

各门课程的选材都应该取舍得当,为此不但需要了解受教学生目前已经具备了哪些知识、技能和素质,而且还应该兼顾他们的差异,设计大量方案、组织多种活动、准备相应的教学材料。掌握学生现有知识、技能和素质的水平以利于因材施教,收集适应技能高低和知识多寡不同的各种活动和材料,是各门课程选材的必要依据。比如,学生的水平难以整齐划一,为了满足所有学生的要求,阅览室和其他阅读材料汇编就应该备有从不同层次介绍同一主题的资料。同样,向学生布置作业,也应根据实际情况,从众多的方案和活动中选取与他们的知识、技能水平相当的项目指定他们去完成。各种练习材料的具体内容往往需要课程设计者根据循序渐进的原则加以提取和编排。

很多技能都具有通用价值,教师可以将这些技能做一番调查整理,形成一个对于各门学科和多种课外情境都有参考价值的技能清单,作为对学

生学习的素质要求。至于态度、兴趣和接受能力等,虽然也有通则,但这方面的研究很难提供有益的通用标准素质清单,所以必须结合实际情况,在调查研究的基础上选定作为课程组织成分之一的素质标准。

为学生提供的反馈材料,特别是向学生指出学习中的差错并分析原因的反馈材料,可以很好地帮助学生找出课程学习中的重点和难点。教师甚至可以自己尝试收集学生常犯错误的资料,设计和整理成各种特定技能和知识领域的核查表,从而及时提供反馈性的教学材料。

学生的经验、感受、创意、见解、问题、困惑等是重要的素材性课程资源,具有很强的动态生成性,教师应该即时捕捉、归纳和总结,使之成为学生学习过程中的重要生长点。

3. 开发和利用乡土资源,安排学生从事课外实践活动

乡土资源主要指学校所在社区的自然生态和文化生态方面的资源,包括乡土地理、风俗习惯、传统文化、生产和生活经验等。这些资源可以有选择地进入地方课程、校本课程乃至国家课程的实施过程中,成为师生共同建构知识的平台。教师可以结合乡土资源,安排课外实践,引导学生将自己学到的知识、技能和素质恰如其分地运用于实践。一般说来,教师对校内环境及所在社区的某些方面都有所了解,所以应该很好地开发和利用这些资源。至于学生平时的课外活动以及有些什么其他学以致用的机会,则恐怕要靠学生自己介绍,这时学生的生活经验可以发挥更大的作用。所以教师应该注意发掘学生生活经验方面的资源,引导学生将书本知识转化为实践能力。

4. 总结和反思教学经验

教学工作本身是很复杂的,因而需要不断地学习,不断地总结与思考。教学的新知识、新技能和新策略有多种多样的来源——来源于研究,来源于新教材和新手段,来源于先进教学法的报道,来源于同事,来源于督导人员,来源于对教学的自我总结,来源于对课堂学习情况的思考等。教师们要不断地考虑如何充实自己的教与学的知识库,通过自我总结和积极借助他人的反馈来分析自己的学习需要和学习风格,并且为增加这方面的知识做出不懈的努力,不断提高自己的专业发展能力。教师应该善于运用教学日志、研究小组和个人教学心得集锦夹、同事指导和建议等自我评价和合作总结的手段、方法和策略,提高自我总结和教学反思的水平。

总结和反思教学实践经验有许多的方法和技巧。工作日志、录音带或录像带以及个人教学档案袋等自我总结的方法和策略,不仅可以使教师给自己的教学实况留下记录,也可以使教师对自己的教学发展路径做长期的

跟踪，还可以对自己的进步做长期的分析进而找出有待进一步学习和改进的地方。其他方法和技巧包括：对教师进行有组织安排的和无须组织安排的相互观摩、研讨和帮助，教师还要有机会组织研究小组、开展经验交流、加入各种专业活动网络等，从而更好地了解教学研究的动态，逐步使自己成为教学知识的生产源。

5. 根据现有条件和实际情况，广泛利用校内外场馆资源

根据现有条件和实际情况广泛利用校内外场馆资源，比如图书馆、阅览室等是重要的课程资源，要有步骤地帮助学生了解图书情报检索方面的常识，培养学生获取信息的基本技能，使学生更主动和便捷地利用图书馆的资源。科技馆的充分利用有利于拓宽学生的科学视野，加强学生对科学、自然、地理等课程的直观和形象的理解，为正式的课程教学提供强有力的支持。我国是一个历史和文化积累非常深厚的国家，全国各地的各种博物馆就是这种历史文化宝库的重要组成部分，具有重要的课程资源开发价值。在开发形式的选择上，一方面要加强学校与博物馆的联系，另一方面也可以将博物馆与学校相应的课程如历史与社会等结合起来，或者通过网络和光盘等形式传播博物馆资源。此外，各种有利于学生身心发展的运动场馆、专用教室、设备和设施、实践基地、科研院所、工厂、农村等都是可供开发和利用的课程资源。

鉴于目前场馆资源的建设现状，在开发和利用场馆资源的过程中还可以考虑选择较为典型的场馆资源作为样本，运用现代信息和媒体技术，如制作成光盘或通过上网等途径实现这些资源的广泛交流和共享。

6. 发挥网络资源的作用

现代信息技术的发展正在突破各种资源的时空限制，使课程资源的广泛交流与共享成为可能。为此，教师一方面要充分利用各种网络资源为教育教学工作服务，同时也要积极参与网络资源的建设，运用网络技术贡献自己的教育教学经验和成果，使之成为网络资源的一部分，与广大同行交流和分享；另一方面，还要鼓励学生学会合理选择和有效利用网络资源，从而增加和丰富自己的学习生活经验。

第四章　作为课程资源的教学案与练习题

从课程资源的视角出发，教学案设计、练习题开发和考试命题等教学活动，都必须围绕怎样才能更好地促进学生的学习与身心发展这一中心问题来展开。而且其本身就是开发和利用课程资源的具体环节。

一、基于学生学习的教学案设计

教学设计活动对大多数教师来说并不陌生，因为在课堂教学活动之前，教师都要根据教科书和学生的实际情况来安排具体的教学进程，并选择恰当的教学方法和手段。然而，不少教师的教学设计只是局限于教材本身，没有充分考虑大量存在的、可以利用的其他课程资源。教师习惯于关注如何将知识传递出去，强调教师"如何教"的基本流程，而不是将所设计的活动围绕有利于学生的学习与发展来展开教学实践。事实上，学校教师应该以学科内容知识为基本依托，通过设计各种促进学习的过程和资源，帮助学生有效地解决问题，实现学生的全面和谐发展。为了转变这一局面，为了促进学生自主的意义建构，必须基于学生的学习来进行教学设计活动。

（一）教科书的活用

长期以来，教科书（即教材的狭义概念）一直是我们教学活动所凭借的重要载体。我们应该看到，无论人们获取信息资源的渠道如何多元、手段如何多样，教科书仍然是学校教育中不可或缺的重要课程资源。但是，我们必须转变对待教科书的态度，形成一种新的教材观，即"材料观"而非"圣经观"。教师要基于学生的学习，灵活地、创造性地使用教材，真正实现从"教教材"向"用教材教"的扩展。

1. 坚持以科学的态度对待教科书

以科学的态度对待教科书，实质上要求我们以辩证批判的视角来认识教科书。一方面，教科书虽然不是唯一的课程资源，但仍需要将它看作是师生教学活动的重要"把手"或"范例"；另一方面，要对教科书本身保持一种批判怀疑的精神。

首先，教科书应该作为师生教学活动的重要"范例"。我们知道，教科书本身具有一定的科学性和相对的权威性，它的编制主要是由某一领域内的学科专家、课程专家负责的，既考虑到学生身心发展的基本规律，又照顾到学科本身内在的逻辑体系。而且，国家与地方教育主管部门对编制、审核和选取教科书也都有严格的政策性规定，这可以在一定程度上保证教科书的基本质量。正因为教科书在众多课程资源中的特殊地位，我们仍需要把教科书作为师生进行教学活动所凭借的重要"文本"。它可以为教师和学生提供大量的"范例"，而这些范例可以引导学生探索知识，明确学习与发展的基本方向；也可以帮助教师更容易把握课程教学目标。

有人提醒甚至批评教师对教科书的过分依赖可能会回到原有教学的"老路子"上去。然而，我们应该谨防漠视教科书存在的态度。也就是说，对于完全忽视教科书的做法是应该坚决制止的。例如，有教师认为，即使一直没有课本，我就是带一本杂志也可以到班上上课。如果这种思想占绝对支配地位，教师们往往就会认为，教科书是可有可无的，对教科书上提到的内容、所列举的例题甚至故意避而不谈，好像谁要是说到教科书上的内容，谁就是落入了俗套，谁要是课外的东西越多，谁就越有创造性。① 这种思想将会严重阻碍教师和学生对教科书的合理和科学使用。实际上，在新课程改革推进的过程中，对于教师和学生来说，教科书更像是铺路石，而不是绊脚石。教科书作为师生教学活动的重要"范例"或"文本"，如果使用得恰到好处，那么它就可以发挥出难以料想的正面作用。

其次，对教科书本身保持一种批判怀疑的态度。这种批判怀疑的态度，意味着不把教科书的地位神圣化。实际上，尽管教科书的编写和审定都有着较高的要求和标准，但也难免出现疏漏的地方，其内容也未必完全就是科学合理的。例如，在曾经的教科书中明明白白地写着，人在太空中的时候，能看到中国的万里长城和埃及的金字塔等，教师也一直把这个"科学事实"传授给学生，而且从来没有人对此有任何怀疑。可是，当人们问航天英雄杨利伟在太空中是否看到了中国的万里长城时，他却说，在那么远的地方要想看到万里长城恐怕是不可能的。所有的人都愕然了。

这一件事情告诉我们，教科书上说的未必都是科学的、真实的。其实，教科书的编写都会尽可能地反映科学发展的实际情况，但科学本身都是在以几何级数不断发展进步的，编写、调整和修改教科书投入的时间花费往往很长，不可能及时、完全地反映科学的最新发展成果，因而教科书出现一些不科学的、不合理的，甚至是错误的内容也是难免的。但问题的关键在于，我们应该以什么样的眼光和态度来看待教科书。古人说，"尽信书，则不如无书"。所以，教师和学生在使用教科书的过程中，需要持一种批判、反省、质疑的眼光和态度。只有保持必要的怀疑精神，教科书才可能

---

① 梁增红．语文教改：拒绝"伪新课程"[J]．当代教育科学，2003(8)．

从"圣经"的神圣地位中走下来。

2. 对教科书的二次开发

对教科书的"二次开发",是教师创造性、灵活地使用教科书的具体表现。它是指教师根据本校的实际情况和学生发展的现实需要,对教科书内容进行必要的调整,包括对原有内容的增删、引申和扩展等,也包括创造性地自主开发教学资源、合理选用和优化其他相关的教学资源等。这些活动的展开,都必须首先立足于教科书本身,因为教科书的编写,在一定程度上决定着教师教什么和怎么教,也决定着学生学什么和怎么学。所以说,教师使用教科书应该遵循一条基本原则:既要基于教科书,又要超越教科书。①

(1)基于教科书

教科书作为师生教学活动的重要"范例",在很大程度上要求教师能够遵循"基于教科书"的原则,对教科书本身的情况有比较明晰的理解和把握,并且要能够全面、深入地解读教科书。假如我们不了解甚至无视教科书这一文本性资源,而去奢求开发其他的课程资源就无异于缘木求鱼。

任何教科书都至少包括以下三个方面的基本内容:一是经过编制者或使用者选择的、要求学生掌握的事实、概念、命题和原理等事实性知识;二是根据特定课程目标确定的、要求学生形成的能力和技能技巧等;三是体现在以上知识内容和能力要求之中的人生观和价值取向等精神内容。这些内容的有机组合,就是要求教师在教学活动中,回答"是什么""如何做"以及"为什么"的系列性问题。只有教师充分明确与把握教科书本身蕴含的意图,并洞察到教科书背后的设计理念,"超越教科书"才不会成为一句空话。

对教科书的解读包含着不同层次的境界。这些不同境界反映了教师们对教科书认识和理解的现实程度与水平。教师解读教科书的内容主要包括:①教科书包含了什么,着眼点在于教科书的表层内容和呈现方式;②教科书内容的重点与难点;③教科书内容应该如何组织与整合,着眼点在教科书的组织顺序与结构上;④教师会关注"教科书对教师和学生意味着什么?""应该如何看待教科书文本的地位和作用?""教科书对教师的教学提出了什么要求?""教科书对学生的学习提出了什么要求?"等问题;⑤教师需要思考"教科书蕴含着什么?""教科书折射出什么学科教育理念?""教科书折射出哪些教育目标?"等问题。

---

① 王世伟.论教师使用教科书的原则:基于教学关系的思考[J].课程·教材·教法,2008(5).

这五层境界是依次递升的关系。其中，后一层境界除了本身的问题以外，还包括前几层的所有问题。我们可以看出，在第一、二层境界中，教师更多地还只是关注教科书内容本身；在第三层境界中，教师已经开始思考教科书内容是如何有机联系的；在第四层境界中，教师已经不再局限于教科书内容的问题，而是开始审视隐含在教科书中的关于如何看待知识、教学、学生、师生关系等方面的基本态度问题；在第五层境界，教师更深入地思考教科书背后蕴含的设计理念。从第一层到第五层境界递升的过程，也就是从教科书中的事实性内容即"是什么"到价值性内容即"为什么"的不断追问过程。正是在这一不断深入的追问中，教师才能对教科书有一个系统、全面、深入的理解。

（2）超越教科书

在教科书中心的教学模式下，人们主要关注教师是否"吃透"与"如何"吃透教科书的问题，强调教师对教科书的理解与分析，或者说是教科书"符号霸权"对教师的强制性灌输，而忽视存在的其他各种重要关系。而"超越教科书"则要求我们以更广阔的视角来重新看待教科书：教科书只是整个复杂教学活动系统中的一个重要因素。

教师对教科书的超越（即对教科书的"二次开发"）也是一个不可避免的客观事实。它是教师课程运作的必然结果，只不过超越的性质和程度存在着差别。美国学者古德莱德（Goodlad）对课程的层次性划分，从"理想的课程""正式的课程"这些应然的课程形态，到"领悟的课程""运作的课程""经验的课程"这些实然的课程形态的转化，其间教师主体在创造性、批判性地使用教科书中发挥了重大作用，当然也不可能离开教师、学生、教科书在课堂教学情境中的相互作用。

美国学者施瓦布（Schwarb, J.）认为，课程是由教师、学生、教材、环境四个持续相互作用的要素构成的。教师和学生是课程的主体和创造者，教材是课程的有机组成部分。但是，"教材只有在成为相互作用过程中的积极因素时，只有在满足特定学习情境的问题、需要和兴趣时，才具有课程的意义。因此，教材具有很大的灵活性和变通性，可以根据不同学习情境的需要进行选择和取舍。与教材相比，'学习情境的问题、需要和兴趣具有优先性'"。[①] 那么，对教科书的"二次开发"在课程情境中是如何实现的呢？我们认为，主要是教师、学生、教科书在课程环境中相互作用与对话的结果，具体如图4-1所示。

---

① 张华. 课程与教学论[M]. 上海：上海教育出版社，2000. 20.

第四章 作为课程资源的教学案与练习题

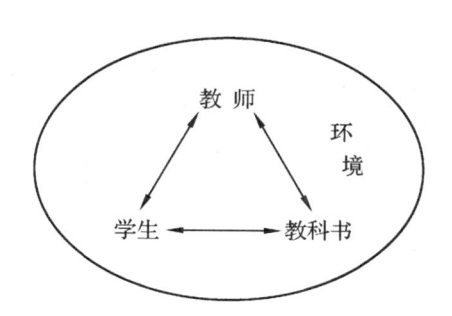

图4-1 教师、学生、教科书在课程环境中的互动关系

课程情境中的互动与对话主要体现在三对关系之中，即教师与教科书的关系、学生与教科书的关系、教师与学生的关系。就教师与教科书的关系来说，教师要对教科书有效地进行"二次开发"，首先必须要有课程资源的视野，认识到教科书只是其中一种课程资源，而并非全部教学内容。我们知道，教科书只是一种较为重要的基本资源，教师应该充分利用诸如教学挂图、实物模型、计算机软件、多媒体以及其他相关文本性资料。同时，教师需要发掘在教科书编制过程中可能有意或无意没有被编制者选择的大量课程潜能，以避免陷入教科书的狭小范围之内。其次，认识到教师自身也是一座巨大的课程资源宝库，诸如教师个人的知识经验、生活背景、人生阅历、情感、价值观等。换句话说，教师本人就是一本"活"的教科书。为此，教师必须珍视、不断丰富，并且开发与利用自己独特的课程资源。最后，教师与教科书（的编制者）之间进行充分的对话，通过自己的经验和认识，对教科书内容进行调整、改变或加工，以及发现并补充教科书中可能存在的"空白"。

就学生与教科书的关系来说，学生自身也是重要的课程资源。如何处理两者之间的相互关系，将会直接影响到教科书使用的实际效果。课堂教学是有效、高效，还是低效、负效，主要以学生的学习效益为标准进行衡量。所以说，教师在课堂教学中需要充分考虑、捕捉并灵活利用学生的各种资源。这既包括所有学生的静态资源，诸如年龄、性别、家庭背景、经济状况、个人成长经历等；也包括在教学过程中不断形成的动态生成性资源，这是其一。其二，学生自己也要对教科书内容不断进行建构。当我们将学生看作学习的主人之后，他们就不再是被动地接受他人提供的现成资料，尤其是教科书内容。当学生从"边缘"走向"中心"的时候，教师在"二次开发"教科书时，倾听学生的声音变得尤为重要。

就教师与学生的关系来说，由于教师的角色发生了根本性的变化，教师不再是权威性话语的"立法者"，而是知识的"诠释者"；不是知识的"灌输

49

者"，而是学生学习的"促进者"。教师"从'独奏者'的角色过渡到'伴奏者'的角色，从此不再主要是传授知识，而是帮助学生去发现、组织和管理知识，引导他们而非塑造他们"。① 因而，教师使用教科书的过程，也不再是单纯的教学独白活动，而是与学生展开交流、协商的过程。这个过程实质上是为了更好地挖掘学生的潜能，激发学生的学习积极性，让教科书内容更贴近或符合学生的实际。

(二) 教学材料的选择与补充

教科书作为一种基本课程资源的重要价值已经不言而喻。我们应该意识到，教科书的编写本身就已经留有较大的余地。建构主义教学论强调，"在万不得已的情况下，一门课程的核心内容允许被固定，因为，否则一个相应的具有知识内容的教学将不可能，但应留有较大的允许改变和补充的空间"。这样才真正"有利于师生从不同角度去探讨客观世界，更能提供这样一个机会，使教师能够将其个人对于教学内容构想的经验知识投入到教学中去"。② 这就是说，教科书应具有开放的属性，教师个人的知识经验以及其他的补充教学材料都可以根据实际需要安排到教学活动之中。

1. 选择教科书与补充教学材料的意义

作为教科书的重要补充形式，教学材料是教师为了达到教学目的，在教学过程中选用的与教学有关的各种材料，诸如教学挂图、影像资料、图片、实物模型、练习册、参考资料等。教师要自觉地收集各种教学资料，并根据不同的课堂教学内容，合理选择与优化各种教学材料的使用，这将会直接关系到学生的学习效果问题。

从我国实际情况来看，"一标多本"已经改变了"一纲一本"的尴尬局面。这种变化的发生，为学校与教师选择教科书提供了自主的权利和机会，也增加了课程的适应性。教科书作为一种基本的课程资源，根据什么标准来选择自然成为一个备受关注的问题。我们也必须看到，教科书的选择虽然已经民主化、多元化，但具体到每一所学校与教师，他们往往没有直接参与选择的机会，更多是当地教育主管部门的统一选择行为。当然，这一现实问题的存在，并不意味着他们可以对这一选择不管不问，至少教师可以通过不同版本教科书之间的横向比较，来发现哪一本教科书更有价值。更为重要的是，对与教科书相关的许多教学辅助性资料的选择，一线教师往往具有较多的、直接的发言权。

---

① 联合国教科文组织. 教育——财富蕴藏其中[M]. 北京：教育科学出版社，1996.136—137.

② 李其龙. 建构主义教学哲学探讨[J]. 教育参考，2000(5).

2. 选择教科书与补充教学材料的标准问题

那么，根据什么标准来进行选择呢？美国佛罗里达州教科书评审委员会研制出关于选择教科书与补充资料的基本标准。① 这些标准包括4个一级指标，12个二级指标。它主要从学科内容、呈现方式、教学设计以及课堂使用情况来考察教科书与教学材料的优劣问题，相对来说是比较全面、科学的。而且这一研究成果对我国也具有重要的借鉴价值和意义。

基于此，在选择教科书和补充教学材料时，我们至少要考虑以下四个方面的因素：

(1)考虑学科内容特点

教科书的内容与国家课程标准是否一致？书本中的内容是否准确？教科书中的信息是否科学、真实可靠？内容是否反映了时代特征？内容是否过偏？内容难度是否适合学生？内容中是否有什么偏见？是否考虑到社会公平因素？

(2)考虑书本内容呈现方式

教科书的呈现形式是否有助于学生学习？章节的主题是否保持一致？印刷和排版等方面是否符合学生的心理接受水平？教科书的插图与解释是否恰当和有意义？教科书的写作风格和指导语对学生是否有价值？学生是否会因为呈现方式的不当而分散注意力？

(3)考虑教学设计

内容是否具有整体性？各个教学阶段是否连贯一致？内容与评价是否匹配？书本和材料中是否有恰当的练习活动？章节都有小结吗？是否能调动学生的兴趣和积极性？

(4)考虑课堂使用情况

材料对学生有用吗？学生对材料的利用效率如何？材料是学生喜欢的吗？本地或本校的其他资源状况是否与教科书和补充材料相适应？教师经过培训后是否能对教科书和补充材料进行操作？练习册是否与书本内容保持一致？

(三)学生学习的安排

传统的教学设计虽然要求教师既要"备教材"，也要"备学生"，但它主要是以"如何教"为中心的。那么，在基于学生学习的教学设计中，学生的学习应该怎样安排才是合理、有效的？

---

① 盛群力，褚献华. 现代教学设计应用模式[M]. 杭州：浙江教育出版社，2002. 220—221.

1. 课堂教学中学生学习安排的不合理表现

学生学习的合理安排，是教师教学设计需要回答的一个基本问题。但是我们经常发现，在课堂教学中，学生学习行为往往具有不科学、不合理的问题。

(1)参与的形式化

由于我国长期受到苏联凯洛夫教育思想的影响，学生处于被动接纳的客体地位，一些教师也试图改变这一现状，将学生看成学习的主人，但现实与初衷是相悖的。例如，笔者在调研中发现，一些教师在课堂上不停地说"速度快一点""填完了吗？"等催促性的话语。这些话语的存在，说明学生自主的学习活动只是教师课堂教学设计的一个象征性组成部分，只是为了完成预定的教学任务。其实，在课堂观察中经常能够看到这样的现象：当下课铃响的时候，许多教师还是试图讲完自己预先规划好的内容。这其中的内在原因，恐怕就是教师为了保持课堂教学的完整性、完成自己预设的教案，而不是以学生的学习为基准。

同时，教师为了体现将课堂还给学生，常常会象征性地留出几分钟的时间给学生，但这种做法是在保证教师"讲"的时间前提下开展的，并非真正赋予学生主体性地位。这种学生参与，只是为了配合教师教学的形式性参与，而不是学生思维、情感的实质性参与，其根本在于教师仍然强烈地受到课堂教学的划一化和效率化的束缚。难怪有教师提出这样的困惑："想让学生更多参与，但又担心教学任务不能完成"。

(2)问答的表面化

课堂提问是让学生参与的一个重要策略。现在的中小学课堂"闹哄哄""活动多"已经成为一个不争的客观事实。学生对教师提出的问题总是能够"异口同声"地回答，表面上看起来非常活跃、热闹，实际上教育已陷入了表面化、形式主义的怪圈。日益盛行的"满堂问"式的教学，看似学生是在主动学习，教师为学生提供了许多参与的机会，但其实质仍是"以教师为中心"的教学。在调研中，笔者曾经统计过某中学的一位教师在公开课教学《伟人细胞》一文中的提问情况：是非性问题有64个、事实性问题有11个、发散性问题只有4个。从提问的绝对数量来看，是非性问题占80%以上。由此可见，问答的表面化，导致学生与教师之间在"是不是""对不对"中进行简单、低层次互动，学生的学习参与在一定程度上成为教师教学的"附庸"。该教师在其教学反思中这样写道，"回顾自己的教学，总是在课前就为学生预设好问题，甚至学生会从哪些方面回答，我都能够做到胸有成竹，教学信息在我和学生中单向传输。可以这样说，基本是我主宰了整个教学过程"。可见追求学生"主体性"的神话,"是一个渗透到教师血脉里的顽固的文化问题"①。

(3)片面追逐"考的课程",遗忘了"学的课程"

有人将课程形态分为四种类型②:计划的课程、教的课程、学的课程、考的课程。虽然不同形态的课程在运作的过程中会发生交互作用,它们之间也存在一定的落差,但教师在课程实施中,"计划的课程""教的课程"与"考的课程"的联系是最为密切的,而恰恰遗忘了学生"学的课程"。实际上,很多教师内心深处总是存在着一种担心,即担心自己在课堂上某个"知识点"没有讲到,于是教师拼命地讲,而学生也努力地去记忆。长期以来,教师就是以知识的传授者的身份出场的,整个教学活动过程笼罩着浓厚的工具理性色彩,教师是工人、学生是原材料的"隐喻"在教室里鲜活地上演。恰如一位教师在自己的反思日记中写道,"在'应试'和'纯工具'的导演下,理性认知排挤了感性体验,被动接受压抑了个性自由,……这种封闭的、僵化的、缺乏情趣的课堂模式严重地阻碍了学生个性的发展和潜能的发挥"。

更有教师为了应对考试,提高课堂教学的效果,让学生就所学的每个词语分别造两个句子,然后经过教师的修改后由学生背诵下来,最后在考试中直接默写出来。毫无疑问,从考试目标的达成来说,这样的教学效果是非常显著的。然而,这种教学行为却是要将学生培养成缺乏创造性的"工具人",丧失了内在的课程论意义,其隐性的课程代价也是沉重的。因此,这种课程实施就完全是为了"考的课程"。当教师将课堂教学目标定位为对"知识点"的掌握时,"过程与方法""情感态度与价值观"目标往往就沦为"知识与技能"目标的附庸,学生的学习也只能停留在具有控制性特征的认知活动中,其丰富的精神世界和生命价值体验都被"淹没"了。

2. 学生学习的有效安排

以上描述了课堂教学中学生学习安排的一些不合理现象。在当前的改革背景中,要求学生的学习方式发生积极转变,即实现学生的自主、合作与探究学习,那么如何才能实现对学生学习的有效安排呢?

(1)提问主体从教师转向学生

精心设计课堂提问,更好地促进学生的学习,是每一位教师在课前教学设计活动中需要安排和筹划的。有效的课堂提问能够激发学生学习的热

---

① [日]佐藤学.静悄悄的革命[M].李季湄,译.长春:长春出版社,2003.18.
② 徐玉珍.改造我们的课程观[A].全国课程专业委员会秘书处.21世纪中国课程研究与改革[C].北京:人民教育出版社,2001.197-209.

情和兴趣、唤醒学生的思考，甚至能够使学生体验到成功的愉悦。有研究指出，有效的课堂提问应该具备一定的技巧，诸如提出更少的问题、提出更好的问题、提问要有深度和广度、使用等待时间、给予有用的教师反馈等。① 这些课堂提问技巧无疑能够促进课堂教学活动的优化，学生在教师的引导下也能够自觉参与。但我们也发现，这些问题是教师预先设计好的，学生的思维被教师设计的问题"牵着走"，在一定程度上，学生仍然居于"配合"教师的地位。伽达默尔（Hans Gadamer）指出，提问就是进行开放，"如果问题缺乏这种开放性，那么问题在根本上说就是没有真实问题意义的虚假问题"。② 学生回答的问题往往是教师在课前预先设置好的，是教师为了帮助学生更好地理解课程文本所安排的，这类问题部分地脱离了被提问者的个性色彩以及课堂特殊的教学情境，具有封闭性或者虚假性。

创造始于问题，问题的提出往往比问题的解决更为重要。哈佛大学曾有这样一句名言：教育的真正目的就是让人不断提出问题、思索问题。为了让学生成为课堂的真正主人，学生也必须能够提出自己的问题，所以说课堂提问的主体从教师转向学生将是一次革命性的变化。当学生成为提问的主体时，就意味着课堂充满着不确定性因素，大量的除教科书之外的课程资源就会不断涌入课堂教学之中，每一个学生与教科书、与教师、与其他同学以及与自我之间的对话就处于一种流动、活跃状态，原有的知识经验和新学习的知识内容之间不断建立意义联结，进行自主学习与意义建构也就不会落空。当提问主体从教师转向学生，也就表明了传递中心的教学向对话中心的教学转换，这一转换将促使教师的课程价值取向发生根本性变化。学生真正成为课堂教学的主体，教学的过程也就成为学生独立自主地发现、分析与解决问题的基本过程，其主体性、创新精神得以真正落实。因为学生作为提问主体所提出的问题，能够根据自己的生活履历、知识经验、兴趣爱好与思维方式，从不同的角度、不同的层次提出问题。这些问题将更加符合学生自身的实际，体现出问题的个性化特征，摆脱教师所提问题的普适性束缚，最终实现学生问题意识的激发和培养，以及表达学生自我的内在精神自由。

（2）学习共同体的培育

学生学习的有效安排是离不开特定的课堂环境支持的。课堂是一个充满相互冲突与妥协的社会性场所，对于课堂社会形态的构成，日本学者佐

---

① 王方林. 何谓有效的课堂提问[J]. 教育理论与实践, 2002(7).
② [德]伽达默尔. 真理与方法[M]. 洪汉鼎, 译. 上海：上海译文出版社, 1999.467.

藤学将其划分为"原始共同体社会""群集性社会"和"学习共同体"三种。[①]这三种不同形态的课堂社会实质上就是处理不同的人际关系问题形成的不同课堂文化，但在现实课堂中它们还是相互对立、彼此交织在一起的。第一种形态的课堂社会强化学生学业的划一性，学生个体的自由与创造性思考和行为将受到限制；第二种形态的课堂社会能够扩大学生的个人自由与个性化学习的实现条件，但它将学生推入"异化"的竞争之中，甚至可能引发学生的情感价值危机；第三种形态的课堂社会将会有力地克服以上存在的问题。学习共同体的追求就是在教学过程中不断推进学生个人学习的自主活动以及和他人合作活动的和谐统一，寻求个性化认识的交流与共享的共同性知识的形成。教师与每个学生都成为学习共同体之中不可缺少的成员。学生的学习具有个性化、自主性、合作性和探究性等倾向，实现了学习的"三位一体"，即认知文化的实践、社会政治的实践与伦理存在的实践三者的有机融合。而且，学生在学习共同体中如何看待与使用课程资源，与以往的课堂存在着较大的区别。在共同体中，学生所学的学科内容以及利用校外资源的学习过程都由更多的成员进行分担；共同体中的成员自身以及共同体的集体性知识技能也都是重要的资源。因而，学生学习的有效安排，必须置于学习共同体的课堂社会中，并且需要不断地培育学习共同体。

当然，学生学习安排的有效方式，不同教师会有自己不同的理解、思考和实际做法。无论如何安排，都需要立足于"将课堂还给学生""以学生学习为中心"的基本观念。

二、从书面习题作业向创造性作业扩展

向学生布置作业是课堂教学活动的一个重要组成部分。从课程资源的角度来说，作业也是一种有效的课程资源。它不仅可以帮助学生巩固所学的知识，加深对知识的理解和运用，而且也是一种比较普遍的日常教学评价和管理的基本手段。同时，对学生作业的布置与批改，也是衡量教师教学水平和能力的一个重要方面。

（一）作业的类型

了解与把握作业的不同类型，有助于增强教师布置作业的针对性和有效性。

从作业的表现形式来说，可以分为：（1）口头作业，如阅读、背诵、口头复述等；（2）书面作业，包括书面练习、书面答问、演算习题、作文等；

---

① ［日］佐藤学. 课程与教师［M］. 钟启泉，译. 北京：教育科学出版社，2003.143－146.

(3)实践活动作业,如各种技能训练、社会调查等。

根据作业的内容性质来看,可以划分为:(1)重复模仿型作业,以课本内容为准,要求学生重新仿效的作业都属此类;(2)简单变式型作业,即把课本上的内容稍加变化而成各种不同形式的作业;(3)应用实践型作业,指运用所学知识联系实践中某些课题的作业;(4)变通独创型作业,凡引导学生运用已有知识,经过发散思维和集中思维得到独创性结果的作业都属此类。① 如表4-1所示。

此外,按照作业的完成场所来看,可以把作业分为:(1)课堂作业,如当堂作业、自习课作业等;(2)课外作业,如家庭作业、寒暑假作业等。

在学校教学工作中,大多数教师把布置作业的重心放在书面习题作业的布置上。当然,如果我们仅仅把作业理解为书面习题,则是非常片面和狭隘的,也很容易加重学生的课业负担,不利于学生的身心健康和全面发展。我们应该从书面习题作业向创造性作业扩展,调动学生学习的热情和兴趣,培养学生的创新精神和实践能力。所以说,教师如何科学地设计创造性作业,将是教师在课程资源视野下重新审视练习题开发必须考虑的基本问题。

表4-1 作业的分类

视角	类型	表现
表现形式	口头作业	阅读、背诵、复述等
	书面作业	习题、笔记、作文等
	实践活动作业	动作训练、参观、调查等
内容性质	重复模仿作业	抄写、背诵、仿写、仿制等
	简单变式作业	变换情境、条件的应用题等
	应用实践作业	原理、定理、公式等的实际应用等
	变通独创作业	综合运用原理、公式、思想开展创意设计、创见表达、创作活动等

(二)书面习题作业的利与弊

书面习题作业作为一种重要的课程资源,有其合理存在的基本价值,但其本身以及在具体操作过程中也可能会产生一些弊端。

---

① 刘文明. 教学中承上启下的环节——关于作业之研究[J]. 教育研究,1990(9).

1. 书面作业的基本价值

一般来说，书面作业是促进学生发展的有效手段，它的基本价值（或作用）主要体现在以下几个方面：

(1) 书面作业是巩固知识、加深理解的重要环节

我们知道，一节课的时间基本上是固定的，一般在 40～45 分钟。虽然我们要尽可能提高课堂教学的时间资源效益，但在有限的课堂教学时间内，要想让学生熟练掌握所学的各种知识，往往还是存在着较大的困难。

书面作业作为课堂教学的课外延伸部分，有助于学生进一步练习并掌握课堂知识，加深对知识的记忆、理解和运用。通过必要的书面作业练习，学生可以将外部的知识内化为自己知识结构中的一个组成部分，并不断丰富学生的素质结构内涵。因为能力的形成和发展，不能简单地依赖于教师课堂上的传授，更需要学生自己的亲身参与和体会。在学生进行书面习题作业的过程中，他们可以学会思考、对知识技能进行实际操作，这对训练学生的思维起着重要作用。

(2) 书面作业是有效的日常管理和评价手段

书面习题作业还是对学生进行日常管理和评价的有效手段。作业具有管理功能，主要是指通过作业练习来督促和鼓励学生的学习，促使学生对学习时间进行合理的安排。因为学生在特定的受教育阶段，其履行的主要任务就是"学习"。当然，这种管理不能是强制性的，不能以控制学生为根本目的。

就评价而言，以往的评价往往只注重学生的一次性考试成绩，而忽略了其他方面的因素。这种评价具有终结性的鉴定特征，忽视了促进学生发展的过程性评价。学生平时的书面作业记录并反映了学生在某一特定阶段的学习状况，它也应当成为对学生进行评价的基本依据之一。书面作业与考试相比，有一个比较显著的特征，即它是经常性的。因此，作业的完成情况如何，可以反映出学生学习投入的程度、工作量等，也能部分地反映学生学习与成长的基本历程。

(3) 书面作业具有反馈的功能

书面作业练习是一种经常性的学习活动，能够反映学生的基本学习过程，因此它也是一种有效的反馈手段，可以为教师的教学诊断提供有价值的反馈信息。教师通过对学生作业情况的研究，能了解学生还存在着哪些问题和困难，下一步怎么做才能使教学更有效、对促进学生的发展更有利，已做过的地方有哪些需要进一步反思和改进等。在这样不断地收集反馈信息、反思、决策的螺旋递升的过程中，教师的教学就会在不断的调整中满

足学生的实际需要，根据学生的知识掌握状况来灵活地调适教学，而教师自身也能够在经验总结与反思中获得专业发展。

2. 书面作业的弊端

以往的书面作业是建立在分科教学基础上的，它强调的是学科知识的掌握效率，偏重于记忆和理解，忽视学生创新能力的培养，忽视不同学科知识之间的内在联系，并且难以与学生日常生活建立密切的联系。为了增强学生的"应试"能力，许多老师会布置很多的作业，选用大量的练习册、习题集来让学生抄、写、做，可学生往往表现为消极地对待作业，要么偷懒少做，要么抄袭别人的作业或者干脆不做。究其原因，主要有：

(1) 作业数量过多

在追求"考试分数"的指导思想下，不少教师在布置作业时信奉多多益善的原则，认为学生只要多做题，就能巩固所学的知识，考试就不会出错，分数自然就能提高。正是在这一教育思想逻辑的支配下，在布置作业时，老师往往忽视对作业的精心设计，而只追求作业的数量，导致很多作业都是同一类型的简单重复，无形中增加了学生的学习负担。大量的书面习题作业占据了学生的大部分时间，甚至是控制了学生的整个日常生活，一些学校的日平均作业量超过国家规定时间的两倍以上。小学生完成家庭作业的日平均时间为1.5小时，初中生日平均时间为2.5小时，而初三年级学生花在作业上的时间超过了3个小时，一些实验学校的家庭作业量又超过普通学校的两倍以上。有的教师不仅作业留得多，而且在学生做错作业后还要加倍罚做，使学生苦不堪言。[①] 作业数量过多且机械重复，这势必造成学生厌学情绪，不愿意做作业。

(2) 作业具有单一性

作业类型的单一问题，首先表现为作业布置的无区别性。许多老师在布置作业时"一刀切"，作业内容千篇一律，缺乏层次性、针对性和系统性。不管是接受能力较差的学生，还是学习能力较强的学生，教师都规定他们在同样的时间内完成同样分量、同样内容、同等难度的作业。其次，在作业形式上也大都局限于书面习题作业，以大量重复、机械训练为主。相关调查研究表明，学生作业类型单一，以记忆、背诵的巩固类作业为主。在所有的作业中，用于巩固已有知识技能的重复性作业占到87.9%，占有绝对优势。[②] 也就是说，教师经常布置的作业多是书面习题与阅读教科书，而很少布置诸如观察、制作、实验、读课外读物、社会调查类的实践性作

---

① 陶文中. 减轻中小学生过重的课业负担[J]. 新华月报, 1995(3).
② 郭华, 刘晓敏, 等. 国内四省区普通中小学作业情况调查研究[J]. 教育学报, 2006(12).

业。学生长时间地、重复地、机械地做着这样的作业，当然会厌倦，也就不愿意做作业了。这显然不利于学生个性的发展。

(3)作业具有封闭性

老师设计的作业，其问题和数据一般都是在书本上选择的，解题的答案也以书本为标准。在这样的长期训练下，学生也早已习惯于老师布置什么作业就做什么作业，习惯于无条件地接受教科书上的现成结论，不想质疑也不能质疑；不想创新也不能创新。而他们的情感、态度、价值观、创造能力、实践能力则被冷落了。这种作业与学生的生活经验相脱离，学生总是在抄、写、算，缺乏感知、体验、想象。这种没有趣味性的作业，只能让学生感觉是负担，而体验不到作业的乐趣。这种作业的封闭性，大多以追求答案的"标准化"为根本旨趣，学生创造性思维的火花难以点燃。

(4)作业批改具有片面性

对学生作业进行及时、有效的批改，发现并纠正作业中存在的问题，对激励学生学习的积极性具有重要作用。但是，不少教师由于受教学任务繁重、课时安排紧张等客观因素的影响，批改作业只是在作业本上画钩、打叉，然后给个干巴巴的分数。就是作文批改，也只是给个分数或判个等级，要不就在课堂上集体更正，让学生自己核对答案。这种作业批改缺少细致深入的点评环节，这样做仅能指明错误的地方，而不能做到全面分析和指导学生改正。我们往往能够看到这样的情景：大多数学生在拿到老师返回的作业后，只随便看一下对错符号，然后就塞到书包里了。这样，学生只知道对错，可并不完全清楚错误的原因，找不到课程学习中的难点，也不能及时解决学习中存在的问题，完成作业也就成了应付"差事"。

凡此种种，既有书面习题作业本身存在的问题，也有教师在布置和批改作业中存在的原因。但不可否认的是，当作业成为学生的沉重负担，而不是学习的需要和幸福的生活体验时，这种作业的应有价值就不能得到根本体现。

(三)创造性作业的设计

书面作业的确非常重要，但不是所有的作业都可以成为有意义的课程资源。其实，追求"标准答案"的练习题不是作业的唯一形态，甚至不能成为作业的主要形态。作业应该是丰富多彩和形式多样的，是开放的而不是封闭的。做作业不是单纯的智力活动，同时也是情感、态度、价值观的培养过程，是知、情、意、行有机融合的基本过程。我们应该认识到，作业本身不是目的，让学生在做作业的过程中去体验和感受，去掌握和获得才是目的。为此，作业从书面习题作业向创造性作业扩展是非常必要的。

1. 改进书面习题作业的努力与尝试

作业的有效性，不仅在于帮助学生掌握所学的课堂知识，促进学习成绩的提高，更在于在作业的过程中，使学生的情感体验与价值观、个性发展都能够适当参与其中。当然，为了使学生能够高质量地完成书面作业，在一线教学实践中，一部分教师在努力运用一些作业布置的策略方面进行了许多有益而积极的尝试。

（1）作业的分层化

我们知道，不同学生个体之间在身心发展上的差异是客观存在的。同样的作业，一些学生可能在半个小时内就完成了，而某些所谓"差生"则要1~2个小时才能完成。为了让所有的学生都能够体会到学习成功的乐趣，一些教师采取了作业分层的基本策略，让不同层次的学生对作业进行自由选择。例如，在布置作业时，可以区分"基本题"和"拓展题"等难易程度不同的作业题，使学生"跳一跳"，然后就能够"摘到桃子"。

（2）作业的生活化

大量的、机械的巩固课堂知识的作业，脱离了学生的生活经验，很容易使学生丧失学习兴趣。为了使学生感受到自己所学知识的价值或"有用性"，一些教师在设计作业时，尝试将作业形式与学生的日常生活经验紧密结合起来，使学生利用所学的知识来解决一些现实问题。实现作业的生活化，一方面能够使作业具有一定的趣味性，另一方面也有助于学生发现自己身边的问题，培养其问题意识，并在尝试中提出解决问题的办法。

（3）作业的少而精

为了提高学生对所学知识的熟练掌握程度，一些教师在作业内容上不再简单地采取"题海战术"，而是让学生在减少作业"量"的同时，不断优化作业的"质"。也就是说在布置作业时，贯彻"少而精"的基本原则。首先，不过分依赖配套的练习册或市场上提供的令人眼花缭乱的习题集，因为这些题目设计本身也并不是十分科学的。其次，认真研究布置的书面作业，以保证作业的题量大小及其效度。

当然，在教学实践中，教师们改进书面习题作业的有益尝试是多种多样的，其目的都在于不断改进并提高作业的有效性。但是，我们也看到，当作业设计停留在巩固课堂知识的时候，学生的创造性思维、个性发展等方面都不能自觉地展现出来。

2. 创造性作业的案例与分析

新课程标准要求突破学科中心，实现学科知识与学生的生活世界、与社会发展变化相联系；改变对知识的简单掌握，强调学生综合运用知识解

第四章 作为课程资源的教学案与练习题

决问题的实际能力;实现从被动接受到主动探究的变化,真正转变学生的学习方式。因此,创造性作业的提出与尝试,在一定程度上弥补了书面习题作业的不足,是落实新课程标准的重要措施。下面我们首先来看看关于创造性作业的两个案例。

(1)创造性作业的案例呈现

案例4-1 匪夷所思的"创造性作业"[①]

女儿刚升高三的时候去了美国。我原来认为,女儿在美国首先遇到的最大问题是语言。只要语言过关,理科课程有国内底子,可以"后来者居上"。没学过的课程只有美国历史,但是二百年的历史又有多少东西呢?然而,让我大跌眼镜的恰恰是这门"最容易"的美国历史。试举一个作业题目,便可知道其中的分量了。

关于南北战争:(1)你是否同意林肯总统关于美国不能存活,除非它全部解放或全部奴役的声明?请解释。(2)解释为什么北方白人反对奴隶制,南方白人拥护奴隶制,但他们却都感觉自己在为自由而战?(3)在内战期间,女人开始担任很多以前男人的工作。你对由于内战造成的社会、经济和政治冲突的问题做出怎样的概述?

就这样,女儿不仅没有在美国教育中"减负",反而经常一夜只睡三四个小时,有一次竟只睡了一个小时,因为她遇到了一些匪夷所思的"创造性作业"。

不久,我突然又看到美国学校里竟有这样的作业,我愣了半天——制作你的家谱:写出从祖父母至你的全部男女亲属的姓名和生卒年份。

这个作业也让我的朋友们大为感叹,这是在培养"寻根"意识呀!别忘了"你从哪里来"。我又一次惭愧:因为两岁时我便离开了祖父,直到他去世再没见过,我甚至不能说出他的名字!我无法完成这个作业。无奈,我们全家开始"总动员",依据一份不够完善的家谱,开始"作业"。直到这时我才发现,中国的家谱记男不记女,家族中最早的女性甚至连名字都没有,以张氏王氏记之,到嫁出去就"消失"了。而且,有生卒年份的只有男性姓名。幸亏女儿的爷爷健在,凭记忆一个个推算出来。当我看到这份写满密密麻麻姓名的家谱时,一种家族的历史感油然而生!

我要强调的是,所有这些作业,不需要"背功",更没有"标准答案"。你获得什么等级的评分,全看你收集材料的功夫和有没有独特而又言之有据的观点——你不必担心"对"还是"错"。

---

① 毛毛. 匪夷所思的"创造性作业"[N]. 浙江日报,2007-11-15.

语文课有没有这样的创造性？女儿写过这样一些题目，而老师的评语也很有意思。

1. 本性独白。要求用一件事来反映你的个性。把重点放在心理描写上，全文用心理描写。评语：希望你生活中快乐的时光可以帮助你度过困难的时期。

2. 未解开的疑惑。写一件发生在你或你周围人身上的奇特的事，不能是你的梦境。评语：你的"令人无法解释"的经历可真是耸人听闻而有趣呀！

3. 书信论文。要求以书信的形式讲述一件事，可以是两个人来回通信，也可以是出自一人之手的信，但必须是一组信件，四五封左右。评语：年轻的爱是很美的事。

4. 给校长的一封信。可以反映你对学校的不满或肯定，或问一些你一直想问的问题。校长会读每一封信，然后到班里和你们一起讨论。

这是些多么有趣和富于挑战性的题目呀！而老师的评语又会怎样激发女儿的写作热情！女儿赴美只有短短三个多月，我就开始领教什么是创造性教育。这比我看过的任何一本书都来得真切。

作业是教师进行因材施教、反馈教学效果的重要手段，也是学生巩固已学理论知识，提高实践操作能力，发展智力的必要途径。时下，我国普通高中的作业存在着形式格式化、内容旧纲化、方式单一化等特点。作业成为学生机械模仿的练习，不仅耗费了师生大量的时间与精力，而且不利于学生创造能力与实践能力的培养。久而久之，作业不仅成为学生最大的课业负担，也成为学生的一大"心负"。教师其实完全可以通过创造性作业的设计，来培养学生自主、探究、合作的学习方式。

案例4-2 教师通过创造性作业改变学生的学习方式[①]

开放性作业是创造性作业的形式之一。这种作业的内容开放、形式开放、答题方式开放、答案结果开放，避免了传统作业唯一形式、唯一答案等限制学生思维的做法，是一种激励"人的发展"的作业。比如：千龙网曾披露《从大脚到多变：中国百年间女人美丽标准的变迁》的文章，介绍了中国女人美丽标准的变化轨迹。有老师据此设计了开放性作业和要求：

(1) 根据要求填写表格。

---

① 张居鹏. 教师通过创造性作业改变学生的学习方式[EB/OL]. http://portal.sdteacher.gov.cn/Course/lishi/Homework/418110.aspx.

时间	标准	原因
1900—1909 年	会说洋话的大脚女人	
1910—1919 年	敢于追求婚姻自由的女人	
1920—1929 年	有身段的女人	
1930—1939 年	中西合璧的名女人	
1940—1949 年	政治之花	
1950—1959 年	奉献青春	
1960—1969 年	比男人还男人	
1970—1979 年	美丽、爱情、感情生活等基本被禁忌	
1980—1989 年	张扬个性	
1990 年至今	时尚	

(2)中国近代以来妇女的这些变化说明了什么？

(2)创造性作业的案例分析

就上述案例而言，这些作业与我们以往的书面作业存在着"天壤之别"。这种创造性作业不是简单地让学生去重复练习、机械抄写，不是要学生死记硬背"条条框框"，当然更没有所谓"标准答案"，而是给学生一种自我展示和自我创造的机会，让学生在探究中学会学习。这是对学生思维和智慧的一种现实挑战，它不是简单地看学生的结果如何，更重要的是看学生是如何得出结论，如何解决问题以及依据什么来解决问题的。

同时，在这种创造性作业中，不仅要求学生运用既有的知识来综合地解决问题，而且对学生的情感态度、社会责任感等的培养都有重要影响。

这是一种"成人"的教育，这样的作业对学生的身心发展和健康成长来说是非常有意义的。

进入新世纪以来，随着新课程改革的理念对中小学教师的影响日益深远，我国教师也在不断地尝试对学生作业进行改革。这种作业的改革，对学生依靠机械记忆、重复训练的方式来获得"好成绩"的做法是一种重大的革命。

3. 创造性作业的设计

创造性作业具有无穷魅力。那么，为什么要设计创造性作业呢？创造性作业具有什么样的特征呢？我们又将如何来设计这种作业呢？

(1) 设计创造性作业的意义

创造性作业的设计，不仅可以使作业成为学生自我实现的需要，而且还可以有效地改进学生的学习方式，促进学生良好思维能力的养成。此外，它还促使教师不断提升自身的专业权威或素质水平。

第一，使作业成为学生自我实现的需要。美国心理学家马斯洛曾就人的需要划分为五个层次，即生理的需要、安全的需要、爱的需要、尊重的需要、自我实现的需要。其中，自我实现的需要是最高层次的需要。而创造性作业的目的就在于使作业成为学生自我实现的一种需要，使学生对待作业的态度从"要我做"到"我要做"发生根本性转变。创造性作业的设计，使作业不再是学生学习的沉重负担，而是学生聪明才智的展现。学生的作业是在不断生成问题、探究问题和解决问题中，是在知识与能力的不断互动中，是在积极的情感体验中自觉完成的。因此，作业成为学生课外、校外的一种生活过程和生活方式，成为一种自我实现的人生需要，学生也就在作业的过程中不断体验到幸福与快乐。

第二，有效地改进学生的学习方式。我国《基础教育课程改革纲要（试行）》中明确提出要实现学生学习方式的根本改变。一提起"学习"，许多学生就会想到"读书""练习""做习题"和"考试"等。这种被动的学习方式往往使学生感到枯燥乏味、课业压力大，忽视了学生自主发现和探究的地位。创造性作业能够有效地改进学生的学习方式，它并不要求有标准性的答案，而是保持一种开放性品格，让学生自主地探究、创新，学生有根据自己的认识和理解发表看法和意见的机会。这样，学生就可以从对所学知识的"囫囵吞枣""疲于应付"中解脱出来，在对问题的提出与解决的思维过程中体现其学习的热情和乐趣，学生的主体能动性、创新意识和实践能力都得以展现。

第三，促进学生良好思维能力的养成。作业的过程，也是学生思维训练和培养的过程。思维可以划分为许多不同的种类，如具体思维和抽象思维、记忆性思维和创造性思维、聚合思维和发散思维、简单思维和复杂思维等。创造性作业的设计，可以激活学生的思维和探索意识，促使学生运用所学的知识，在综合分析、辩证思考的过程中，创造性地解决问题，其结果是发挥了学生的思维能力。

第四，促使教师提高自我的专业权威。创造性作业的提出，对教师的素质也提出了更高的要求。因为书面习题作业往往有一些标准的答案，教师可以依照答案来评判学生作业的好坏。创造性作业往往是学生对某个问题的一种思想表达和探究行动过程的基本体现，对教师来说，依靠所谓"标准答案"来规范学生作业已经变得不再可能，而要想能够有效地指导学生作业，教师必须不断提高自己的知识素养和专业权威。

（2）创造性作业设计的特征

创造性作业是一种高级形态的作业，与书面习题作业相对照，它具有开放性、探究性、综合性和个性化等基本特征。

一是作业的开放性。书面习题作业往往注重答案的标准化，这种对固定结论的追求很容易束缚学生的发散性思维，迫使学生"按部就班"地机械练习。创造性作业不再拘泥于对固定答案的寻求，而是与学生的日常生活经验密切联系，鼓励学生表达不同思想，只要言之有理，都不失为"正确"的。无论在作业的具体内容，还是在作业的表现形式上，创造性作业都体现了这种开放性品格。创造性作业使学生的思维就像打开水闸的流水一样，持续不断地流淌，学生在作业过程中也品尝到了学习的乐趣。

二是作业的探究性。与作业的开放性相联系，创造性作业的探究性不是知识的简单接受和"移植"，而是学生在预先设定的问题情境下，自主地发现问题，搜集与处理信息，并对结果进行有效的表达。创造性作业的探究性特质，意味着学生的问题意识、创新意识将得以培养和形成。创新始于问题，尽管有问题不一定有创新，但没有问题就肯定不会有创新。而创新的过程实质上就是一种高级形态的问题解决过程，就是不断自主探究的过程。

三是作业的综合性。以往分门别类、学科边界分明的作业，只需要凭借某一孤立的"知识点"就能很好地完成任务。然而，创造性作业的有效完成，需要学生调动已有的各种知识，积极发挥各种潜能。因为这种作业和所学"知识点"之间不是简单的对应关系，利用某一知识点不一定能解决或回答一个问题，而是需要综合运用多个"知识点"，甚至是不同学科的知识，并要投入相当多的智力活动。只有综合地运用各种知识，才有可能完成高质量的作业任务。

四是作业的个性化。每一个学生都有自己的独特性，也就是说，有各自不同的内心感受和精神世界，有着与他人不同的观察、思考和解决问题的方式。创造性作业的设计，为每个学生富有个性的学习与发展创造了广阔空间。这种作业不是一种外在的控制性任务，而是一种发自内心的学习愿望，它不仅是运用知识解决某个问题的认知过程，而且学生的情感、态度、价值观都渗透在作业的过程中。创造性作业的完成，往往都体现出某个学生的独特个性，都可以看作是学生具体生活和思想观念的个性化展现。这就使得每一份作业都凝聚着学生自己的心血，它是学生自我思考、自我解剖、自我分析的过程。

（3）创造性作业设计的策略选择

教师怎样才能科学地设计出创造性作业呢？我们认为，教师在充分考虑创造性作业的开放性、综合性、探究性、个性化等特征的基础上，在形成一种新的"作业观"的同时，还可以选择与利用以下一些基本策略。

第一，创设问题情境，激发学生的问题意识。

问题情境的创设，可以引起学生的学习兴趣和好奇心，激发学生的问题意识。心理学研究表明，意识到问题的存在是思维的起点，没有问题的思维是肤浅的思维、被动的思维。所谓"问题意识"也就是思维的问题性心理品质。这种心理品质表现为人们在认识活动中，经常意识到一些难以解决的、疑惑的实际问题或理论问题，并产生一种怀疑、困惑、焦虑、探究的心理状态，这种心理又驱使个体积极思维，不断提出问题和解决问题。①创造性作业的首要问题就在于让学生形成这种问题意识。正是这种问题意识，可以让学生在作业的过程中，带着富有价值和趣味的疑问进行学习，从而活跃学生思维。

第二，密切联系学生的日常生活世界。

与学生的日常生活经验和社区（甚至整个社会）发展状况联系起来，是新课程改革的一条基本理念，也是创造性作业"行之有效"的一条途径。通过作业的方式，帮助学生将所学的学科知识与日常生活世界有机联结。个性各异的学生面对这样的作业设计，就会形成各具特色与个性的作业成果。有研究指出，加强家庭作业与学生生活世界的联系需要学校和教师从认识和操作两个层面上着手努力，即在认识层面上，教师要重视作业的情意性（主要体现在兴趣性、发展性和实践性三个方面）；在操作层面上，教师要

---

① 姚本先．论学生问题意识的培养[J]．教育研究，1995(10)．

重视作业的准备环节,提高课堂教学的有效性,以及取得学生家长的积极配合。①

第三,作业可以由教师和学生自主编制。

实际上,许多优秀的创造性作业大多数都是教师自编的。那些从习题集或练习册上照搬的作业,大部分对激发学生的创造能力、研究能力都有一定的局限性。许多教学辅导材料都是为了"应试"的根本目的,对发展学生的适应性是极其有限的。为此,教师可以充分实现专业自主权,根据学生的需要、兴趣和发展状况,根据新课程标准的基本要求,自主地编制作业题目。同时,由于作业的对象是学生,主体也是学生,教师也可以向学生提出编制作业的大致框架和设想,完全放手让学生自己去自主设计与编制作业题目。自主设计与编制作业题的过程本身,也就包含着学生如何思考和提出问题的过程。

三、促进学生学习的考试命题

考试对于我国教师和中小学生来说,是一件非常重要的"平常事"。面对新课程改革,如何重新审视"考什么"和"怎么考"的问题显得日益迫切。在课程资源的视野下,考试命题作为教师教学实践活动中的一个重要组成部分,必须以课程标准为依据,以促进学生的学习为根本目的。因此,考试命题需要考虑是否符合学生素质结构的发展,如何运用双向细目表来保证考试命题的科学性和规范化,通过什么样的考试题型和考试内容来满足命题的基本要求。

(一)素质结构与考试命题

考试命题作为教育评价的重要环节,对学生素质发展和办学的导向作用不可小觑,因此需要以促进学生素质的发展为目的来开展考试命题研制。

1. 学生的素质结构问题

(1)素质的内涵

"素质"是生理学、心理学中的一个基本概念。何谓素质?《辞海》中对"素质"是这样解释的,即指"人或事物在某些方面的本来特点和原有基础。在心理学上,指人的先天的解剖生理特点,主要是感觉器官和神经系统方面的特点,是人的心理发展的生理条件,不能决定人的心理的内容和发展水平。"②这一素质概念仅仅是狭义上的认识。在《教育大辞典》中,素质既指"个人先天具有的解剖生理特点,包括神经系统、感觉器官和运动器官的机能特点,其中脑的特性尤为重要";也指"公民或某种专门人才的基本品

---

① 贾保方. 生活世界视野中的家庭作业问题探析[J]. 当代教育科学,2008(2).
② 辞海[Z]. 上海:上海辞书出版社,1989.2797.

质，如国民素质、民族素质、干部素质、教师素质、作家素质等，都是个人在后天环境、教育影响下形成的"。① 可见，《教育大辞典》对素质概念的界定主要是从狭义和广义两个方面进行阐述的。

素质的内涵，是我国素质教育研究的逻辑起点。在相关的研究中，我们发现，不论素质概念的具体表述如何，人们对素质的认识基本达成共识：素质不仅包括人的先天遗传素质，还包括后天在教育与环境中形成的素质，这种素质对个人的成长与发展具有比较稳定的、持续较长时间影响的性质。

（2）人的素质的基本结构

对人的素质结构进行科学分析，有助于我们进一步理解"素质是什么"的问题。与对素质内涵的界定有着各种不同意见一样，对素质结构的具体分类也是见仁见智。例如，有人直接把人的素质结构简单划分为先天素质和后天素质两大类；有人认为人的素质结构应该包括德、智、体、美、劳五个方面；也有人主张素质结构包括知识结构、能力结构、品德结构、个性结构以及审美品质结构等方面。

对素质结构的合理划分，首先需要确定分类的基本出发点。我们认为，第一，可以从素质的内涵出发，把素质区分为先天和后天两个维度；第二，可以从人的身心活动出发，因为任何人的活动都可以概括为三类基本活动：生理活动、心理活动和社会文化活动。因此，人的素质结构可以区分为生理素质、心理素质和社会文化素质。这三个素质由低到高，逐层累加，生理素质是基础，心理素质是中介，而社会文化素质则是人的素质的主要内容，它们构成了一个有序的、分层的、开放的身心系统。② 人的素质结构要素的分类如表 4-2 所示。

表 4-2　人的素质结构要素

类型	要素
生理素质（先天因素）	解剖生理特征、生理技能特征
心理素质（先天与后天因素结合）	智力因素、非智力因素、自我意识与个性心理品质
社会文化素质（后天因素）	科学素质、政治素质、道德素质、审美素质、劳动素质

---

① 顾明远．教育大辞典（增订合编本（下））[Z]．上海：上海教育出版社，1998.1494．
② 郭景扬．论中小学素质教育[M]．上海：学林出版社，1998.38－41．

(3)学生的素质结构发展

上面分析了人的素质的基本结构,学生作为"人"这一类群体,也包括生理素质、心理素质和社会文化素质。对于学生的素质结构问题,教育领域内长期以培养学生在德、智、体、美、劳五个方面的全面发展为根本目标,也即主要包括政治品德素质、知识文化素质、身体素质、审美素质和劳动素质。随着素质教育理念与实践的不断深入,对学生的素质结构发展的要求不仅体现在德、智、体、美等基本素质方面,而且呈现出新的趋向,即强调学生的创新精神和实践能力。实施素质教育,就是全面贯彻党的教育方针,以提高国民素质为根本宗旨,以培养学生的创新精神和实践能力为重点,造就有理想、有道德、有文化、有纪律的、德智体美等全面发展的社会主义事业建设者和接班人。

在新时期,新课程改革对不同阶段的学生在知识与技能、过程与方法、情感态度价值观等方面都提出了基本要求,强调要促进每个学生身心的健康发展,正确处理知识、能力、情感态度、价值观之间的相互关系,克服以往过于偏重知识传授和技能训练的倾向。因此,学生的知识文化素养、分析问题与解决问题的能力、探究意识和创新能力、情感态度价值观等方面的有机整合,将成为学生素质结构发展的基本走向。

2. 促进学生素质结构发展的考试命题

素质教育和应试教育之间的对立并不在于要不要"考试",而在于强调以"素质"为目的,还是以"应试"为目的。实际上,考试作为评价的一种手段是整个教学活动中的一个必要环节,它与学生的素质结构发展并不矛盾。相反,我们还需要通过科学、合理的考试命题来促进学生的素质结构发展。《基础教育课程改革纲要(试行)》中指出,要"建立促进学生全面发展的评价体系。评价不仅要关注学生的学业成绩,而且要发现和发展学生多方面的潜能。"那么在"促进学生全面发展"的理念下,在考试命题过程中应该注意哪些问题呢?

(1)重视基础知识与基本技能的目标达成

掌握"双基"(即基础知识和基本技能)是一个学生形成良好素质结构的前提条件。遗憾的是,以往考试命题对"双基"的重视局限于学生对知识的机械记忆和背诵,结果出现了大量"高分低能"的现象。出现这种现象并不是因为对"双基"的过分重视导致的,而是源于人们对"双基"的错误认识。所以,在考试命题过程中,我们关注学生在基础知识和基本技能方面的目标达成时,不是简单地看学生记住了多少"死"知识点,而是要侧重于学生对知识与技能的感受、体验、理解和运用,从而使知识与技能不再是书本上的,而是学生自己的。

(2)促进探究问题、分析问题与解决问题能力的发展

能力是顺利完成某种活动的一种个性心理特征,它也是学生素质结构发展的重要组成部分,学生能力的发展在新课程改革以后的考试命题中不断得到重视和加强。以往的命题侧重于关注学生对知识内容的记忆和理解,而很少关注学生在新情境和生活实践中应用知识的能力、问题解决的能力、探究能力和创新能力,这造成了学生缺乏问题意识、创新意识,以及知识应用的迁移能力。同时,新的学习方式(如自主学习、合作学习和探究学习等)也需要考试命题关注学生在探究问题、分析问题和解决问题能力方面的发展变化。

(3)激发兴趣、陶冶情操、培养正确的价值观

学生的情感、态度、价值观往往难以直接测量。它们主要是在特殊情境下以特定方式反应的一种内部主观倾向性。我们应该注意,学生的情感、态度、价值观的培养不是孤立的,而是融合于学生对知识与技能的体验、理解和运用之中,体现在学生探究问题、分析问题、解决问题的活动过程之中。因而,在考试命题中,可以通过论文题的方式来推测学生的情感、态度、价值观。例如,学生在对"保护生物圈的意义"进行论述时,不仅需要应用相关的基本知识,同时也会流露出热爱家乡和祖国的情感、保护环境的意识以及不断探索的科学精神等。

(二)双向细目表的运用

考试是检查学生学业成绩或水平以及素质发展状况的重要手段之一。为了保证考试命题的科学性、合理性与规范化,双向细目表的合理有效运用是一种积极的尝试。

1.关于教育目标分类

教育目标是教育活动所要达到的预期结果,它是对学生的学习状况进行评价的基本依据。为了使考试命题工作具有可操作性,需要对教育目标进行分类。在这个过程中,既要注意教育的心理性、逻辑性和方法性等原则,也要注意分类学的一般原则,如有序性、连续性、层次性、积累性和超越性等。

关于教育目标(主要指的是"学生发展目标")分类,当前最负盛名的要属美国学者布卢姆(Bloom, K. S.)及其同事在20世纪50年代至70年代对这个问题的深入研究。为了评价的实际需要,他们把教育目标划分为三大类:认知领域、情感领域和动作技能领域。同时,将这三大领域又划分为若干具体的类别,其中认知领域包括知识、领会、应用、分析、综合与评

价六个方面;情感领域包括接受、反应、赋予价值、组织和性格化的形成五个方面;动作技能领域包括反射动作、基本动作、知觉能力、体能、技巧动作、有意沟通六个方面。这些教育目标的具体分类,表现出层级性、连续性、可操作性等特点。

除了布卢姆的教育目标分类受到世界各国的广泛重视以外,著名教育心理学家加涅(Gagne,R. M.)把学生的学习结果分为言语信息、智力技能、认知策略、态度和动作技能五个领域,实际上也是对布卢姆等人研究的充分肯定和进一步细化。在2001年,安德森(Anderson,L. W.)等人在《面向学习、教学和评价的分类学——布卢姆教育目标分类学的修订》中使用的新的分类与布卢姆认知领域中的分类不同。他们采用了"知识"和"认知过程"的二维框架,如表4-3所示①。其中,知识维包括了从具体到抽象的四个类别:事实、概念、程序和元认知;认知过程维包括了从低级到高级的六个方面:记忆、理解、应用、分析、评价和创造。这一二维矩阵能够使我们更加合理地表述教学的结果,且更能重视认知过程的理解与创造。

表 4-3 布卢姆认知目标分类修订的二维框架

知识维 \ 认知过程维	记忆	理解	应用	分析	评价	创造
事实性知识						
概念性知识						
程序性知识						
元认知知识						

就我国的教育目标而言,虽然在不同历史时期的具体表述存在着一定程度的差异,但主要还是强调学生在德、智、体、美、劳等方面的全面发展。在"五育"中,与"智"相对应的是"认知领域",与"德、美"相对应的是情感领域,而"体"与"劳"则没有直接对应的领域,但可以用认知、情感和动作技能加以解释。② 同时,我国《基础教育课程改革纲要(试行)》中的课程目标也是从"知识与技能""过程与方法""情感态度与价值观"三个方面提出的。从其表述本身来说,其理论基础或来源可以追溯到当前关于教育目标的分类依据。这样,在对学生的考试进行命题时,就可以做到有的放矢,避免编制题目时的盲目性和主观随意性。

---

① 盛群力,褚献华.布卢姆认知目标分类修订的二维框架[J].课程·教材·教法,2004(9).
② 皮连生.教学设计——心理学的理论与技术[M].北京:高等教育出版社,2000.208.

2. 命题双向细目表的建立与运用

教育目标的确定，也就意味着教育内容范围的限定。当然，考试命题的内容只能是从全部教育内容范围内选取的具有代表性的部分，或者说是从中抽取的一个"样本"。为了保证抽样工作的科学化，我们可以建立命题双向细目表。

所谓双向细目表，是指一种考查目标与内容之间的二维列表。一般来说，双向细目表由三个要素构成：(1)考查目标，主要反映教育目标的不同表现水平；(2)考查内容，可以依据本门学科的教科书内容体系和课程标准的要求来制定；(3)权重，也即考查目标与考查内容的比例，它反映了考查目标和考查内容各项目之间的相对重要性。依据以上三个基本要素，并结合依据布卢姆认知目标分类修订的"认知过程维"，我们可以编制一个命题双向细目表，如表4-4所示。

表 4-4 命题双向细目表

考查内容＼考查目标 权重	记忆	理解	应用	分析	评价	创造	合计
合计							

在具体运用双向细目表的过程中，并不是说认知过程维的六种不同水平都必须全部考查，而是可以根据考试命题编制的需要来决定。参照这个基本框架编制的双向细目表，可以明确学生在认知领域内对不同知识层次的掌握情况。但与此同时，在根据双向细目表进行命题编制时，为了更好地促进学生的学习与身心发展，应该尽可能减少知识的机械识记与理解所占的比重，而扩大知识的应用、分析与综合，甚至是评价、探究层次的比例。

(三)考试题型与考试内容

考试题型与内容是命题研制过程中的主要问题，是影响命题质量的关键性因素之一，具有很强的专业性和很高的技术含量。

1. 考试题型的基本认识

考试题型的选择对试题的编制具有重要意义。从考试题目评分客观性的角度来分，可以分为客观性题目和主观性题目两类；从是否需要学生自己组织语言来回答问题的视角来说，包括建构式题目和选择式题目，其中建构式题目（也有人称为供答题）主要有填空题、简答题、论文题、操作题等；选择式题目主要有是非题、多项选择题、匹配题等。当然，这两种类型的区分，在一定程度上存在着交叉关系。

不同的考试题型具有不同的特点[1]。就客观性题目而言，其优点在于题目覆盖的内容范围较广；试题样本具有较高的代表性；可以有效获取学生个体学习的信息；可以节约测验的时间和成本；同时，这类题目适合于测量学生个体对知识技能的记忆、理解和应用等能力。由于这类题目只要求学生选择一个答案，对如何得出答案的思维过程并不关心，结果可能会助长学生猜测行为的发生，难以确定学生是否掌握以及掌握的程度如何。而且，这类题目更倾向于考查学生识记和理解的低级层次，对于考查分析、综合甚至评价与创造的能力水平则相当困难，所以客观性题目也不可避免地存在一些缺陷。

对于主观性题目来说，学生在处理问题的方式、选择哪些材料、如何组织材料等方面都有很大的自由，它有利于考查学生对知识的分析、综合、应用、评价等方面的能力，并且可以促进学生思维的发展以及提出问题、解决问题的能力。当然，这类主观性题目也存在着一些不足，诸如不能完全覆盖某一学科内容的全部；在评分上不够统一，容易导致测验结果不够客观可靠等。

不同的考试题型，对于学生的学习结果具有不同的影响。迈耶尔（Meyer）曾用两种题型（即选择题和供答题）对历史课的近期记忆力和远期记忆力的影响进行研究。结果表明：两种题型对近期记忆力的影响没有显著差别；就远期记忆力而言，按供答题测验方法学习的学生比按选择题测验方法学习的学生，在知识的保持率上要高；按供答题测验方法进行学习的学生，学习得比较全面，而按选择题测验方法进行学习的学生，学习比较深入。[2]由此可见，考试题型对学生日常的学习方式、教师的教学和学生平时作业的方式都有很大影响。

总而言之，为了更好地促进学生的学习，我们需要在考试命题工作中

---

[1] 张敏强. 教育测量学[M]. 北京：人民教育出版社，1998.29—33.
[2] 王孝玲. 教育测量[M]. 上海：华东师范大学出版社，1989.232.

把握好不同题型的实际作用，在尽量减少客观性题目的同时，需要适度增加有质量的主观性题目的数量。当然，考试题型上的变化，直接关涉到考试内容的选择与开发问题。

2. 考试内容的开发

不同的考试题型往往涉及对考试内容的不同安排。考试题型是具体表现形式，而考试内容则是实质所在。简单地说，考试内容就是为实现考试目的而制定的命题范围及其样式。长期以来，考试内容主要侧重于考核学生的知识数量，轻视对学生能力的综合考查。学生为了获取"高分"，经常加班加点记诵教科书中的知识内容，有学生甚至能将教科书中每一个细小角落都完整"复述"出来。但是，考试一结束，背诵的知识内容几乎完全忘掉。而且，在考试过程中，老师为了保证能够将不同水平的学生加以区分，一些偏题、难题、怪题等出现了。这样的考试内容严重增加了学生的课业负担，阻碍了学生的个性发展，以及创新精神和实践能力的发挥。这样的考试也将促使"应试本位"教育的发展，异化教育的本真价值追求。

《基础教育课程改革纲要（试行）》中明确指出，"考试命题要依据课程标准，杜绝设置偏题、怪题的现象""考试内容应加强与社会实际和学生生活经验的联系，重视考查学生分析问题、解决问题的能力，部分学科可实行开卷考试"。这些政策性规定为改革和完善现有考试制度中的考试内容提供了发展的基本方向。因此，符合新课程改革精神的考试内容应该体现以下几个方面的特征。

(1) 密切联系学生的生活世界

传统考试内容往往强调学科知识体系的内在逻辑性和完整性，存在着知识脱离学生生活世界的问题，难以激起学生学习的兴趣和热情。新课程强调学生的自主、合作、探究学习，这些学习方式需要学生密切联系自己的生活经验，以及社会发展的需求。学生学习方式的实际变化，在考试内容中也应该得以体现。"学习方式与教学观念这种学生的经验、生活世界和对知识的自主建构的变化，是教育在发展过程中的内在规律，这种变化必然造成考试内容的改变"。① 因此，联系学生生活世界的考试内容是考试内容开发的必然趋势之一。

(2) 重视分析问题和解决问题的能力，实现知识与能力并举

首先，我们应该强调知识和能力同样重要。对能力培养的重视，并不意味着对知识学习的忽视。知识的掌握是能力发展的基础，没有知识的能

---

① 周先进，赵风雨. 新课程改革背景下考试内容和考试形式的构建[J]. 学科教育，2004(8).

力是不可想象的。其次,在强调知识的基础上,我们更应该重视学生发现问题、分析问题和解决问题的能力。传统的考试内容大多数是以"死"知识的记忆背诵为主,学生对某一知识点的记忆和背诵,并不意味着学生对这些知识性概念、命题等的掌握与理解,更难说学生能够灵活地运用知识去分析问题与解决问题。只有当学生能够运用知识去分析和解决问题时,这些知识才能被学生内化进自己的知识结构之中。因而,考试内容要着重考查学生分析问题和解决问题的实践能力。

(3)强调考试内容的开放性

考试内容的开放性,主要指内容由课内转向课外,不再局限于教科书的范围,而是注重对其他教学材料的有效利用。长期以来,我们的考试内容只看重教科书上规定的,学生面对"超出"书本之外的东西,往往表现地无所适从。例如,某地区2000年毕业考试五年级语文中有这样一道试题:除课本上的,课外你还自学了哪些古诗?把你最喜欢的一首默写下来,并说说为什么喜欢它。试题的立意很明确,那就是给学生自由选择和发挥个人爱好的空间,并没有什么唯一的答案。对于五年级学生来说,这本应是一个很简单的题目,可学生的答案并不令人满意。[1] 因此,新时期的考试内容更要实现从封闭走向开放。

(4)注重考试内容的基础性与综合性

考试命题需要以课程标准为依据,课程标准规定的是学生学习水平应该达到的"底线"要求,所以说考试内容应该体现基础性。基础知识的掌握和基本能力的形成是每一个学生成长发展都必不可少的素质,因而,考试内容应该注重学生是否能够"达标",避免怪题、偏题、难题的出现,克服传统考试内容中的"繁、难、偏、旧"的倾向。

同时,综合性也是考试内容开发的趋向之一。考试内容的综合性不仅要强调学科内部不同知识点之间的整合,还要注重不同学科之间的有机统合。在综合性的知识网络中进行命题,有利于学生对所学知识主动进行归纳整理,打破学科间的人为界限,提高学生的迁移能力,最终发展学生综合运用知识的能力,并且在实践中增强探究和创新的意识。

---

[1] 傅国华,杨立新,徐士海.考试命题改革的探索与思考[J].天津师范大学学报(基础教育版),2002(1).

第五章　动态生成性资源的捕捉与利用

在学校教育实践中加强课程资源的建设，不仅要在教育经费和设施设备等客观条件限制下，注重显性课程资源的有效整合和发掘，实现资源利用效益的最大化，更要特别注意在课堂教学过程中对不断动态生成的课程资源的捕捉和利用。从当前中小学现实出发，只有深入到课堂教学层面，充分发挥教师和学生作为一种生命载体资源形式的独特作用，从动态生成的角度来重新诠释课堂教学机制，并揭示出课堂教学过程中涌现的各种素材性资源，才能促使课程资源的内涵真正体现出来，也才能真正实现教师和学生的自主性和创造性，使课堂充满生命色彩和活力。所以说，我们需要加强对这种动态生成性资源的深化研究。

一、对动态生成性资源的基本认识

当前，动态生成的教学理念正不断引领着我们对课程教学中存在的诸多问题进行细致、深入的思考。在对课程资源开发与利用的探讨中，课堂教学过程中动态生成性资源已经得到了人们的普遍关注。那么，什么是动态生成性资源？动态生成性资源具有哪些重要教学价值与意义？它以什么样的具体形态表现出来？教师在动态生成性资源中又具有怎样的角色或作用呢？这都需要我们对动态生成性资源有一个基本的认识和理解。

（一）动态生成性资源的特征与表现形态

在教育教学活动中，动态与静态、生成与预设这两对矛盾总是相互交织在一起的。当我们不再将课堂教学活动看作仅仅是由教师和学生简单执行教学方案的活动，而是更为强调教学过程成为师生在真实具体的教学情境中，在交互活动中不断主动创造与生成的过程时，在教学活动中动态产生的各种情况以及不断融入进来的各种因素就不再是令人厌烦的细枝末节或沉重的负担，而是可能成为一种有效促进教学的重要课程资源。对这种动态生成性资源的认知、判断与捕捉、利用，就成为课堂教学活动的一个有机组成部分。

1. 动态生成性资源的基本特征

对于动态生成性资源的概念把握，一方面不能脱离"课程资源"的基本框架；另一方面又要凸显出课堂教学"动态生成"的基本特质。由此出发，我们可以对"动态生成性资源"做出界定，即是指在真实具体的课堂教学情

境中伴随教学过程产生的,并能够促使教学有效展开的各种教学条件和因素来源。它具有以下几个方面的基本特征:

(1)情境性。动态生成性资源的情境性表明,脱离师生互动、生生互动的具体活动以及课堂物质与文化环境的动态生成性资源是不存在的。也就是说,它是在真实具体的课堂教学过程中产生的,总是受到教学过程中各种特定因素的影响和作用,诸如师生的认知与情感状态、具体的教学内容、课堂的物理空间和心理文化环境氛围等,并不断发生变化。它与教科书、教辅材料、图书馆、博物馆等其他客观存在的课程资源有着根本区别。

(2)不确定性。相对于教学活动的目的性和确定性而言,动态生成性资源的不确定性则意味着,它的产生往往是预料之外的,是不可能预先计划安排、事先完全做好准备的。正是由于它在教学过程中可能随时随地地出现,所以它既有可能很好地促进教学的有效进行,也有可能对教学产生干扰甚至是终止教学活动。

(3)不可重复性。由于动态生成性资源是在特定的课堂教学情境中产生的,变动的教学情境也就预示了动态生成性资源的瞬间性和不可重复性的特点。例如,学生的一个眼神、动作、问题、错误等,都有可能成为影响课堂教学的资源,如果不能敏锐地捕捉并加以利用,都将会稍纵即逝。

(4)可生长性。动态生成性资源为课堂教学的有效进行提供了生长的契机,它使得教学中的一些"细枝末节"能够转化成富有教育意义的资源。这个生长点表现出双重的特性,一方面有助于打破某种固定的课堂教学状态,改变教学过程的机械性,使之在多种因素的交互作用下保持适度的开放性和灵活性;另一方面又有助于生发出一个个新的生长点,不断地推动与促进教学的动态生成,师生也在这个过程中得到不断发展。

(5)潜在性。动态生成性资源并不是现实的、预先存在的课程要素和条件,而是必须经过教师自觉能动的识别、判断、开发和运用,才能及时有效地转化为现实的资源形态,发挥其可能的教育教学价值。所以说,动态生成性资源在其存在形态、呈现方式以及功能和价值方面都表现出潜在的特性,需要对它善于发现、及时捕捉和灵活运用。

2.动态生成性资源的表现形态

在课堂教学情境中,动态生成性资源的表现形式多种多样,非常复杂。为了相对比较清楚、全面地把握动态生成性资源的表现形态,我们需要对它做一个基本归类。著名课程论专家施瓦布曾指出,课程是由教师、学生、教材和环境四个基本要素构成的。动态生成性资源就是在课堂情境中,在教师与文本、学生与文本、教师与学生、学生与学生之间的双向和多向互动活动中不断形成的。循着这样的基本思路，从动态生成性资源形成的动力源来看，它可以区分为四种形态：①基于教师的资源形态，即资源的形成是以教师为主的；②基于学生的资源形态，即资源的形成是以学生为主的；③基于互动的资源形态，即资源主要是在师生、生生对话中构成的不同声音；④基于偶发的资源形态，即资源主要指在课堂教学中发生的突发事件等。

(1) 基于教师的资源形态

教师是课堂教学活动中的重要主体。从课程资源的角度来说，教师本身就是一座有待开发的资源宝库，教师个人的知识、能力、性格、经验、人格、智慧、情感、态度、价值观等，在教学过程中就成为素材性课程资源的重要表现形式。而且在动态生成性资源的产生过程中，教师成为影响资源动态生成的条件性课程资源。例如，教师在与文本的互动中，当教师不迷信于教材的绝对权威，对教材创造性地使用，实现从"教教材"到"用教材教"的基本转换，就已经为动态生成性资源的创生预留了空间。

"不愤不启，不悱不发"，这句话的意思是非常明白的，就是要求教师掌握好学生"愤"和"悱"的状态，从而适时地、有针对性地对学生进行教学启发。基于教师的资源形态，就要求教师在课堂教学过程的关键时刻，适时地启发学生，激发学生自觉主动地参与到教学中去。这样，教师在整个课堂教学中处于"掌舵"的位置，能够灵活机智地调控教学计划，就能在教学问题的设问中开启学生的智慧。

(2) 基于学生的资源形态

基于学生的资源形态，既包括学生这一主体的经验、知识储备水平、兴趣爱好、差异、生活背景等属于每一独特个体特有的资源，也包括学生在教学过程中所提的问题和出现的错误等过程性资源。教师能否及时有效地捕捉和运用这些学生资源形态，适时地调整和改进自己的教学，关键在于教师以什么样的态度来对待它，并努力使之真正进入教学过程之中。

(3) 基于互动的资源形态

基于师生互动、生生互动形成的资源，其首要前提就是要承认每个学生都是有差异的独特主体，是自觉能动的主体。而这种动态生成性资源主要就是来源于学生的不同声音，也就是学生从不同的角度提出的不同问题以及不同的解决问题的策略和方法。同时，在讨论、对话的过程中不断相互启发和质疑，形成新的动态生成性资源。

美国哈佛大学的发展心理学家加德纳在1983年发表的《智力结构》一书中提出了多元智能理论，认为人的智力是由言语智力、数理逻辑智力、空间关系智力、运动智力、人际交往智力、自我反省智力、自然观察智力和存在智力九种智力组成的。多元智能理论强调了每个学生的独特性、差异性,而这种独特性、差异性在充满民主平等、对话合作的课堂情境氛围中能够被有效地激励和发挥,在师生、生生交流过程中不断碰撞出火花。许多新的观点、思路都会迸发出来,而这些新思路、新观点都是教师和学生集体智慧的互动产物,都是不断动态生成的课程资源。

(4)基于偶发因素的资源形态

课堂教学并不是完全在常态的条件下进行的,课堂教学很大程度上会受到一些外界因素的影响,例如窗外的鸟鸣、天气的突然变化、同桌的相互碰撞、争吵、教室内悬挂物的突然脱落等。这些偶然发生的事件,教师如果能够及时调整教学思路、因势利导、灵活应变,就都可以将偶发事件转化为动态生成性资源。这些突发性事件是不可避免的,也并不可怕,然而教师对突发性事件之所以不欢迎甚至畏惧,主要是对突发性事件的理解存在着误区:课堂与课外的边界意识、消极效果意识和严格的纪律意识[1]。因此,我们需要以一种新的认知思维方式来面对突发事件,采取机智、有效的处理方式,从中发掘出更多的动态生成性资源。

(二)动态生成性资源的意义

课堂教学中动态生成的各种事物只是一种有待开发的资源,只有得到教师的有效识别和充分利用,才能在教学活动中变得富有价值和意义。动态生成性资源是在师生共同交互作用的教学过程中动态生成的,它体现了教学的实践性质和创生取向,强化了在教学过程中知识的主观建构属性,最终会促进师生生命的主动发展。

1. 有助于促进学生的全面发展

实现学生的主动、全面发展是教育教学活动的根本使命。但是长期以来,"人的因素"在课堂中受到冷遇,学生被当作抽象的、静止的"人",甚至是有待填充的"容器",而不是积极主动参与的、具体的、发展的生命个体。这种观点忽视了对学生作为课堂教学中一个重要的参与者的个体生命价值的关怀。只有当师生的生活、经验、智慧、理解、问题、困惑、情感、态度、价值观等真正进入到具体的教学过程中,才会在各要素不断碰撞过程中动态生成课程资源,教师和学生才会真实感受到他们在教学过程中的生命价值。从这个意义上来说,对待动态生成性资源的态度如何,将会直接触及并影响到师生在课堂中的生存状况和生命质量。动态生成性资源的

---

[1] 张会格. 对课堂突发性事件的认识和艺术化处理[J]. 中小学教师培训,2003(9).

开发与利用，使得学生的生活经验、问题困惑、情感、态度、价值观等方面都获得了合理、合法生存的空间，学生个体的独特生命存在得到自觉的尊重和关怀，有效地改变了"目中无人"的教学，并不断发掘出课堂教学中的生命潜力，从而培养学生健全的人格。

从学生学习方式的角度来看，传统的学习方式导致学生学习的主动性、能动性、独立性不断消失，学习成为一种外在的、他主的控制力量，学生被这种控制力量所束缚。动态生成性资源的开发与利用，也必然会改变学生的学习方式。通过多元主体之间的对话、沟通与交往，学习成了学生自主探究的活动过程，成了学生自身内在的精神解放运动，学生的问题意识、批判精神、分析和解决问题的能力都能得到极大的锻炼和培养。

2. 有助于促进教师的专业发展

动态生成性资源对教师发展的促进，一方面在于为教师的专业自主创设了可能空间，激励教师教学行为的创造性。以往的教学只把教师当作教学方案的既定执行者，其任务只是忠实地向学生传授书本上的固定知识点。在这样的教学中，教师教学的个性和热情遭到抑制，其教学的主动性和创造性也就无从谈起。对开发和利用动态生成性资源的强调，使得教学在师生的共同交往与对话中有序展开。教师作为"平等中的首席"，对于师生互动、生生互动、师生与教学文本互动中不断动态生成的"新事物"，能够有机会和责任加以有效引导和自主选择，从而保证教师创造性教学行为的实现。

另一方面则是为教师教育智慧的形成提供可能的现实条件。教师是动态生成性资源的捕捉与利用中的一个极为重要的主体，而教师对生成性资源的捕捉与利用的过程本身，也将成为教师教育智慧形成的重要途径。正是教师的教育智慧把学生的状态、变化和创造作为一种重要的资源来理解，使得机械、沉闷、程序化的课堂教学活动变得丰富多彩、富有活力；也正是教师具有教育智慧，才能使得对动态生成性资源的关注成为可能。当教师在面对变动的课堂情境时，能够机智地捕捉不断动态形成的资源，以及有意识地促使生成性资源的生成，都需要教师保持高度积极的敏感状态，以及具有及时选择和调整教学行为的能力。如果教师不具有教育智慧，在实践过程中仍是采取按部就班的常规性行动，而不是灵活机敏地行动，那么在面临复杂多变的教学情境时教师往往表现得机械、无所适从，这些瞬间生成的资源就会消失得无影无踪，就会丧失可能极具价值的财富。

3. 有助于促进教学的生动展开

动态生成性资源的产生本身就意味着生动、开放的教学过程。在这样的教学过程中,教师与学生、学生与学生、教师与文本、学生与文本之间的多维互动不断促使教学过程的动态展开。动态生成性资源打破了往日课堂知识教学的死寂,犹如一个个小石子在平静的湖面激起阵阵涟漪,师生的生命热情和创造冲动被极大地调动起来,形成了一系列的教学生长点。

以往传统的课堂教学是一种教师个人权威式的"独白",学生是接受知识的载体,没有主体性、主动性、积极性可言。这种教学活动不可能关注到课程实施中不断动态生成的课程资源,即使出现也会被教师无情地扼杀在摇篮之中。动态生成性资源的开发与利用,意味着师生间民主平等的互动氛围的形成,以及和谐师生关系的建立。在这一过程中,教师和学生作为平等的主体,不断展开交互作用,对话性教学就在民主平等的课堂氛围中进行。在对话与沟通发生时,资源也就在不断地涌现和生成,从而形成一种良性循环。

4. 有助于促进知识的意义建构

知识的获取是教学活动的基本任务,但对知识性质理解的不同也就决定着不同的教学观念和实践。传统的教学活动往往将知识看作是确定不移的客观真理,重视以书本形态呈现的知识,但这样做的后果就是师生在教学活动中主体地位的丧失,其积极性、主动性和创造性被束缚了,否定了教学过程中知识的主观属性,使得知识脱离了现实的生活世界成为空洞乏味的、无意义的教条。而从动态生成性资源的角度来审视知识教学,则是对传统教学观的一次重建,突出了知识在教学过程中的意义建构。

一个有意义的教学过程,除了具有学习客观知识的特点之外,还应该成为广大师生共同建构知识和人生的生活和创造过程。[①] 动态生成的教学过程意味着师生的生活经验、情感、态度、价值观等多种因素进入教学过程,这样一来,知识由于个体理解的参与而变得丰富起来。知识不仅仅是获得书本上的现成知识,更是通过自我生命体验而不断建构生成的知识。在这样的教学过程中,动态生成性资源意味着知识内容和形式的丰富多样,使之在知识与生活世界之间架起了连接的纽带;使知识在与个体人生体验和内在的精神世界的沟通过程中,获得生命的意义和价值。

(三)教师在动态生成性资源中的作用

课堂是课程实施的主要场所,发生在课堂中的师生互动最直接地决定着课程变革的成效。[②] 在师生互动、生生互动的课堂中,教师对动态生成性资源积极自觉的关注、捕捉与利用,是激发学生学习的主动积极性与主

[①] 吴刚平. 深入研究教学过程中动态生成的课程资源[J]. 福建论坛,2006(6).
[②] 尹弘飚,李子建. 论学生参与课程实施及其研究[J]. 课程·教材·教法,2005(1).

体性的锁钥,学生的学习行为会由自发变为自觉、由被动变为主动、由他主变为自主。这样,学生在课程实施中的有效参与也就能够成为现实。那么,教师在课堂动态生成性资源建设中究竟起着什么作用呢?或者说扮演着哪些角色?我们认为,主要有以下三个方面的作用:

1. 教师是动态生成性资源的识别者与捕捉者

具有动态生成性特征的课堂教学给师生创设了一个充满挑战与激情的情境,它成为教师和学生共同的基本生命历程,因为它"蕴含着巨大的生命活力,只有师生的生命活力在课堂教学中得到有效发挥,才能真正有助于新人的培养和教师的成长,课堂上才有真正的生活"。① 正是在这种情境中,学生能充分体验、领悟学习的价值和意义,促进学生的主体性和创造性的发展,并最终实现自我建构。因为在这一过程中,教师不可能完全按照预先规划的方案来活动,而是要对课堂中出现的许多细微而又重要的,也即我们常说的"节外生枝"现象进行及时有效的察觉、识别与捕捉。因此,教师在课堂教学中,需要迅速地把握并利用这些资源,让自己成为动态生成性资源的识别者与捕捉者。

如果教师没有敏锐的课程资源意识,没有较强的专业判断能力,那么,这些在动态中生成的资源就会迅速消失,甚至永远不可能再次出现,就会丧失可能极具价值的教学财富。反之,如果教师能够识别出这些资源,就可以为我所用,增加课堂教学的真实性,使教学和生活融为一体,教师与学生作为课堂教学的参与者的生命价值也会得到尊重与关怀。因此,识别是教师建设动态生成性资源的最基本要求,而这关键在于教师课程资源意识的养成。

识别要求教师在不断动态生成的教学资源中进行价值性选择。选择使人成为偶在性,教师个体也因此要承担教育的责任与风险,而这种风险的存在是因为课堂情境判断的不可重复性。在动态的课堂空间中可以催生一系列精彩的"细枝末节"并提供课程生成的机会,但"教师怎样判断一个课堂事物是否提供了一种'机会',或在没有其他可以参考的标准的情况下,怎样判断一些离题的话是'无关的'呢?"②这就需要教师的专业判断发挥能动的力量,在制度课程与特定课堂情境之间做出有效的"调解",对这些动态生成的课堂事物进行仔细鉴别和敏锐捕捉。

当动态生成性资源在课堂中出现以后,教师应该善于捉住它,让这种

---

① 叶澜.让课堂焕发出生命活力——论中小学教学改革的深化[J].教育研究,1997(9).
② [英]劳伦斯·斯坦豪斯.课程研究与课程编制入门[M].诸平,译.北京:春秋出版社,1989.44.

动态生成的资源成为课堂教学的一个有机组成部分；而不是排斥它，把它看成与事先设计好的课程方案无关的，甚至是干扰性因素。在课堂教学中，尽管有时候教师已经识别了动态生成性资源，但仍然有排斥它的可能性，因为这种动态生成资源的介入，将是对教师教学的极大挑战，教师往往不愿意冒险去捕捉它，而会采取一种简单回避和自我保护的态度。而这种排斥可能导致课堂教学的失真与低效，甚至是无效、负效。一旦拒绝捕捉，拒绝动态生成性资源在课堂中的介入，课堂教学就有演化成表演的风险。为了追求真实的课堂，让课堂变成师生表现自我的重要生活场景，教师在识别动态生成性资源的时候，应该积极并善于捕捉它。

2. 教师是动态生成性资源的激活者与开发者

教师在面对变动的课堂情境时，需要保持高度积极的敏感状态，以机智地捕捉动态生成的资源；同时，也要能够有意识地培植，促发不同主体在交互作用中不断生成资源。如果说，识别是相对于自然而然出现的资源而言的话，那么，激活则是针对未完全出现（或者可以说是若隐若现）的资源而言的，是教师"有意识"的自觉课程行为。在课堂教学中，能否识别与捕捉到动态生成性资源，在一定程度上也取决于教师是否愿意自觉成为资源的激活者和开发者。

对动态生成性资源的激活，意味着课堂教学将保持一种开放的品格。开放性意味着教师能够积极地对课程意义进行诠释，使得课程具有较大的包容性，并充分发掘课程应有的潜能。这种开放性的特征，依赖于教师对课程诠释的想象力。阐释学想象力总是不断地追问有哪些东西以独特的言论和行动方式相互作用着，以期推动对于世界的总体性和整合性的不断深入的理解——只有这样才能进行思考和行动。[①] 这种阐释学方式更多地具有对话的性质，它促进了教师和学生之间的互动、教师和教材等制度化课程文件的对话、教师对课程事件的解释。阐释学想象力的存在，为课程的发展提供了一种可能性。当教师和学生在课堂情境中富有想象力的时候，学生才能够热情而积极地参与教学活动。相反，当教师缺乏这种课程实施的想象力时，其行动只能演变为机械的技术性行为，学生也只是被动地生活在课堂之中。可以说，教师具有课程的想象力，并成为动态生成性资源的激活者，是课程资源建设中至为重要的方面。

教师需要识别和激活课堂教学过程中可能出现的各种动态生成性资源，但是，要想充分利用这些资源并不是一件容易的事情，尤其是对于新手教

[①] [加]史密斯. 全球化与后现代教育学[M]. 郭洋生，译. 北京：教育科学出版社，2000. 125.

师来说，因为他们的教学经验和随机处理动态生成性资源的能力与智慧都十分有限。所以，教师在课堂教学中，很有必要发挥自身的主观能动性和创造性，依靠自己灵活的教学预设，主动去开发一些生成性的课程资源。

也就是说，教师要成为动态生成性资源的自觉开发者，一方面，需要对已经识别和激活的资源进行适度拓展和延伸，以保证资源的可利用性和生成性资源的价值最大化；另一方面，需要在教学过程中，进行灵活的预设，在课程方案中留有一定的弹性空间，促进课程资源的动态生成。比如，教师可以创设一定的教学情境，在特定的教学情境中，很可能就会生成一些资源，尽管教师事先不知道这些资源具体是什么。这个过程，也就是教师主动去开发动态生成性资源的过程。

3. 教师是动态生成性资源的运用者与评价者

对动态生成性课程资源的识别与捕捉、激活与开发，最终都是为了让它在课堂教学中发挥建设性作用，也就是教师要对它加以有效运用与评价的问题，这是教师建设动态生成性资源最高层次的能力。一个善于运用动态生成性资源的教师，总是能让课堂教学变得丰富多彩，却又不至于走向形式主义。而这关键在于教师运用的能力，倘若用得不好，不仅对教学没有帮助，反而会因为增加一些无关刺激给课堂教学带来负面影响；倘若能把握机会，对动态生成性的资源给予及时引导，把它与课堂教学目标相结合、互为补充，则会增强教学效果，让课堂气氛变得活跃和轻松。

动态生成性资源在课堂上被充分运用以后，教师还担当着评价的任务。由于动态生成性资源的情境性、不可重复性等特点，需要教师对动态生成性资源的教学过程本身及时进行鉴定或评价，不断鼓励学生积极主动参与，肯定学生取得的点滴进步，促进学生思维的创新。这样，渗透在动态生成性资源之中的学生智慧、情感、态度、价值观等难以测量之物，在真实的课堂情境中就能得到鉴定，学生的真实发展也就不会成为一句空话。

值得注意的是，教师在运用和评价动态生成性资源的同时，也成为动态生成性资源的受益人，教师和学生正是在这种动态生成的课程资源背景下达到教学相长的境界。

二、教学思维方式与动态生成性资源

实际上，一种新的思维方式往往可以为我们提供一种审视问题的新视角、新思路。维特根斯坦指出："洞见或透识隐藏于深处的棘手问题是艰难的，因为如果只是把握这一棘手问题的表层，它就会维持原状，仍然得不到解决。因此，必须把它'连根拔起'，使它彻底地暴露出来；这就要求我们开始以一种新的方式来思考。……一旦新的思维方式得以确立，旧的问题就会消失；实际上人们会很难再意识到这些旧的问题。因为这些问题是与我们的表达方式相伴随的，一旦我们用一种新的形式来表达自己的观点，旧的问题就会连同旧的语言外套一起被抛弃"。①这样，某些旧问题在新的思维方式下就会得到合理合法的认知与解决。

我们在教学实践中已经深刻意识到，不能再简单地把课堂教学看作是预设的与封闭的，而应该重视课堂教学的生成与开放的属性。这种预设与生成的有机统一，有助于我们深化课堂教学活动的本质与特征。在课堂教学过程中，教师与学生作为生命载体的资源形态不断交互作用，涌现了许多具有重要价值的、瞬间即逝的动态生成性资源。教师能否机智、智慧性地对这些生成性资源进行及时、有效的捕捉与利用，将会直接影响到课堂教学目标的达成情况，以及课堂教学过程是否能够合理有序地发展。所以说，对于动态生成性资源的认识与把握，也需要形成一种新的教学思维方式，即生成性教学思维。

（一）控制性教学思维对动态生成性资源的阻碍

控制性教学思维是一种本质主义思维方式，就是指"一种先在设定对象的本质，然后用这种本质来解释对象的存在和发展的思维模式。"②在本质主义思维视阈下的教学形态就是我们通常所说的"控制性教学"（也即"预成性教学"）。它对教学的理解往往局限于静止的、预设的而非动态的、生成的认识，缺少对教学的非线性、不确定性、复杂性的探讨，把学生的认知、情感、态度、价值观都简单化，消解了教学中人的生命的丰富多样性。所以，在本质主义思维方式的支配下，动态生成性资源的创生过程往往处于一种抑制状态，主要表现为：在教学目标上，绝对忠诚于教材文本；在教学过程上，过于漠视学生认知思维的展开；在教学内容上，简单遗弃学生情感和生活体验等方面。

1. 对"标准答案"的"确定性寻求"

在课堂教学中，教学目标是教师在课程实施的过程中创造性实现的一个重要标准，但"标准"与"标准化"并不是一个概念。标准具有规范、导向的作用，当我们强调课程的"标准"时，它就为教师的课程行为提供了一个方向，为实现教师的专业自主提供了良好的机会；当我们强调课程的"标准化"时，教师就都以达到标准为最终目标，造成所有可能出现的变化或多元现象消失，导致教师的课程行为陷入僵化的局面，教师不能有任何"越轨"

---

① ［法］布迪厄，［美］华康德. 实践与反思——反思社会学导引［M］. 李猛，李康，译. 北京：中央编译出版社，1998.1—2.

② 李文阁. 回归现实生活世界［M］. 北京：中国社会科学出版社，2002.41.

行为。强调"标准"并不意味着用"标准"去压制学生的"多元理解";强调"多元"也不能够"随意"地去理解课程文本,两者应该有机统一起来。然而,在课堂实践中,教师并没有能够处理好"标准"与"标准化"、"多元"与"一元"的辩证关系,致使课堂教学虽然渴望追求学生主体性的发展,但又在不知不觉中滑向课程的意识控制形态。

案例 5-1　《萤火虫》的教学片段[①]

　　老师在带领学生学习语文课文《萤火虫》时有这样一个片段:老师问学生,萤火虫燃烧了自己,怎么啦?有的孩子回答说,萤火虫燃烧了自己它就死了;也有的孩子说,萤火虫燃烧了自己,它没有怎么,这只是一种生理现象;还有一部分孩子有一些其他的理解。这时,老师无法对这些理解给予肯定,因为书上不是这样说的,书上的正确答案是:萤火虫燃烧了自己,照亮了人间。所以,老师不但不能理直气壮地肯定孩子的理解,相反还得不断运用教学技巧和教学机智,想办法一步步地"启发"孩子得出"正确"的认识,于是让同学们再想一想,再看一看。看什么呢?当然是看书上,看课文。最后,孩子们终于在老师的不断引导下,"看"出了一个"共同"的认识——萤火虫燃烧了自己,照亮了人间!

　　在案例 5-1 中,教师不仅将静态的知识内容,更把教材编写者的价值观念甚至是国家意识形态原封不动地灌输给了学生。在这样一个由教师完全控制的课堂里,学生多样化的体认方式和价值观念合法存在的现实空间被剥夺了。教师"刻意"营造的民主课堂氛围,也因为对标准答案的过分强化,而放弃了不断动态生成的、丰富多彩的学生资源。

　　在这个案例的背后,隐藏着一个极为重要的理论假设——教师只能是课程的执行者,教学过程是"法定知识"的传输过程。教师最终用"萤火虫燃烧了自己,照亮了人间"这一主旨控制了学生的其他声音和想法。学生结合自己的生活经验所谈论的真实自我感受只能是配合教学活动的一个组成部分而已,结果,教学变成了一种思想上的灌输、道德上的说教,而不是学生的真实情感体验。

　　显然,在课程内容的选择涉及"一元与多元"的关系时,往往会强调意识形态对课程的绝对控制,这对培养适应多元化社会所要求的人才是极为不利的。课程意识的开放性要求师生发挥教育的想象力,突破课程文本理解的唯一性,实现学生理解的多元性。当教师总想着要"教给学生什么"的时候,他就会不自觉地回到传统的知识传授者的角色,而一旦要回到某一

[①] 吴刚平. 教学改革的课程论意义[J]. 教育研究,2002(9).

确定的教育思想上，教师就不再是"用教材教"，而是重新退回到"教教材"。这就造成教师强化了课程标准中的"硬性"指标，即对教材呈现的结论性知识的掌握；丢弃了标准中的"软性"指标，即获取知识的探究性过程和情感态度价值观的形成。而"软性"指标是课程改革所希冀发展的学生素质。

2. 忽略学生的认知思维过程

课堂是一个充满确定性和不确定性的场所，但教师往往重视的是程式化的知识传递活动，忽略学生对课堂教学过程的意义体验和知识建构。在实际的课堂教学中，许多教师没有给学生充分表达自己思考和想法的机会，教师追求的是学生能否提供准确的答案，至于学生是如何得出并不十分关心。

案例 5-2 学生错误也是一种课程资源[①]

在一堂教学观摩课上，当老师讲授完"负负相乘得正"的原理之后，问学生-3乘以-4等于多少。一位同学回答说等于9，另一位同学回答说等于12。老师肯定了后者，并让其陈述了原因，而对前者则不加理会。课后一位观摩专家问那位回答等于9的同学为什么他认为等于9时，这位同学回答说，如果从数轴上看，将-3向正方向移动4次，每次移动3个单位，那么结果就等于9。

在案例5-2中，教师面对课堂教学过程中出现的动态生成性课程资源时，缺乏自觉的课程资源意识，导致学生的知识经验、思维过程、情感态度等素材性资源被埋没，不能及时机智地转化并且直接进入生动而现实的课程之中。可以设想，当那位同学回答等于9时，如果教师能够追问一句"为什么"，不是扼杀学生的创造性思维，简单接受教学基本原理、规律，而是让学生说出自己的想法和原因，从被动的接纳对象转化为积极主动的参与者；如果教师能够追问一句"为什么"，不是停留于一个个孤立知识点的教学，而是根据教学情境因势利导，把讲授的内容与学生已学的内容有机融合、相互贯通；如果教师能够追问一句"为什么"，不只是重视学生结论的正确与否，而是关注学生的思维过程，那么这样的课堂教学是否会有另一种效果、另一种品味呢？

将静态的预设与动态的生成看作是一种矛盾的关系，是教师课程资源意识和能力不够的重要表现。在课堂观察中常常看到这样的现象：当下课铃响的时候，许多教师还是试图讲完自己预先规划好的内容。这其中的内在原因，恐怕就是教师为了保持课堂教学的完整性，完成自己预设的教案。

[①] 高慎英，刘良华. 有效教学论[M]. 广州：广东教育出版社，2004.178.

当教师的注意力集中于预设的学生学习结果，强调教育过程的可预期性和可控制性，毫不允许课堂上出现"节外生枝"现象，往往会抹杀课堂中生成的有价值性的课程资源。然而，正如"目标模式"的重要代表人物泰勒在 20 世纪 70 年代后期指出，"教育的迷人之处正在于其不可预期性、神秘性和过程性"①。实质上，教师不可能提前完全确定教学目标应达到的潜在结果，而某些未曾预料到的活动有可能引出更有价值的结果，但如果教学仅仅按照预定的过程就可能永远不知晓并且失去那些有教育价值的结果。

3. 遗忘学生的内在生活体验

科学世界与生活世界的断裂是课堂中存在的一个严重文化危机，两者之间的矛盾也成为课程领域里一个长期难以解决的钟摆问题。美国教育家杜威早在 20 世纪初期就曾对传统课程割裂了儿童的完整世界、与社会生活脱节等问题进行了有力批判，并提出了以经验为基础的课程，这无疑为教学与学生发展之间的联系建立了一座桥梁。今天我国的基础教育课程改革也十分强调课堂教学要与学生的生活经验相联系，但我们不无遗憾地看到，部分教师在"照本宣科"的灌输知识过程中，严重忽视了学生的内在情感和生活体验。当教学失去了学生的生活根基，就会造成教学内容的空洞乏力，使教育丧失生命的活力。

案例 5-3 《土地》一文的教学片段

一位青年教师讲秦牧的散文《土地》。文中有这样两句："骑着思想的野马奔驰到很远的地方""收起缰绳，回到眼前灿烂的现实"。突然有一位学生问道："老师，既然是野马，何来缰绳？"毫无准备的老师张口结舌。最后老师很不耐烦地说："如果少钻牛角尖，你的学习成绩还会好些吧！"

在案例 5-3 中，教师明显没有机智地抓住教学中出现的问题，而是采取了简单粗暴的方式。"既然是野马，何来缰绳？"这一问题的提出恰恰是学生生活经历、体验所没有的，如果硬要将某些知识点装入学生的脑袋之中，恐怕也只能是零碎的、机械的、无用的知识堆积而已。如果知识传授得不到个体经验的认同，或丝毫不能激活个体积淀的经验，那么知识的种子就不能在个体的心灵中生根、开花、结果，这种知识就如同假牙、假发，是没有生命力的。② 知识自然也不能真正转化为智慧。因此，在传统的控制性教学思维下，学生资源只能成为课堂教学的一些"装饰"，其丰富的教育价值被扼杀在萌芽之中。学生的生活阅历、情感体验、成长背景、个性倾向等多种潜在的素材性资源形态，需要自然地融入课堂教学过程之中。这

---

① 张华，石伟平，马庆发.课程流派研究[M].济南：山东教育出版社，2000.199.
② 肖川.论教学目标[J].教育理论与实践，1998(6).

种融合呼唤一种新的教学思维方式。

（二）生成性教学思维对动态生成性资源的促动

从本质主义到生成性思维的根本转变，是当代课程教学研究的思维走向。旁观者知识理论认为，学生是先验知识的旁观者，是教师和课本所传递的信息的接受者，只在保持"不脱轨"这一狭隘的意义上是积极的。[1] 在这一理论的指引下，学生只是外部施加的知识接纳的容器，在动态发展的教学过程中只是忠实的旁观者，根本谈不上学生个体的主体性、创造性的张扬。普利高津的自组织理论（或结构耗散理论）则认为，在教学过程中必须超越外部强加的、线性逻辑的视角，而向自组织的、非线性逻辑方式逐步推进。由此可见，无论是对旁观者知识理论的反思批判，还是对自组织理论的虚心接纳，都要求我们能够以一种参与性的、非线性的、动态生成性的思维方式来重新审视课堂教学，从而挖掘动态生成性资源的潜在价值。

生成性教学是在生成性思维观照下的一种教学理念与形态。它是指在弹性预设的前提下，在教学的展开过程中由教师和学生根据不同的教学情境自主建构教学活动的过程。作为一种新的教学理念与形态，与控制性教学所强调的被动接受和静态预设相对比，生成性教学更强调学习的自主建构以及教学的动态生成。也正是在这样一种教学思维方式的指导下，课堂教学需要体现出参与性、非线性、创造性和开放性等基本特征[2]。

1. 生成性教学思维在把握动态生成性资源中的误区

在新课程背景下，"动态生成"已经成为一道亮丽的教学风景线。我们的课堂开放了、生成了、也变"活"了，但却很容易出现无序的状态，所以，课堂教学的动态生成是需要把握一定限度的。在生成性教学思维的指导下，动态生成性资源虽然可以摆脱控制性教学思维的束缚和压制，但亦不能"过度化"生成，需要避免出现虚假的、被动的、负效的生成情况。

（1）文本意义的虚无化——负效的生成

从诠释学的角度来说，不同读者对同一文本都可能有多种不同的解读，文本解读的多样性使教学资源的动态生成成为可能。在课堂教学中为了刻意追求生成，为了生成而生成，不注意文本的本真意义，忽视不同主体间需要达成的"视阈融合"，这一做法不但不能发挥动态生成性资源的建设性作用，反而会导致动态生成性教学的低效与负效。

---

[1] [美]小威廉姆 E. 多尔. 后现代课程观[M]. 王红宇，译. 北京：教育科学出版社，2000. 200.

[2] 李祎，涂荣豹. "生成性教学"理念的基本特征[J]. 教育研究，2007(1).

案例 5-4　《狐狸与乌鸦》一文的教学片段[①]

师：学习了《狐狸与乌鸦》这篇课文，同学们有什么想法？大家想怎么说就怎么说。

生 1：我觉得爱听好话不好，容易上当。

师：你说得真好。

生 2：我觉得乌鸦自不量力，也不撒泡尿照照自己长得什么样，还得意呢。

师：你说得有道理。

生 3：我觉得狐狸很聪明，而且我懂得了如果你想要得到别人的东西而别人不给时，你要多动脑骗他高兴，让他自动送上门来。

师：你的想法有创意，能联系生活实际，真聪明。

在语文教学中，教师应该珍视学生独特的感受、体验和理解，而不应该以标准化去解读、规范学生的阅读和理解。[②] 同时，我们需要警惕的是：不能为了片面强调学生体验的独特性，而忽视文本的"本真"意义和"标准"作用；不能为了鼓励学生的参与和强调教学的生成性，而随意放任学生"想怎么说就怎么说"。

在案例 5-4 中，教师试图将学生置于主体的地位，强调学生对课程文本体验的独特性和理解的多元性。虽然教师在教学过程中努力将课堂的主动权还给学生，但理解的多元化与文本意义的价值负载之间产生了尖锐的矛盾。马丁·布伯（Martin Buber）指出，"我与你的对话不仅是言语上的你来我往，而是寓于'生活深处'的具体体验"[③]。本案例中生 2 和生 3 的回答，真的是个性化行为吗？若不是为了"标新立异"，而真的是学生自己"生活深处"的思想表白的话，那么我们教育的处境是相当危险的。对理解多元化的过分强调似乎表明了"什么都行"的倾向，导致文本意义的无限膨胀甚至虚无化。学生的多元反应并非都是正确合理的，上述教学片段中生 3 回答的"狐狸很聪明"与文本隐含的"狐狸阴险、狡猾"这一价值取向是背道而驰的。这些行为并非是创新文本、超越文本，而是曲解文本、游离文本。因此，教师和学生应该遵照文本本身来进行合理的理解，师生和文本之间应该实现"视域融合"，而不是根据自己的兴趣或需要任意裁减文本意义。当出现文本意义虚无化的情况时，不管教师如何强调学生的主体性和体验独特性，教学也是一种负效的、不负责任的教学行为。

[①] 何莲琴. 反思课堂评价，使教学更美丽[J]. 新课程研究. 2007(1).
[②] 陆志平. 语文课程新探[M]. 长春：东北师范大学出版社，2002.72.
[③] [奥]马丁·布伯. 我与你[M]. 陈维纲，译. 北京：生活·读书·新知三联书店，1986.83.

(2)教师丧失"主导"的作用——被动的生成

课堂教学中资源的动态生成仍然要求教师居于"平等中的首席",对学生的教学参与起"导航"与"顾问"的作用。这并不意味着教师要完全放手,任凭学生牵着鼻子走。如果教师只是被动地、机械地跟随学生走,对出现的"节外生枝"缺乏灵活机智的处理方式,那些不加选择的、随意开发的生成性资源可能缺乏应有的教育价值。当我们一味强调课程资源的动态生成,而忽视教师对动态生成性资源的价值性选择,往往会导致教学的低效、无效。可以说,如何识别与鉴定动态生成性资源的价值,正是中小学教师难以把握的棘手问题。

案例 5-5 《麻雀》一文的教学片段[①]

一位教师执教《麻雀》一课。当教师问:"麻雀妈妈是怎么样跟猎狗进行搏斗的?"有位学生冷不丁地说:"老师,这只大麻雀不一定是妈妈,也许是爸爸。"教师猝不及防,愣了一下,然后顺着学生的思路问:"你是根据什么认为它是麻雀爸爸的?""因为书上没有说是麻雀爸爸还是麻雀妈妈,我是猜的。"别的学生受到了启发,纷纷补充道:"爸爸一般比妈妈勇敢些,力气也大点,所以是爸爸的可能性比较大。"教师表扬:"你真聪明!""我觉得也可能是爸爸,因为爸爸经常带我出去玩,妈妈很少有工夫同我一起玩的。"学生的思维开始活跃起来,有的说是妈妈,有的说是爸爸,争论个不停。此时,一个胖乎乎的小男孩不满地嚷道:"说不定还是麻雀爷爷呢!"教师一脸茫然,不知如何作答。

在案例 5-5 中,教师把学生在课堂上出人意料的回答不加选择地、被动地作为教学资源进行随意开发,结果导致课堂陷入低效、散漫的状况。教师也在学生的"狂轰滥炸"下被动应对,丧失了其应有的主导作用。虽然生成性教学思维要求教师对教学保持开放的品格,但也并不是说这种开放是无限度的、随意的胡乱作为。如何对各种可能的文本进行价值选择,捕捉和运用那些促进学生健康成长的动态生成性资源,确实需要教师在学生健全发展的理念指导下不断摸索和总结出更加专业的教学策略。

(3)师生互动过程的表演性和教学结果的控制性——虚假的生成

在资源的动态生成中,我们不仅要注意被动的、负效的生成,更要特别注意虚假的生成,因为这种虚假的生成往往在教学思维上没有摆脱控制性教学的困扰。在案例 5-1 中,从学生们自己的实际生活体验来说,往往很难体会到"萤火虫燃烧了自己,照亮了人间"的主旨,于是老师就不停地

[①] 沈火种.生成性资源开发的冷思考[J].小学语文教学,2005(1).

让学生再看一看，再想一想。虽然最后在老师的"启发"下，学生道出了老师预设的答案，但这也是虚假的。下面的案例5-6也反映了同样的教学情形。

案例5-6 《坐井观天》一文的教学片段

《坐井观天》一课快要结束时，执教教师问学生："同学们，青蛙听了小鸟的话后，跳出井口看到了什么？"学生想了一会儿，纷纷站起来发言。有的说，青蛙看到了广阔的田野，被田野里美丽的景色吸引住了；有的说，青蛙看到了工厂，工厂里工人师傅正认真地工作着；有的说……总之，大多数学生认为青蛙原先是坐井观天，后来看到外面的天地很广阔。但有一个学生说："青蛙又跳了回去？"理由是："当青蛙跳出井口正要喝水，一只老青蛙拦住了它，告诉它河水被污染了。青蛙正要感谢那只老青蛙，只听一声'哪里逃'，一柄钢叉把老青蛙捉住了。青蛙感受到了外面世界的危险，所以赶紧跳回井里。"

另一位教师听了这个有趣的课例之后，也执教《坐井观天》。课快结束时，他也让学生谈青蛙跳出井口看到了什么。学生畅快地谈着青蛙在井外的愉快生活，一连几个同学发言了，仍不见教师有让他们停止的迹象，而是一个劲儿地追问。在听课者万分纳闷之时，教师发话了："同学们，外面真这么好吗？青蛙怎么不跳回井里？"大家恍然大悟：原来教师要让青蛙跳回井里！

案例5-6是两个不同的老师执教《坐井观天》的片段，却表现了两种非常不同的教学效果。明显的是，后一位老师一厢情愿地希望课堂出现所谓精彩画面，但学生没有能够领会老师的教学意图，结果使得教学过程演变成对教师预设教学结果的过分追逐，师生在互动过程中的对话增添了表演的成分。这种虚假的生成阻碍了师生真实情感的交流和思想的碰撞。

2. 生成性教学思维对动态生成性资源的推动

那么，如何才能实现生成性教学思维对动态生成性资源的推动呢？我们认为，在生成性教学思维的指导下，必须对课堂教学的目标、内容和过程等有新的认识和规划，才能保证对动态生成性资源的有效推动。

(1) 教学目标的整体化

教学目标是教学活动的"方向盘"。在生成性教学思维的影响下，一方面，我们难以给充满不确定性因素的教学活动设定一个固定的、必须达到的客观结果；另一方面，我们面对的学生是活生生的生命个体，他们有着自己独特的情感、态度、价值观，是未完成的人。因而，生成性教学思维视野下的教学目标应该从整体上来关注学生的发展，不仅要关注认知维度的目标,还要关注情意维度的目标;不仅要关注静态预设的目标,还要关注动态生成的目标;不仅要关注显性的目标,还要关注隐性的目标。如果我们简单地强调预设的、认知性的目标,在教学中就会忽视对学生情意和能力的发展,阻碍学生整体性人格的发展。所以,为了真正体现以学生发展为本的终极价值,保障动态生成性资源的合法存在,在充分考虑预设的外在目标的导向功能的基础上,更要注重教学过程中师生交互作用形成的动态生成的目标。

(2)教学内容的网络化

教学内容是课堂教学的重要组成部分,教学目标的确定离不开内容,教学方法的有效选择也必须依据内容。生成性教学思维不再把知识看作是绝对的普遍真理,而是注重知识的不确定性、境域性和文化性等特征。这就要求我们在选择教学内容时,不能孤立、片面性地呈现知识,而要强化知识的现实生活基础以及与其他学科知识间的有机联系;不仅要考虑到"什么知识最有价值",更要考虑到"谁的知识最有价值"。所以我们需要打破学科知识间的"人为"分割,以网络化的形式来整合不同类型的知识内容。

(3)教学过程的动态化

生成性思维的特点之一就是"重过程而轻结果",所以对教学过程的构建就是保证其动态生成性、开放性的品格。与教学目标相联系,预设的目标往往使课堂成为静态的确定性的知识传授的场所,教学活动成为程序式的单向传递、机械灌输,不断追求教学目标与教学结果的完美吻合,一旦出现"节外生枝"现象则毫不留情地予以"剪枝"。这样的教学过程是没有生命活力的、封闭的。与之相反,动态生成的目标充分肯定了教学过程充满了不确定性因素,给师生创设了一个充满挑战、激情的情境。正是在这种情境中,学生能充分体验、领悟到学习的价值和意义,实现自我的知识意义建构,教学过程也就不断地动态展开。为了最大限度地保证学生的充分自主发展,要求教师必须对课堂中瞬间动态生成的资源加以敏锐捕捉与灵活运用。

综上所述,当我们运用生成性教学思维方式重新审视整个课堂教学时,教学目标体现出"三维目标"的整合性;教学内容将书本知识与现实生活、与不同学科知识有机统整起来;教学过程保持了动态、生成和开放的性格。因而,在这样的课堂教学里,动态生成性资源也就变得鲜活起来。

三、动态生成性资源的价值实现策略

基于动态生成性教学思维方式的影响,动态生成性资源必然存在于真实具体的课堂教学过程之中,它应该而且也能够成为提升教学有效性和激发课堂生命活力的动力源泉。动态生成性资源的价值实现，有赖于对资源本身的有效合理运用。因而，如何有效捕捉、开发和运用动态生成性资源，将成为课堂教学活动的一个基本点。

(一)弹性化的教学设计

传统教学中，教师的教学设计大多立足于教材和教参，按照给定的教学任务、教学内容、教学目标、教学重难点、教学方法与手段、教学流程以及教学评价标准等来预先设定一节课的整个教学过程，编写非常详细具体的教案，在教学过程中严格按照计划执行。这样的教学设计往往只关注了教师如何教的方面，而忽视了学生怎样学的方面，整个教学过程因陷入既定的程序而缺乏弹性空间。与这种传统的教学设计相对应，动态生成性资源的捕捉与利用也就不会成为现实。当然，动态生成性资源的实现，并不是说只要课堂生成不要课前预设，教师就可以不必花费大量的时间和精力去进行教学设计。相反，它对教师的预先教学设计提出了更高的要求，因为只有在课前充足准备和具备高度智慧的教师才能够有把握去面对复杂多变的课堂。那么如何才能实现教学设计的弹性化呢？

从形式上来说，可以强化教案形式的弹性化、多样化。教案作为课堂教学的事先准备，只是用来保证教学顺利实施并服务于教学过程的一种基本设想，如果教案成为教师教学的负担和障碍，把教师框定在烦琐的、形式化的条框之中，不能成为促进教学的资源，那么这样的教案是需要改革的。魏新华认为教学质量的高低，是由教案实用与否、是否符合教学实际、能否取得理想的教学效果决定的，而不是由教案的具体表现形式决定，为此他在教学改革尝试中推出了"0教案"的基本方案[①]。当然，"0教案"并不是教师不再需要精心进行教学设计，而是教师可以根据自己习惯的某种方式来选择具体的教案形式，比如在教材上批注圈点、制作卡片等，也可以什么都不写，对此不做硬性规定，给教师灵活自主的弹性空间，以从时间和精力上解放教师。

从实质上来说，要保证教学目标和教学过程的弹性化。在教学设计中，教学目标的设定尤为重要。它是教学活动应达到的预期结果，对于克服动态生成性资源开发的随意性，保证教学的顺利进行具有重要价值。但当教学目标规定过死，被看作一种静态的固定的存在，把要求学生达到的学习结果和标准看作是必须达到的确定性实在，这样的教学就会演变为机械的强制性灌输活动，学生的学习也就成为被动的接纳过程。社会建构主义认

---

① 李炳亭，等.魏新华和他的"0教案"[N].中国教师报，2004—03—19.

为，学习是学生个体自己主动建构的过程，它更强调学生个体与他人的双向互动过程。在互动的过程中，学生个体就从其他有机体（或环境）中获取大量的理解事物的知识，因此它强调的教学目标是学生与有机体（或环境）相互作用的结果，也就是不断动态生成的。这种动态生成的教学目标具有一定的混沌性，但恰恰体现了学生丰富的创造性和价值性，我们也有必要为其预留一定的位置。所以，教学应该考虑知识中的不确定性，应该从学生的实际生活经历出发，尊重学生的个性特点，促成学生的主体性和创造性的发展，而不是把知识及其学习作为满足预定目标的尝试。实质上，目标的设计不能只局限于认知，它还涉及学生在这节课中可能达到的其他目标。目标要有"弹性区间"，这既是为了顾及学生之间的差异性，也考虑到期望目标与实际目标之间可能出现的差异。[①]

在具体的教学过程中，也要为学生的有效参与提供灵活的时空安排，在教学设计上保持一定的弹性尺度。教师需要对教学中可能会出现的学情做一个预测，以避免对教学过程中产生的动态情境因素难以适应。预测虽然不能穷尽学生在课堂教学中的具体行为表现，但还是可以在一些方面提前做准备。这样，教师就要对课堂教学进行更全面、细致的设计与安排，比如学生可能会从什么角度提出问题；如果学生保持沉默、不发言，自己应该如何来引导启发学生；如果自己认为很重要的问题学生却不能言及，自己应该如何补充等。这些要求教师不仅要熟悉教材，更为重要的是需要以学生为本。当我们把教学过程设计成一个弹性化的方案时，学生的主动参与就有了相对充足的时间，教师在教学过程中的创造性发挥也留有余地，动态生成性资源的激活、捕捉和运用就是真实具体的，不会因要完成预定的任务而落空。

(二) 开展对话教学与探究性教学

观念是行为的先导。教学行为与教学方式的变化，必然依赖于传统教学观念的转变，尤其是课程意识的形成。课程意识是人们在考虑教育教学问题时对于课程意义的敏感性和自觉性程度[②]。如果仅仅从教学的角度出发来思考教学问题，就好像是在一间房子里摆弄和移动家具，所有的行动方案与设想都是在一个特定框框内的变化，难以弥补或解决问题。如果我们强调课堂教学中课程意识的重要价值，从课程角度来理解教学的方式，它必然与课程的理念、价值与目标等密切相关。这样，教师的教学就不只是讲授与传递知识，还是引导和帮助学生的发展；学生的学习也不只是听

---

① 叶澜．重建课堂教学价值观[J]．教育研究，2005(2)．
② 吴刚平．教学改革的课程论意义[J]．教育研究，2002(9)．

讲与接受，还是提问、探究、发现、合作与交流。可以说，这样的教学方式体现出了对话与探究的特征，突出了师生作为两个生命体的活动，动态生成性资源也在这样的教学过程中得以开发和利用。

对话教学是一种尊重主体性、体现创造性、追求人性化的教学[①]。也就是说，对话教学是在民主平等、相互尊重和信任的课堂氛围中，通过教师、学生、文本之间的互动与交往，在师生经验共享中创生知识和教学意义，最终促进师生共同成长的教学形式。从这一概念的具体表述中，我们就已经能够感受到对话教学对于动态生成性资源创生的重要价值，因为动态生成性资源正是在这种教学对话、互动和交往中形成的，二者之间具有一种自恰性。

探究性教学方式的运用，意味着课堂教学要以"问题"为中心，它突破了单一地传授既定的文化知识与经验的框架，让带着问题意识的学生在教学过程中不断提问、质疑、讨论。问题意识的不断开启，使得学生个体知识的增长、心智的启发与个体对世界、对社会、对人生的认知、理解、参与相伴相生。也正是因为学生有了"问题意识"，课堂教学的开放性、探究性才成为可能，也才能在问题的探究过程中不断创生动态生成性资源。

（三）密切联系学生的生活世界

一直以来，学生在课程实施中都是未受到普遍关注的弱势群体，导致课程实施的主体在开发和利用课程资源时，往往强调教材、图书馆、教学媒介和设施等有形资源，而相对忽视学生这一具有素材性资源和条件性资源双重特征的无形资源。教材作为一种重要的但已经不再是唯一的课程资源，它"只不过是为儿童提供沟通现实生活和可能生活的'案例'"[②]。在其中，学生的生活世界成为内化、理解、体悟"教材"等书本世界的催化剂，使学生的现实生活和可能生活、书本世界和生活世界的结合成为可能。

生活世界的回归是教学活动存在的根基，也是知识意义形成的土壤。然而，在传统的课堂教学中，学生作为生动、具体、真实、独特的"人"是外在于教学过程的，他们的生活世界成了被课堂教学遗忘的一个角落，知识的教学也因为脱离了生活本身而枯燥乏味。对于动态生成性资源的开发与利用，只有密切联系学生的生活世界，在知识与生活之间搭建起桥梁，才有可能不再缺乏生动、丰富的知识内容和来源，以确保知识的"有用性"，

[①] 张增田，靳玉乐.论新课程背景下的对话教学[J].西南师范大学学报（人文社会科学版），2004(5).

[②] 郭元祥.生活与教育——回归生活世界的基础教育论纲[M].武汉：华中师范大学出版社，2002.316.

使学生从自身的本体存在意义上去把握书本的知识世界。

当然值得我们注意的是,"回归生活"不是要取消社会与学校的边界来使课程与生活变得统一起来,而是在学校范围内的一种课程实施策略上的选择①。这种策略性选择实质上超越僵化的法定知识的简单灌输,强调学生在实践情景中对知识的体验,使教师的个人知识、师生互动产生的知识具有丰富的教育价值,从而和学生的"生活履历"有机融合,成为学生回归自我、解放主体的重要途径。

（四）营造新型课堂教学文化

课堂环境的性质在很大程度上影响甚至决定着教学活动发生、发展的整个过程。从隐性课程的角度来说,课堂教学文化环境就是一种重要的隐性课程资源,它对学生身心的影响是潜移默化的、长远而又持久的。事实上,不管我们是否意识到,作为师生共同生活与成长的重要场所,课堂总是存在着某种教学文化,教师和学生都难以逃避这种文化的影响。传统的课堂上充斥着一种灌输式的、记忆型教学文化,师生彼此之间没有进行交互作用的现实空间,使得课堂教学缺乏鲜活的生命气息。为此,我们必须摒弃这种记忆型课堂文化,并自觉培植创造型课堂文化,即积极营造一种具有合作、探究、对话特征的、师生积极互动的、充满生命活力的课堂文化,并不断发挥这种课堂文化的潜在影响。

动态生成性资源的开发与利用,除了要求教师具有外部课程政策赋予的课程自主权和决策权这一前提性条件以外,营造新型的课堂教学文化环境则是不可缺少的内部环境条件。它不仅意味着和谐的人际关系、积极的学习气氛、合作的学习方式,更可以为师生之间的充分交流与沟通提供一个良好的互动平台。在这种民主平等的师生互动、交往过程中,发生的是多元主体间的对话和交流。当然这种对话关系不仅仅发生在学生与教师、学生与学生等显性主体之间,也发生在学生与教育资料（或文本）的创造者这一隐性主体之间。那么,要想营造这种新型的课堂教学文化环境,首先,教师与学生的角色都需要在观念上进行重新定位：教师不再是权威性话语的"立法者",而是知识的"诠释者";不再是知识的简单"灌输者",而是学生学习的"促进者"。学生的被动"受者"角色也要得以有效改变,使学生真正成为学习的主人,成为教学活动的积极主动的参与者。其次,在教学实践上要努力尝试并开展丰富多彩的教学对话与互动活动,使师生在实践活动中形成开放的心态,培植探究的学习态度和主动的学习方式,激发对课程的想象力,在充分的沟通与交往中不断完善自我。

---

① 熊和平. 课程与生活——来自思想考古学的启示[J]. 教育研究,2005(6).

第六章　教室等场馆资源的开发和利用

教室和场馆资源是指，学校的教室和学校中其他地方如图书馆、实验室等场馆中蕴含的具有教育教学价值的、形成课程的因素来源与必要而直接的实施条件。[1] 它们不仅是学生学习的重要场所，而且对其开发和利用也是三级课程管理的体现和必然要求，但是目前很多学校对教室和场馆资源的开发和利用处于一种虚无状态。因此，纵观学校课程资源开发的重要性及其在课程建设中的重要地位，以及学校课程资源实际开发和利用的现状，不难发现，目前如何去发现、利用并创造更多的教室和场馆资源就成为课程资源建设的一项重要议题。而所谓教室和场馆资源的开发和利用就是指，课程开发主体认识教室和场馆的课程资源系统，利用这些资源为课程实施服务的过程。[2]

一、教室资源的开发和利用

教室是师生开展教学活动最主要的场所，学生约有70％以上的时间是在教室中度过的，教室里的一景一物都在不知不觉中对学生产生潜移默化的影响，当然这种影响有积极强化作用也有消极作用。"入芝兰之室，久而不闻其香；入鲍鱼之肆，久而不闻其臭""染于苍则苍，染于黄则黄""近朱者赤，近墨者黑"的论断及孟母三迁的故事就表明了古时候人们已开始重视环境对人的发展所起的巨大作用。而班级的环境，也在无声地营造着育人的氛围，并无时不在地影响着学生的学习活动，可见环境对人的行为影响的重要性。教室环境也是一个值得关注和建设的阵地，因此加强对教室环境的研究也是提高教学效果的重要举措，应该引起注意。那么如何有效利用教室里的一景一物，充分发挥教室环境的积极影响，并创造更加积极的教室环境，避免其负面影响，就成为教师需要关注的问题了。

（一）教室环境的改善

狭义的教室环境是指师生展开教与学活动的客观物理环境，广义的教室环境还包括师生教与学活动中人与人、人与物理环境相互作用而产生的

---

[1] 吴刚平. 课程资源的开发与利用[J]. 全球教育展望，2001(8).
[2] 范兆雄. 课程资源的层面与开发[J]. 教育评论，2004(4).

心理环境和文化环境等。因此可以将教室环境分为物理环境和非物理环境。[1] 物理环境主要是指以客观物质形态存在的、有形的、静态的各种组成要素,是硬环境部分,如教室所处位置、自然条件(教室的空气质量、温度、色调、采光、噪音等)、班级规模、教室设施(讲台、黑板、课桌椅、教室家具、安全设施如教室灭火器、安全出口等)、座位编排等。[2] 教室的物理环境作为教学的一个背景,既是一种潜在课程,又是一种现实影响。非物理环境主要是指以非物质形态存在的师生在教和学活动中形成的人际交往关系、心理氛围以及蕴含的文化意蕴。非物理环境虽然以非物质形态存在,但是也有很多是以物质形态为载体来呈现,如教室里张贴的制度和安排类表格、图画标语类、成绩公示类、学习作业类、管理通报类、杂类(如学生理想选登、才艺展示)等。

1. 物理环境

(1)教室所处位置

教室的外界环境对学生的学习有很大的影响。教室的外界环境可以分为教室外的物理环境和教室外的非物理环境。教室外的物理环境主要是指教室外的硬环境部分,如教室是否紧邻喧嚣的街道、教室外有何建筑、教室外的绿化如何等。教室外的非物理环境主要是指在教室外的物理环境中人们的活动的方式与活动内容以及人们在活动中形成的人际交往关系、心理氛围以及蕴含的文化意蕴,如处于闹市的教室,闹市中的人们进行商业活动所营造的氛围。

教室外界的物理环境和非物理环境是作为一个整体在影响着学生的学习。物理环境并不是仅仅作为一个简单的客观物化体存在,它在学生的活动触及的范围内对学生发生着潜移默化的作用。即使教室外的一片小树林,在学习疲惫的学生眼里,也会变成使他们放松神经、提神醒目的音乐,尤其是那些有着人的活动的物理环境更是对学生的学习和成长产生着影响,一阵汽车喇叭声、一阵叫卖声、一阵讨价还价声、一阵悠扬的乐曲声还是时隐时现的风吹水流声不可能对学生毫无意义;站在教室窗口看到的所有景象不可能对学生毫无影响,孟母三迁的故事便足以说明这一点。

(2)教室的自然条件

教室的自然条件主要是指教室的空气、温度、色调、采光、噪音、人均面积等方面的情况。这些不仅构成了学生学习的条件资源,还与学生的

---

[1] 韩辉,夏永庚,周扬.小学课程资源开发和利用的实践智慧[M].北京:高等教育出版社,2004.27.

[2] 黄炜.教室物理环境建设[J].教学仪器与实验,2002(5).

身体健康有重大的关系。

教室里的空气。据研究，每名学生在安静状态下平均呼出的气体中含有0.4%的二氧化碳，每小时从皮肤和肺发出约40克水蒸气和60～100卡的热量，而新鲜空气中，氧气和二氧化碳的百分比约为21%和0.04%，与此同时，人体及着装也会散发出各种气味，形成对空气不同程度的影响；一名7～10岁学生每小时所需的空气量大约为17m^2，如按每班50人，每间教室大小为7m×9m×3.4m计算，教室内每小时至少应换气2～3次，如果没有良好的通风设备，没有新鲜空气的流入，教室内的二氧化碳浓度增高，空气就会混浊不堪。[①]

教室里的温度。教学环境温度的实验研究表明，教室中最适宜的温度在20℃～25℃之间，此时学生的智力活动最佳。温度每高于这个适宜值1℃，学生的学习能力相应降低2%，一旦达到35℃以上的高温，学生的大脑能量消耗明显增加。温度过低，同样也会产生一系列消极后果。如果教室的温度在8℃以下，学生呼吸的气体就会凝结成雾状小水滴，会降低学生大脑皮质的思维记忆力和手指作业的灵活性。另外，教室的温度应保持稳定，不能温差过大。室内温度过高、过低或骤然变化时，不仅会影响学习效率，而且由于学生身体调节机能不够完善，容易引起疾病。[②]

教室里的色调。教室的色调主要由墙面颜色体现出来。研究表明，中小学校教室的墙面颜色应以白色、乳白色或明度较高的浅色调为主，以便让学生能在安静、舒适的环境中学习，而不宜用一些明度较低或色彩艳丽、刺激性较强的颜色，因为刺激性较强的颜色会对人产生强烈刺激，使大脑兴奋，随后则趋向抑制。

教室里的采光。教室采光照明是影响学生视力的重要因素之一。实验发现，较高的照明度可以使学生对学习任务的注意力提高。照明度不足，眼的疲劳急剧加重，所需的调节时间增加。一般情况下，欧美发达国家要求教室需有300～500勒克司(LX)的照度，美术室、学术报告厅则需有500勒克司以上的照度。[③]因此，教室应有良好的朝向和适宜的光照条件，而教室内的采光主要是以自然采光和人工照明为主。自然采光主要是阳光，阳光强烈或直射教室对学生注意力的影响最大。[④]另外，值得注意的是，教室的光线不只是为学生的学习提供条件，也可以成为学生学习的对象，比如在物理教学中，学生可以根据教室的灯光变化做一些实验。

教室里的噪音。大于70分贝以上的声音即为噪声。背景噪音越大，分

[①②③] 黄炜. 教室物理环境建设[J]. 教学仪器与实验，2002(5).
[④] 张绍纲. 关于修订学校教室照明卫生标准的建议[J]. 中国学校卫生，2001(4).

心作用也就越大。但是并不就意味着一定要完全消除背景声音，因为如果在绝对安静的环境中学习，学生就很容易被周围任何一点点风吹草动而影响。日本学校环境卫生标准规定：中小学教室关窗时的噪音标准为50分贝以下，开时为55分贝以下，最高不超过65分贝，而人正常谈话时声音水平为60~65分贝。[①]

人均面积。人均面积涉及教室空间的组织和空间的密度，与班级规模和座位编排形式有很大关系。首先，班级规模提供了师生活动的整体范围。从发达国家的班级规模来看，一般一个班级的人数以20~30人比较理想。[②]其次，座位编排的方式也对人均占有面积有很大影响。中小学一般的课堂座位编排主要有秧田式排列法、圆形排列法、会议式排列法、小组式排列法、U形排列法等。各种排列方法各有优缺点，学校可以根据教学的需要来调整座位安排。

(3)教学设施

教室的教学设施主要包括讲台、黑板、桌椅、橱柜、视听设备、运动器材、饮水机、卫生用具、实验器材、其他一些教学活动辅助工具等。

有研究表明，教室里为教师讲课提供的讲台可以使教师在教室中的位置更加突出，更能提高其心理地位，增强其优势体验，彰显其权威性。但与此同时，教师心理地位越高，学生心理地位就越低；教师权威性越高，学生自由思维的可能性越小，盲目崇拜和被动接受性就越强。[③]在强调师生平等，注重发展学生特长的今天，应该对这一设施有进一步的审视和思考。

课桌是学生学习的主要工具，课桌椅与学生的身体健康关系最为密切。适当的课桌椅容易使学生学习时保持良好的坐姿，从而形成自然稳定而又不易产生疲劳的舒适体位。国外一项矫形学研究证实，比例不当的课桌椅和坐姿容易导致11~16岁年龄阶段的学生发生脊柱后凸（驼背）和脊柱侧凸。日本有学者曾提出一个计算桌椅高度的简易公式：

h（桌面高度）＝坐高/3＋下腿长

h（椅面高度）＝下腿长

桌面一般分为平面和斜面两种，斜面桌有利于阅读和书写，可避免学生学习时头部过度前倾，但斜面过大也容易使书本滑落，因而适宜的规格是桌面坡度为100~120，并在桌面远侧有一约9cm宽的水平部分。[④]

教学演示教具如地球仪、模型等，可以在教学活动中将抽象的理论化

[①][③][④] 黄炜. 教室物理环境建设[J]. 教学仪器与实验，2002(5).

[②] 韩辉，夏永庚，周扬编著. 小学课程资源开发和利用的实践智慧[M]. 北京：高等教育出版社，2004.28.

为直观的形象，便于学生理解和掌握。

教室里的橱柜可以让学生平时不用的学习用品以及其他一些杂物放进柜子里，减少学生的负担。

视听设备如录音机、幻灯机、电视机、电脑、投影机等。

其他如黑板、运动器材等都是师生教与学活动中不可或缺的课程资源，为课程的有效开展提供便利条件。

另外，还值得提出的是，在教室环境建设中不应该忽视学生最基本的安全需要，特别是专用教室和引进了大量教学设备的普通教室，因为布满了许多线路，这些线路是否会带来安全隐患都应该是我们要重点考虑的问题。校园消防等安全问题不容忽视。

2. 非物理环境

教室里的非物理环境主要是指教室里的心理环境和文化环境，即教室里的人际关系、班风以及教室布置中体现的文化氛围。

人际关系主要是指师生之间、学生个体之间、学生群体之间在教与学的活动中形成的交往关系。其中，师生关系是教育活动中最基本、最重要同时也是最活跃的人际关系。师生交往的状况直接影响并决定着教育活动的背景和情景，影响着教育效果。已有研究对师生关系进行了划分：权威型、民主型、放任自流型，其中民主型师生关系更有利于和谐课堂的实现。

另外，教室中学生群体和学生个体之间的关系也对学生的学习有潜在的影响。研究表明，随着年龄的增长，中小学生越来越重视与同伴的交往关系。当学生被一个群体接纳和认同时，能使其在心理上产生安全感和归属感，也使之能以积极的心态对待教室里的每一项学习活动。

班风指一个班级稳定的、具有特色的集体作风，它是班级里绝大多数学生言论、行动和精神状态的一种共同倾向或表现。良好的班风是良好教育情境的重要表现，能促进班集体的形成和发展，对班级的每一个成员都能产生积极的潜移默化的作用。

教室布置也渗透和张扬了一个教室特有的心理和文化氛围。如教室墙壁上张贴的一些图表、图画、名人名言、警句格言等，它们的存在不是作为一种装饰而存在，而在更大的程度上是以其渗透的意义而存在，这些无形的意义对学生产生深刻而持久的影响。

物理环境和非物理环境两者共同构成了教室环境的整体，缺少任何一个方面都会削弱"教室"这一特殊场地的功能。

非物理环境对学习或教学的影响虽不如物理环境直接和明显，但它的作用却往往更深刻、更稳定。另外，物理环境对学习和教学的影响是通过

第六章 教室等场馆资源的开发和利用

心理环境和文化环境实现的,它所起的作用大小和性质也在很大程度上取决于非物理环境。

(二)合理开发和利用教室资源

教室环境对学生的学习有潜移默化的深刻影响,又由于其蕴含的丰富课程资源对师生教学活动的展开具有便捷性,因此合理开发和利用教室资源具有重要的意义。

合理开发和利用教室资源主要是指发现并有效利用教室已经蕴含的课程资源,以及为实现一定的教育教学目的而特意创造师生教与学活动所需要的教室课程资源。开发和利用教室的课程资源不只是一些操作步骤,还渗透了主体的教育观,体现了主体的教育价值观和教育追求。而这些观念层面的内容在很大程度上决定了主体开发和利用教室资源的积极性,也影响教室资源开发和利用的程度和效果,对主体开发教室资源起着导向、维持和监督作用,成了影响教室资源有效开发与利用的关键因素。之所以这样说,是因为教室资源对于师生来讲是外在的、对象性的,它不会自觉地进入课程领域,需要师生发挥能动性去认识和开发。同时,教室资源具有价值潜隐性,如果离开了人的意识活动,教室资源隐藏的价值就难以被认识,更谈不上有效开发与利用。① 因此,需要对一些观念层面的问题做一些思考,以便为教室资源开发、利用的实践操作提供一定的参考。

1. 对相关问题的思考

(1)教室课程资源开发和利用的主体

师生是教室里开展教与学活动的主体,又因为教室资源具有潜隐性,所以教室资源在多大程度上能进入师生的教育教学活动,取决于师生对它们关注的多少。自然教室资源的开发和利用的主体也主要是教师和学生。

教师作为教学活动的引导者,知道何时给学生适宜的刺激才能取得最佳教学效果,因此有意于有效教学的教师也都会注重给学生创设一种有丰富刺激的教学环境。这种教学环境不只注重情景的设置,也会巧用教室里的一桌一椅,以收到意想不到的效果。因此教室资源开发和利用的质量在很大程度上取决于教师,教师是教室资源开发和利用的主体。

教室环境作为一种重要的教育资源,尤其是学生的学习资源,有待于通过师生的教育活动对其进行开发利用。但它能在多大程度上发挥促进学生发展的积极作用,取决于它能否切实有效地激发学生的学习兴趣和求知欲望。而要激发学生的学习兴趣,需要学生与环境进行接触,甚至互动。

---

① 段兆兵.课程资源的内涵与有效开发[J].课程·教材·教法,2003(3).

为此，不仅要精心创设教室环境，充分发掘其中包含的各种教育要素，还要通过学生与环境的互动将周围的环境激活，使学生在其中学习、体验和实现自我发展，使之成为有效帮助学生获取知识和经验的载体和媒介。而这一过程的完成，如果缺少学生的积极主动参与是不可想象的，因此，学生也是教室资源开发和利用的主体。

教师和学生作为教室资源开发和利用的主体，需要什么样的思想准备呢？①教师要有促进学生全面发展的理念。教师在教室里开展教育教学活动时，应具有学生意识，也就是说应时刻着眼于学生的发展和变化，而不是简单地着眼于完成教学任务，将一定的知识量在规定的时间内传达给学生。②师生尤其是教师不仅要有课程意识，还要有一种资源意识，要对教室里的一点一滴保持一种警觉的状态，或者说对教室环境中物体和布置都保持一种开放的心态。教师要充分认识到教室环境中所蕴含的课程资源，让其进入脑海，并随着教学活动的需要而随时展现在师生的视野中，为教与学所用。③师生对教室资源还应有一种动态生成意识，即教室资源不是一成不变的，是可以根据教学情境所需开发的新资源。④教师要意识到：鲜活的教室资源的利用离不开学生与环境的相互作用，因此要充分发挥学生的智慧来开发和利用教室资源。

但是很多时候，教师和学生缺乏教室资源的主体意识，尤其是教师意识不到自己教室资源开发的主人翁地位。有的教师虽然意识到教室资源开发和利用的重要性，但是往往又忽略了学生开发和利用教室资源的权利和力量，忽视了学生的主体地位。

(2)教室资源开发和利用的目的

明确教室资源开发和利用的目的不仅能减少盲目和浪费，还能尽资源所能，使其发挥更大的作用。那么教室资源开发和利用的目的是什么呢？

教室资源开发和利用的直接目的是实现有效教学。虽然新课程改革倡导对课程资源的开发和利用，但师生对教室资源开发和利用的目的不是为开发而开发、为利用而利用，其直接目的应是使师生的教与学收到最优或较优的效果，帮助教师较轻易地展示难以呈现的问题以及问题解决过程，帮助学生较轻易地解决难以理解的问题等。教室资源的这种作用往往是在短时间内就可以显现的，并易于为师生所感知。

更为重要的是，教室资源开发和利用的潜在目的是营造育人的心理氛围和文化意蕴。教室资源蕴含的心理氛围和文化意蕴可以为师生的活动营造舒适的育人环境，并在与师生的互动中以潜移默化的方式对学生的身心发展产生持续的影响。虽然这种影响的力量不能一下子显现出来，但其作用却是深刻的、持久的，并有助于形成班级良好的人际关系系统，使学生在一种积极向上的文化氛围中实现身心健康发展。

同一类教室资源也许同时有利于师生有效教学的完成以及为师生的活动提供舒适的心理氛围和文化意蕴，但是也有的教室资源对于实现有效教学有较明显的效果，有的教室资源对于营造舒适的心理氛围和文化环境有较好的作用。总之，师生在开发和利用教室资源时应清楚该资源的价值，这样才能充分发挥其作用。

(3) 教室课程资源的开发和利用需要的外界环境支持

师生是教室资源开发和利用的主体。他们凭借一种积极和热情投入教室资源的开发和利用工作中，固然可以有较大的收获，但是孤军奋战的力量总不如整个学校、整个社区等参与的力量大。外界的支持力量可以让有志于教室资源开发和利用的师生更加如虎添翼，也可以使教室资源开发和利用更充分。这些外界环境的支持包括智力、物力以及制度上的支持。

①智力上的支持，也可以说是人力上的支持。教室资源开发是一项系统的工程，不只是一些操作上的程序，在这些操作的背后还需要一些理论引领，而有关的课程专家或者说课程资源开发专家可以提供相关领域更加丰富、先进的理论观念；即使是教室资源开发和利用过程中的技术性的难题，专家们也可以提供具有教育价值的解决方法以供师生参考。当然，可以提供智力支持的不只是有关方面专家，学校里的其他教师、学生、家长和一些社区人士也可以为教室资源的开发和利用出谋划策。

另外，还有一个需要注意的问题是，如果师生没有真正用心去思考这些外在的"智力"，那么这些"智力"也便永远处于潜隐状态。要想让这些潜在的"智力"真正发挥作用，还需要师生以开放的心态去对待这些"智力"。但是这种开放的心态并不代表完全听取别人的意见，不然师生的主体性又何在呢？师生在广泛听取意见的基础上，还应该结合自己班级的教学活动特点、人际关系特点等，以批判的态度来对待这些建议。总之，师生要广开言路以获取更多的智力支持，而且更应该紧密结合自己班级的情况，以批判的态度对待这些建议和意见。

②物力上的支持，或者说是财力的支持，是教室资源开发和利用的硬条件，如教室资源的开发过程中需要添置一些设备，教室环境的布置等。但是对物力支持的需求也不是到非它不可的程度，而且缺少的某一种设备也具有可替代性。因此，一些边远地区教室资源的开发和利用，可以根据当地的经济实力来进行物力的投资。

③制度上的支持。智力支持和物力支持何以能实现，以何种方式实现，

教室资源开发和利用的工程何以比较规范地展开都需要制度的支持和保障。制度上的支持能保障智力支持和物力支持到位，也能提供时间和空间上的保障。

(4) 教室资源开发和利用的根据

并不是教室里的每一件东西都能纳入教室资源的。那么，什么样的东西能纳入教室资源的范畴，根据什么来选择开发和利用教室资源呢？结合我国课程改革的发展趋势，凡是有助于学生主动学习与和谐发展的资源都应该加以开发和利用。具体来讲，选择教室资源的标准是：①教室资源的开发和利用是否有利于实现教育的理想和办学的宗旨，反映社会的发展需要和进步方向。要选择那些对学生的终身发展具有决定意义的素材性教室资源，使之优先得到应用。②开发和利用的教室资源是否符合学生身心发展的特点，满足学生的兴趣爱好和发展需求。教室资源开发和利用主体要充分考虑到使用该教室的学生群体的特征，如他们的身心发展阶段和特点，他们现有的知识、技能和素质水平等。在此基础上，还要充分调动学生开发和利用教室资源的积极性和主动性。③根据教师教育教学修养的现实水平对教室资源进行开发和利用。教师的教育教学修养水平制约教室资源开发和利用的程度，也是开发和利用教室资源不得不面对的问题。它是一条潜在"标准"，不管有没有意识到这一点，它其实都在产生着影响。①

2. 开发和利用教室资源

(1) 开发和利用教室资源的步骤

开发和利用教室资源是一个系统的工程，包括开发教室资源和利用教室资源两类活动，具体包括普查、筛选、培植和开发等几个步骤。

普查也就是将教室里的所有东西逐一罗列出来。这种清点工作可以由师生共同完成。此时，不需要考虑每样东西有何价值、能不能进入课程资源的范畴。这一工作完成之后，就进入了筛选阶段。

筛选的前提工作一是调查研究学生的兴趣类型、活动方式和手段，并据此归纳出能够唤起学生强烈求知欲的多样化的教学方式、手段、工具、设施、方案、问题，以及如何布置作业、安排课堂内外学习等诸多要素，以帮助学生高效、优质地完成课程目标；二是确定学生的现有发展基础和差异，在教室资源开发和利用过程中兼顾不同学生的发展水平和需要，提供适合每位学生发展的课程学习资源。②

---

① 韩辉，夏永庚，周扬. 小学课程资源开发和利用的实践智慧[M]. 北京：高等教育出版社，2004.2—4.

② 吴刚平. 课程资源的开发与利用[J]. 全球教育展望，2001(8).

第六章 教室等场馆资源的开发和利用

筛选工作基本包括两个步骤：其一就是教室资源认定工作，即根据教育教学活动的目标和学生的身心发展特点对清点出来的教室里的每件"物品"（包括看得见的物质环境和看不见的心理、文化环境）进行价值认定，认定其能否进入课程资源，将不能作为课程资源的一一排除，将可以作为课程资源的加以保留。其二，根据教学目标或者学科特点对这些保留下来的教室资源进行分类。这种分类不是绝对的，也不是一成不变的，而是可以根据教学活动的需要划归为不同的类别。如即使将教室里的资源划分为素材性资源和条件性资源，但这两类资源之间也没有绝对的界线，因为往往许多教室资源既包含着课程的素材，又包含着课程的条件。比如教室里的图书角、自然角，墙壁上张贴的一些图画、文字等资源就是如此。这是对教室里已经存在的课程资源的处理，而对于在普查和筛选过程中发现的有助于完成教学目标和实现学生发展，但是教室里又没有的东西就有一个培植和开发的问题了。

教室资源的培植和开发工作需要教师具有较高的教育教学修养，其难度也较教室资源的利用要大些。而且培植和开发教室资源的工作也不可能一步到位，尤其是一些更能营造育人的心理环境和文化氛围的资源，需要师生更加广泛地听取各方面的意见，在持续不断的教育教学活动中，不断进行反思，对其调整和修正。

(2) 开发和利用教室资源需注意的问题

①教师要根据自身特点以及发挥教师集体的教育合力

教师是教室资源开发和利用的主体，这里的教师既包括单数的教师个体也包括复数的教师集体。教师个体可以根据自己的专长和所教学科的特点，有效开发和利用教室资源。但是很多时候，特别是中国的一些中小学教室，同一个班级的学生基本上都有固定的教室，在同一间教室学习、活动甚至娱乐，而不同的任课教师根据课程的安排在固定的时间内来给这同样的一班学生上课。在这种情况下，就会出现不止一位教师个体对同一间教室进行课程资源开发的问题了，如果各个任课教师之间没有交流，就会出现教室资源开发重复的现象，造成资源的浪费；或者是教师个体之间开发的课程资源在某种程度上存在冲突，造成资源教育价值的削弱；或者是开发的课程资源比较片面，不能满足学生全面发展的需求。鉴于教室使用的特点和教师个体开发教室资源可能存在的问题，并为了避免这些问题，对于教室资源的开发和利用还应该注意发挥教师集体的力量。这些教师就同一班学生所使用的同一间教室资源的开发和利用问题进行协商，建立开发小组，选举小组领导，带领其余教师建立开发制度，统筹安排教室资源开发和利用的整体进程。

②营造和谐的教室心理环境和文化氛围

教室资源的开发和利用要注意营造和谐的心理环境和文化氛围，让这些资源在不知不觉中对学生发挥影响，并成为促进学生学习和自主发展的平台。

和谐教室环境和文化氛围的营造可以通过以下方式来进行。

首先，注意教室环境的布置，也就是说对开发出来的以及现有的教室资源进行合理安排，使其更加有利于学生的身心成长、符合教学活动的需要、突出教室的学习功能，而不是以精美或简约来评判。具体来说，教室环境布置要淡化"功利"色彩，但有的教室前面墙壁上张贴"距离某某考试还有多少天""知识改变命运"，后黑板张贴成绩排名光荣榜……形成了一种紧张、压抑、忧郁的气氛，使学生产生一种"内紧"的状态。当然，注意力的适度引领能促进行动的效率，是有积极作用的；但紧张过度则会产生消极的影响，产生焦虑、抑制思维，甚至诱发学生的逆反。另外，教室环境的布置也不能是长期固定不变的，如长期不变的黑板报等。因为教学活动是不断变化的，所需要的教室资源也应是不同的，所以教室环境的布置应根据教学任务的需要不断给学生带来新的视界。再者，教室环境布置不能太花哨，否则，会使学生的注意力不集中，接受知识信息的效果不理想。特别是墙壁正面或视角范围内的布置最容易使学生受到刺激，也最易分散学生的注意力，因此，尽量避免安排绘画、"比一比""赛一赛"等容易使感官受刺激的内容，这些内容可安排在后墙或视角以外的地方。

其次，教师应注意发挥学生的积极主动性，带动和鼓励学生参与教室资源的开发、管理和利用。因为所有教室资源开发和利用的目的都是指向学生的发展变化，教室资源在多大程度上发挥作用，也在很大程度上取决于其能否切实有效地激发起学生的学习兴趣和求知欲望。而当学生亲自置身于这种资源之中，并切身与它们接触、建立联系、产生互动的时候，才能真正将这些资源激活，使之进一步成为有效吸引学生参与、帮助学生获取知识和经验的载体和媒介。因此，要充分调动学生积极地参与教室资源的开发和利用活动，使学生在其中学习、体验和实现自我发展。

学生参与教室资源和开发的方式有很多，如让学生参与教室中一些常换常新的栏目布置：让学生将自己的一些心得以格言的形式表达出来，比如在墙壁左右两侧张贴一些学生自己喜欢的名人名言，或者学生自己创作的"警句、格言"。这样不仅可以让学生以主人翁的态度对待自己的教室环境布置，充分调动他们的积极性，还使这些警句、格言实实在在地对他们

第六章 教室等场馆资源的开发和利用

产生影响。因为他们为了选择和展示自认为比较深刻的名人名言或警句、格言会认真查阅、理解相关资料,甚至字斟句酌地对自己创作的句子进行修改。即使对于已经张贴出来的"杰作",他们也会相互之间进行评价,于是便在不知不觉中促进了全体学生的进步,在班级形成一种良好的学习气氛。老师还可以带领学生对教室的空间角落进行布置,参考学生的需求建议,设置图书角、自然角等角落,并让学生对这些角落里的东西如教室的图书资源和教学辅助工具等进行管理,并责任到人等。当学生积极主动性的发挥变成一种习惯时,就可以达到即使教师不在场,教室资源一样可以发挥其育人的功能,学生也可以开发并自觉利用教室资源促进自身的学习和身心发展。

最后,要善于捕捉师生互动中的生成资源。这类教室资源也可以称之为教室里流动的课程资源。课堂中学生不明确的认识、质疑、意见分歧、偶发事件等都蕴含着可贵的教育教学价值,是难得的课程资源。同时,教学交往之外的班级日常生活,如做操、擦黑板、教室的布置、黑板报或墙报的设计、一次活动的组织方案、给花浇水、打扫教室、栽花种草等都可以成为潜在的教室课程资源。由于这些课程资源在教师备课中往往无法预料,具有突发性、瞬时性、不可预料性,所以应该对其珍惜和进行即时捕捉。对生成资源的有效利用,也需要教师保持"无为而教"的自我克制状态,不过多地干扰学生的自由学习空间。[1]

二、农村学校如何应对场馆资源的挑战

条件性课程资源和素材性课程资源都是教育教学活动所必需的,但必须首先保证的是中小学实施课程最基本的时间和空间,如必需的场地、投资和设备,如图书馆、操场、实验室等。这是保证中小学课程实施的前提条件,没有这样的前提条件,就谈不上中小学课程的实施问题。[2] 但是,在很多农村学校,特别是一些边远地区,这一类的硬件设备往往是比较贫乏的,所以制约了师生教育教学活动的开展。而随着新课程改革在全国范围内的全面推进,农村义务教育的改革与发展日益成为我国各项工作的重中之重,农村学校如何应对场馆资源的挑战成了课程资源开发和利用必须解决的一个问题。目前在我国农村课程资源开发和利用的实施中,大多采用了这样几种方法来解决场馆资源不足的问题:调整学校布局、创建综合实践基地以及广泛利用校外资源。

---

[1] 姚冬琳. 中小学教师开发课程资源的方式与途径[J]. 教育探索,2008(2).
[2] 韩辉,夏永庚,周扬. 小学课程资源开发和利用的实践智慧[M]. 北京:高等教育出版社,2004. 前言.

（一）调整学校布局

20世纪80年代初期，我国进行了第一次较大规模的农村中小学布局调整。各级地方政府以农村初、高中为重点，撤并了一批规模过小的中小学校，初步整合了当时的农村教育资源。2001年，《国务院关于基础教育改革与发展的决定》中将调整农村义务教育学校布局列为一项重要工作，并指出应"因地制宜调整农村义务教育学校布局。按照小学就近入学、初中相对集中、优化教育资源配置的原则，合理规划和调整学校布局。农村小学和教学点要在方便学生就近入学的前提下适当合并，在交通不便的地区仍需保留必要的教学点，防止因布局调整造成学生辍学""在有需要又有条件的地方，可举办寄宿制学校"。同年，国务院召开的全国基础教育工作会议也将农村中小学布局调整列入当前发展农村义务教育要重点抓好的六项工作之一。因此，自2001年起各地政府纷纷制定本地区的农村中小学布局调整规划，农村中小学布局调整在全国范围内大规模地广泛展开。2002年和2003年，国务院和财政部分别下达了《关于完善农村义务教育管理体制的通知》和《中小学布局调整专项资金管理办法》的通知，进一步推动了农村中小学布局调整，各地政府也都加快了布局调整的步伐。[①]

1. 学校布局调整与农村中小学场馆资源建设

一方面，调整学校布局可以进一步改善农村中小学的办学条件。在农村，特别是一些边远地区，人口较为分散，为了保证农民子女就近入学，几乎每个村庄都有一所学校。这样做确实解决了适龄儿童就近入学的问题，但是这些地区的不少学校，教育资源分散且普遍短缺致使办学条件简陋、规模过小、教学质量低、办学效益低、教师素质偏低、学校管理跟不上、教育教学质量难以保证。改革开放以来，随着社会主义市场经济的发展，农民不断涌入城镇，再加上计划生育这一基本国策的影响，现在一些农村适龄儿童明显减少，学校生源也逐年减少；且这种学校布局，不仅将一定量的人力、财力、物力等教育资源分散开，造成了浪费，而且制约了办学水平的提高，与经济和社会发展需要不适应，成为阻碍我国农村基础教育改革与发展的主要症结所在。尽快改变这种状况，已经成为提高农村教育教学质量的需求。因此，调整学校布局已经是"普九"工作的当务之急。

而通过调整学校布局，可以将地理位置相近而又分布零落、规模大小不一的农村中小学统一划分，有利于将教育资源适度集中、合理配置，集中分散的资金以改善办学条件，使有限的资金发挥更大的合力，使校舍、

---

① 庞丽娟.当前我国农村中小学布局调整的问题、原因与对策[J].教育发展研究，2006(2B).

第六章　教室等场馆资源的开发和利用

土地设备、图书等资源形成规模，在更大范围内促进对这些资源的共享，提高其利用率。总之，调整好农村中小学校的布局，可以使同样的教育资源发挥更大的作用，加速九年义务教育普及的进程，保证农村教育教学质量，使农村教育在低投入的基础上获得较高的效益。

另一方面，调整学校布局可以使教育资源配置得到不断优化。调整学校布局不仅仅意味着教育资源诸要素的适度集中，还意味着对几种集合起来的教育资源进行优化整合，这除了能够节约有限的教育资源，还能使学校形成适度的规模，提高办学的规模效益。比如一所6个班的初中和一所9个班的初中同时并存，其实验室都需按国家二类标准配备，但实验室的利用率不高。如果将二者集中，15个班的规模仍可按二类标准配备，既节约了资金，同时也会提高实验室的利用率。对布局分散而仪器设备又必须配齐的小学予以适当集中，其规模效益会更加明显。[1]

同时，调整学校布局还有利于强化学校管理，提高教育教学质量；有利于提高教师队伍的整体素质；有利于发挥学校的规模效益，减轻农民的办学负担。

2. 农村中小学如何通过调整学校布局来优化场馆资源

首先，调整学校布局，必须从实际出发、立足于本地区的实际情况，集中有限的教育资源解决农村中小学场馆资源不足的问题。调整学校布局的目的既要确保当地适龄儿童全部入学，又要使办学点和教育资源相对集中，形成一定的规模，提高教育教学效益。但是如果不考虑本地区的实际情况，合理的学校布局也便无从而来。因此，合理的学校布局调整要立足于本地的现实，着眼于本地的办学条件，在调整学校布局之前深入实地考察，做大量细致的布局结构调整的调查工作，对农村各小学的地理环境、地区人口密度、服务范围、班级规模、学校条件等重要因素和指标进行实地调查，掌握丰富翔实的第一手资料；然后以有利于九年义务教育的普及与提高、防止学生辍学流失，有利于激活教育资源更大的使用价值，增强薄弱学校建设，缩小校际间办学条件、教学水平的差距，提高办学效益，有利于素质教育推进和教育质量提高为原则，做出正确判断，进行可行性分析的科学论证，制定布局规划，提出调整方案。在此基础上集中有限的教育资源将办学点适当集中在人口密度大，办学条件好，师资队伍强，管理水平高，教育教学质量突出的地区和学校，解决个别学校场馆资源缺乏的问题。

---

[1] 孙家振. 调整学校布局优化资源配置[J]. 山东教育科研，1997(1).

其次，调整学校布局还需要加大对当地人民群众的宣传，并着眼于提高对学生学习的服务保障。调整学校布局关系到本地区人民群众的切身利益，如果得不到他们的理解和支持，这项工作便难以落实。因此，顺利调整学校布局还需要对当地人民群众进行宣传。有的山村小学，一个班级只有七八名学生，但是这样的学校即使经费再紧张，也是村民和村干部一起努力建起来的，是为了本村孩子方便学习。要把这样的学校给拆除，他们从心理上是不能一下子接受的。为了获得人民群众的信任，要对调整学校布局的必要性进行深入宣传。同时，还应对易地、易校就读的学生进行妥善安置，既要使他们受到比在原就读学校更好的教育，又要为他们的学习提供必要的服务保障。

再次，调整学校布局要考虑学校的规模。学校规模是规划、调整学校布局必须认真考虑的一个重要问题。学校规模的大小不仅涉及学校中教师、学生人数，班级的数量和教学设备的设置情况，还涉及场馆资源利用的效率和教育效益等问题。学校规模通常有两种衡量指标：一是教育成本的大小；二是学生的人数。教育成本与学生数量之间存在密切关系，当教育质量一定时，学生人数的增加会降低教育成本，从而使教育资源的利用率得以提高。因此，要充分利用教育资源就必须研究和处理好学校布局与学校规模的关系。

通过调整学校布局，使学校合并成为有利于发挥规模效益、减轻农民办学负担的学校。教育质量和办学效益明显提高，为农村教育的发展注入生机和活力，推动了农村基础教育的健康发展。

但由于某些人为因素，农村中小学在布局调整过程中，造成国家、集体财产的巨大浪费和损失。虽然在布局调整过程中解决了或部分解决了农村场馆资源不足的问题，建造或扩建图书馆、实验室、运动场地等，但是由于某些农村学校教育理念的落后，一味地看重学生的考试成绩和学校的升学率，将眼光盯在学生的分数上，学生自然也就将眼光定位在书本知识的学习上，这些场馆的存在也形同虚设，不能发挥其应有的作用，在一定程度上造成了浪费。所以，为了提高对这些场馆的有效利用，还有必要在扩大学校硬件设施建设的同时，更注重学校领导和教师在理念上的更新，以促进学生实现全面发展，也进一步扩大对场馆的有效利用。

(二) 创建综合实践基地

中小学综合实践基地是教育行政部门和学校按照教育规律和素质教育要求，有计划、有目的地组织学生参加实践活动的场所，是全面实施素质教育的重要资源。随着素质教育的全面实施以及课程改革的大力推进，作为开设综合实践活动课程必不可少的重要载体,各地为贯彻落实中央文件精神,全面推进素质教育,加强和改进中小学教育工作,促进基础教育课程改革,相继建设了一大批实践活动基地,实践基地建设的重要性愈加凸显。

1. 设置综合实践基地的目的和对象

一般来说,综合实践基地有这样的特点:在目的上,综合实践基地是基于该校教育教学的理念,为了促进该校学生的成长,为了实现该校教育教学目的而专门设置的资源基地;在使用主体上,学校师生是基地的主要使用者,基地定位是面向中小学生;在基地可以开展一些课程,但基地课程在内容上一般都强调与学生生活的密切联系,强调课程内容的综合性和实践性,在课程实施上都强调要贴近生活、贴近自然,注重学生的自主学习与发展等。另外,综合实践基地也不一定就在校园附近,不一定就是专门为该校设立的。如一所师范学院的学生每年都会定期去相应的中小学校实习,进一步学习教育理论知识,并在实践中检验教育理论,提高自己的教育教学技能。那么,这些中小学校不能说不是这所师范学院的综合实践基地,但它们不一定就在这所师范学院附近,其存在也不是专门为了该师范学院学生的实习,它们只是在一定时期内、在一定的情境中才完全体现出是该师范学院综合实践基地的特征。同样的道理,如果中小学校的学生为了某种教育教学目的定期去一个工厂参加学习、劳动,那么这所工厂也可以称为该校的综合实践基地。

2. 综合实践基地与综合实践活动课程的开设

随着新课程改革的推进,各地也越来越清楚地认识到开设综合实践活动课对学生全面发展的意义,于是相应的创建了综合实践基地。自然,综合实践基地的设置有助于综合实践活动课程的开展,但其存在并不一定完全是为了一门单纯的综合实践课程。其他学科如语文、科学、物理等学科的教学也可以利用这块场地来完成。因此,应从广义上来理解"综合"的含义,也应在更广的意义上来使用这块场地。

3. 综合实践基地的类型

综合实践基地的建设,根据目的的不同,大致可分如下几种类型:

(1)实验操作基地。这种类型的基地往往是根据教育教学的需要而设立的。在这里,学生可以进行实验操作,如为便于学生地理知识的学习,在校园内设置的小气象园、天文观测站等。

(2)调查实践基地。这是一种以培养学生能力和实践、扩展学生所学书本知识为目的,进行调查、采访、实地考察的活动区域。如前文提到的学生定期去了解印染厂工作程序的工厂，或者学生为学习科学课程，调查高峰时期机动车的排烟量与空气质量而去的繁华街区，为考察主要地质构造和岩石种类而去的自然界中的某一处地方等。

（3）行为实践基地。这类基地需要学生在学习相关学科的理论观点后，自己去开展或动手建设，使所学学科的基础理论、观点由内隐实现外化或由外显实现内化。

4．综合实践基地的共建共享

在资源比较匮乏或为了使资源能得以充分利用的情况下，几所地理位置比较近的中小学校可以共用或共建同一处综合实践基地。如在一处风景区开辟一片科学课程实践基地，假如这样的一块园地只由一所学校来使用的话有些浪费。为了更充分地利用这片资源，可以几所学校共同使用、共同承担建设的任务、共同协商使用安排、制定使用制度等，这样可以避免低效益的重复建设，能够充分利用财力、物力和人力资源，使投入在教育事业上的有限资金能尽可能大地发挥作用。

5．综合实践基地的作用

首先，综合实践基地的设置有利于培养学生的实践能力。《综合实践基地建设与发展研究报告》提出：综合实践基地承担一定的综合实践活动课程任务，是综合实践活动课程的实践和外延。结合中小学生身心特点和自身情况开发具有参与性、体验性、综合性、实践性的活动，鼓励学生探究学习，因此它既有综合实践活动课程的特点，又具有本基地、本地区教育和文化的地方特色，不仅可以调动学生学习的积极性，还可以培养学生的动手操作能力以及为学生创新精神的培养提供良好的环境。

其次，综合实践基地的设置有利于学生非智力因素的培养。探究学习是一种复杂的学习，学生在基地中从事探究学习的过程中，有时凭一个人的力量是难以进行的，而在与其他同学合作的探究学习过程中可以体验、学习与人交往的技能，团结协作的团队精神；在艰难的探究任务面前毫不退缩，锻炼坚韧不拔的毅力；在成功面前不骄傲，锻炼宠辱不惊的忍耐力；在失败面前不气馁，锻炼不怕挫折、宽容失败的健康心理等，培养学生的非智力因素。

再次，综合实践基地的设置有助于充分利用校内外的课程资源。综合实践基地开展的活动或课程是针对学生身心特征自行规划、设计、实施的，在拓展课堂教学的同时，也拓展了课堂教学资源的范围，使校内外资源得以充分利用。

对综合实践基地的认识只是建立综合实践基地、开展基地活动的第一步，接下来还有很多工作要做，如经费的筹集、基地建设的组织、制度建设、基地课程的设计等。许多学校在实践中获得了一些经验，但也存在着不足，有待我们继续探索和实践。

（三）广泛利用校外资源

为解决农村中小学场馆资源不足的问题，还可以通过加大利用校外资源的力度来解决。虽然校外资源不是专门为学校的师生而设置，也不是专门为实现学校的教育教学目的而设置，而是有着自己的目的，如一所印染厂设置的目的并不是为了完成一个学校的教育教学，但是如果一所学校的学生前来参观该厂的印染过程，那么这所印染厂在此情此境下便具有教育意义，成了学生学习的资源，这时可以称该印染厂是一处校外资源。而诸如这样的校外资源比比皆是，因此，对其加以适当运用，可以在一定程度上解决农村学校场馆资源不足的问题，也可以改变单纯靠教科书开展教育教学活动的状况。因此，教师应引导并帮助学生走出教科书、走出课堂和学校，充分利用校外各种社会资源和自然资源，在社会的大环境里学习和探索。

1. 校外资源分类

根据存在的形式也可以把校外课程资源分为物质的和非物质的，其中非物质的校外资源可以分为智力资源和文化资源。

（1）校外物质资源

以物质形态存在的农村学校校外资源能被人们用感官直接接触到，如一个地区自然和社会环境中的一些自然景观、地理环境、道路、物产、公共设施、教育机构、医疗单位、商店、图书馆、工厂、寺庙、祠堂等。这些景观或场所虽然是人们生活和工作的场所，但其蕴含的资源可以在无形中扩展学校的课程、丰富学校的课程，让农村学校的围墙拓展。如农村乡镇或社区开设的图书馆，虽然图书量跟同地区城市图书馆相比有些逊色，但如果农村的中小学校和和图书馆建立联系，使学生可以更加主动和便捷地利用图书馆资源，就可以为学生的课外学习创造优厚的条件；同时，还可以考虑请图书馆的专业人员介绍图书情报检索方面的常识，培养学生获取信息的基本技能，将图书馆的智力资源也带到学校中来。也可以带学生去参观、调查其他的一些乡镇工厂如印染厂、缫丝厂等，以使学生获取想要的知识。对于一些经济条件不好的农村地区，如果没有这些场馆建筑，也不是说就没有了可以利用的校外物质资源了，还可以智慧地利用身边的自然资源。

案例 6-1　看云识天气

一位到山区支教的教师的教学条件是：教室里除了孩子那简陋的桌椅

外，全部的教学用具也就是教材和粉笔，没有投影仪，没有幻灯机。

她在教《看云识天气》一课时，认为文章虽然思路清晰，其中也介绍了多种的云以及与其对应的多种天气，但让孩子们把握这种复杂的关系，根据云去辨别天气仍有很大的难度。

对于学生来说云虽然是日常生活中的事物，但他们对于云以及云与天气的关系并没有认真观察和思考过。如果学生没有直观感性的认识，那么云在他们头脑中也就仅仅是一个词而已，他们不会把书本中的云与他们头顶上的云真正地联系起来。如果不能联系起来，那学习也仅仅是停留于书本上。对于仍然会延续父辈生活的山里孩子来说，《看云识天气》不仅仅是一篇要学习的课文，而且是一种重要的生活知识。如何让他们把这篇文章不是当作枯燥的说明文来学习而是当作某种生活向导来学习呢？

学习这篇课文时，已是暮春时节。那一天，阳光灿烂，天空中飘动着朵朵白云，正是看云识天气的好时机。那天的语文课是下午第一节，孩子们都有些倦意。她说：这节课我们不在书上看云识天气，我们到外面去，在阳光中、白云下看云识天气。孩子们一听，顿时来了精神。她和学生在学校的操场上兴致勃勃地把当时天上的云和书本上的云相对照，并按照书本上的说法预测未来一两天的天气；学生热烈地讨论着自己平时看到的、听到的关于云和天气的知识。这是基于他们自己生活的真正的讨论，他们用的是不太标准的普通话，有的甚至是方言，但这是他们对自己生活的深入理解而产生的语言而不是流于表面的语言。书本在这里只是一种可以利用的工具，而不是最终的目标。[①]

（2）校外非物质资源

校外非物质资源中的智力资源主要是指当地的、校外的人力资源。农村中的一些能工巧匠、专才名士等都是农村课程资源开发和利用的来源。除这些人士以外，也不能忽略家长这一重要的校外课程资源。家长是孩子的第一任教师，是一种重要的课程资源，具有双重属性：一是作为课程资源存在而具有的客体性，是教师教育教学使用的对象素材和学生学习的内容；二是作为人和家长存在而具有的主体性，是交往的主体、对话的主体、教育的主体、教学的主体。因此，从课程资源功能的角度来看，家长资源既属于条件性资源，又属于素材性资源。[②] 对家长这一校外资源应予以充分开发和利用以提高教育教学水平和促进学生的发展，很多教育研究者和教师在这一点上已经达成共识。但是在农村，学生的父母也许没有多少高

[①] 费秀芬. 智慧地利用身边的课程资源[J]. 教育科学研究，2005(10).
[②] 王爱菊. 开发和利用家长课程资源研究[D]. 南京：南京师范大学，2007.22.

深的知识，那么他们的哪些方面能成为学校可以利用和开发的资源呢？其一是家长的生活经验。知识不只体现在理性的逻辑知识上，还包括各种各样的生活经验知识。家长在生活经验方面比孩子总是要懂得多，而这些生活经验对于孩子的日常生活以致以后的生活都有重要影响。利用家长这一方面的知识来配合学校教育活动能产生倍增效应。其二是家长的个性特长。不同的家长有不同的兴趣爱好，如果将这些家长的个性特长资源整合到学校教育工作中，就能取得意想不到的效果。当然，充分开发和利用家长资源，除了与家长做好沟通之外，还需要对其培训，以提高家长资源的质量。

校外非物质资源中的文化资源主要是指农民在社会发展中形成的文明行为习惯、道德规范、价值观念和思维方式的总和，如民风习俗、生产和生活经验等。在农村，农民以他们生存的本能创造了无可取代的生活方式及文化特色。当地社区的文化特色常常是凝聚社会意识和当地力量的最佳切入点，也是增加人们对当地认同感的重要资源。每一个地区都有它的发展历史，及在发展过程中积累出来的文化特色，如庙会活动、大型庆典或是当地固定的聚会活动等。[1] 有些地区的文化特色已渐渐没落，需要再次被发掘。通过引导学生与当地村民共同参与，重塑属于当地的文化特色，对于引发学生的家乡认同感、参与当地发展非常有益，更是学生深入了解当地文化的最佳途径。

应该注意的是，这些以物质形态存在的校外资源在进入学生的视野中时并不完全表现出"物质"的意义，有时更多地呈现出一种无形的文化意义；而一些非物质的校外资源也往往以一定载体的形式表现出来。所以，有时确切地说一个物体可以归属于哪一类别是一件困难的事。再者，对其划归类别也是为了开发和利用的便利，不管它是哪一类别，关键是看它能否为学生的学习发展服务。

2. 校外资源开发和利用的原则

从上文分析可以看出，即使在边远的农村，校外课程资源也无处不在，但目前对这些资源的开发和利用还处在无目的和无序的状态。为了更好地发挥这些资源对学校教育和学生的影响，在系统开发和利用校外资源之前，有必要探讨一下开发和利用农村校外资源的原则。同时，我们还应明白的一点是：虽然对于原则的探讨结论也不是一成不变的、不是放之四海而皆准的，不同地区、不同条件下的农村校外课程资源的开发与利用所遵循的原则是不一样的。但是，现代农村学校课程都具有时代的特点，应顺应现

---

[1] 景民. 农村社区教育资源的开发与利用[J]. 职业教育研究, 2006(10).

代社会发展的轨迹,遵循现代社会培养人的要求,兼顾公平与效率等。农村校外资源开发和利用也要围绕现代社会的各种要求展开,在以上前提下,概括一些原则如下:

(1)以学校教育教学目的为中心的原则

学校进行的一切活动都是为了引起学生身心的发展和变化,自然,学校对校外资源的开发和利用也应是如此。因此,校外课程资源的开发和利用不是为了开发而开发,也不是为了利用而利用,应主要是为了提高学校教育教学的效率和质量,以更加有效地促进学生的发展和成长。所以,校外资源开发和利用什么、什么时候去开发和利用以及怎样去开发和利用、开发和利用到什么程度应始终观照到学校教育教学的目的和目标,紧密结合学校教育教学活动。在目的的统领下,实现对校外资源开发和利用,在实际的教育教学活动中实现对人的培养。

(2)智慧地开发和利用身边资源的原则

开发和利用校外资源需要有一种课程资源意识,并在这种意识观照下寻找身边各种可利用的校外资源,包括有形的资源(如图书馆、工厂等)和无形的资源(如空气、传统文化等)。

也许有教师认为课程资源离我们很遥远,好像需要我们花费很大工夫去收集、整理或者开发创造。其实,课程资源就在我们身边,而且我们的生活世界中蕴含着丰富的课程资源。但它不会主动进入教师和学生的教学活动中,只有当我们发现了它们的价值,并对其加以合理运用时,它们才真正称得上是"资源"。这就需要我们独具一双慧眼,从自身周围蕴含着丰富意义的生活世界中去寻找、鉴别和利用资源。带着这种课程资源意识,我们会发现:不仅仅多媒体、互联网以及实验仪器是资源,教师自身、学生是资源,就连我们生活于其中的阳光、空气、水也是资源。而这种来自于生活中的资源又能把教材文本、课堂与学生的实际生活结合起来,培养学生到生活中去观察、思考、体悟的精神和意识。

同样,要想使发现的课程资源的作用得以充分发挥,在智慧地发现课程资源之后,还需要智慧地运用课程资源。一方面,需要理性地思考一下身边的这处资源到底可以用来做什么;如果将其作为课程资源,可以给学生带来什么样的收获、会给学生带来什么不良影响;另一方面,要考虑一下学生的特点、学生的知识水平和生活经验等。如果学生对呈现给他们的课程资源的价值已经非常熟悉,那么便没有必要再把这样的资源郑重其事地引入课堂教学,而应引进能使学生的身心得以发展的资源。这样才能达到开发和利用校外资源的目的。

(3)互惠互利进行开发和利用校外资源的原则

中国的传统文化历来有重"义"轻"利"的说法，但是伴随着市场经济体制的逐步确立，重实利的思想已被大多数人所接受。虽然一直以来都有人倡导一些公共服务机构如图书馆等应免费向人们开放，因为这是社会应尽的义务，也是每个社会成员应享有的基本权利。但是，当前国家、地方以及各职能部门的利益已不像计划经济时代那样高度一致，只有适当的利益激励才能保证合作的有效性和可持续性，特别是对缺乏财政支持的社会服务部门而言，合理的收益往往关乎自身的生存与发展。因此，在学校与社会文化机构的合作中，合理的报酬不能也无法回避。只有将互惠互利的原则落实到合作中，使学校、文化机构、学生等多者共赢，合作才能具有连续性和长效性。而这种报酬不只是用钱财来衡量，学校提供的劳动服务也同样是一种报酬。这样就可以解决农村学校在资金不足的情况下开发和利用校外资源的问题。

(4)校外课程资源选择、开发和利用的真正决定者是教师的原则

无论哪一个层面的课程资源，要走进教室，必然要与教师具体的课堂教学联系起来。农村学校校外课程资源的开发主体虽然有很多，有课程专家、教育行政部门、教育管理者、家长、教师、学生等，但所有这些主体开发出来的资源只有在得到教师选择和认可后才能走进课堂。不同的教师会根据自己的知识结构和水平，以及学生的特点选择和利用校外课程资源。特别是在农村学校，在资源比较缺乏的情况下，更需要教师独具慧眼，将可用的有限资源根据学生情况适时地引进课堂并加以充分利用。因此，在农村中小学校对课程资源开发、选择和利用上，真正起决定作用的是教师。在资源很丰富时，教师要根据情况进行选择；在资源匮乏时教师更要发挥主体精神进行开发和创造。

由此以来便引出第二个问题，校外资源的开发和利用的程度和效果在很大程度上取决于教师的素质。教师要能够成为学生利用课程资源的引导者和开发者，那么自身要具备根据具体的教学目标和内容开发与选择课程资源的能力，这就需要教师付出更多的心血和努力掌握更多的资源。为了具备这种能力，需要教师不断提高自己的教育理论修养，并结合实践不断进行反思，进一步提高对校外资源的开发和利用的水平，以更有效地促进学生学习。

三、通过数字化实现图书馆的跨越式发展

在对场馆资源进行开发和利用时，图书馆作为学校教育教学的重要场所和学生学习的重要资源，素质教育对其提出了新的要求。现代信息技术

的迅猛发展迫使图书馆必须进行重大的改革，以适应信息时代的发展，因此当前中小学图书馆面临着严峻的挑战。当然这种挑战也意味着新的发展机遇，能促使它的服务手段现代化、服务形式多样化。图书馆在提高服务质量的同时，更能发挥其教育职能。因此，图书馆的作用不容忽视。

（一）图书馆资源的强化

图书馆作为学校重要的课程资源形态，对于学生发展具有重要的意义。在信息时代背景下，图书馆越来越需要更准确地进行教学功能定位，并借助现代信息技术实现跨越式发展。

1. 对图书馆资源在教育教学中的功能定位

对于图书馆在教育教学中的功能和地位，已在一些文件中给予了关注和肯定。1980 年，国际图书馆联合会在马尼拉召开的国际中小学图书馆大会上，通过了《联合国教科文组织中小学图书馆宣言》，《宣言》指出：中小学图书馆是保证学校对青少年和儿童进行卓有成效教育的一项必不可少的事业，而学校的教育是促进公民和国家之间建立和平与谅解关系的一种至关重要的因素。出色的中小学图书馆是保证学校取得教育成就的基本条件。中小学图书馆的职责是多方面的，《宣言》指出：一所出色的中小学图书馆应该做到：(1)紧密配合学校的教育大纲，促进教育事业的发展和改革；(2)千方百计，尽可能扩大资源与服务，给学生提供各种获得知识的途径；(3)给学生以基本技能训练，使之具有广泛使用资源和服务的能力；(4)引导学生养成终生利用图书馆的习惯，从图书馆获得乐趣、知识和再教育的源泉。

早在 1981 年，国务院办公厅转发文化部等部委《关于全国少年儿童图书馆工作座谈会情况》指出，"中小学图书馆必须把培养有理想、有道德、有文化、有纪律的社会主义新人作为自己的根本任务"。国家教委在 1991 年 8 月发布的《中小学图书馆(室)规程》明确指出，"图书馆是学校书刊情报资料中心，是为学校教育、教学和教育研究服务的机构"。它还指出"图书馆工作必须贯彻国家的教育方针，利用书刊资料对学生进行政治思想品德、科学文化知识等方面的教育"。[1]

但是，长期以来，由于受传统教育教学思想的影响，许多教师认为教学活动就是把教材上的内容传达给学生，他们大多忽视了图书馆在中小学学校教育工作中的地位与作用，认为不管是学校图书馆还是校外的图书馆都是可有可无的。素质教育的推进对教师的教育教学提出了新的要求，不

---

[1] 黄娟娟. 创新教育与中学图书馆[J]. 图书馆，2001(4).

仅要求他们提高教育教学技能，更重要的是让他们改变传统的教育教学观念：做一个师者而不是一个匠人，用教材教而不是教教材等。同样，素质教育对学生的学习方式也提出了新的要求：不能只做一个知识技能的接受者，还要做一个知识的主动探索者。这也是时代对教师和学生提出的必然要求。

因此，在当前的教育教学改革背景下，不管是学生进行的研究性学习，还是要求教师做专家型教师等，无一能离开图书馆。图书馆的作用是不可替代的。从教师的角度来讲，一个责任感比较强的教师如果要想上好每节课，在备课时除了研究教材、学生之外，还需要借助有关的参考资料，以期对所教学科的知识有更详尽的了解，否则要想达到预期的教育效果是比较困难的，而图书馆可以通过为教师提供大量的教学参考资料和教育情报信息，为教师提供丰富的教育信息和辅助教学的参考资料，帮助教师备好课。从学生的角度来讲，在这次新课程改革中，强调学生的探究学习和自主学习，学生在课堂之外的学习空间越来越大，而图书馆可以为学生提供比较恰当的拓展视野的天地和求知途径。总而言之，在新课程改革中，图书馆作为重要的课程资源的价值和地位已不容忽视了。

2. 图书馆资源的开发和利用

但是目前仍然有许多中小学校没有充分利用图书馆的这种资源优势，造成资源的浪费或者课程资源开发的空缺。一种情况是，虽然有些中小学学校有自己的图书馆，但是由于对学校图书馆功能定位的问题，如对学校图书馆的管理不力等原因造成资源的闲置和浪费；认为图书馆仅仅只要向教师开放，而学生不能阅览或借阅；或者由于学校图书数量或质量不能满足学校教育教学的要求等。另外一种情况是，有些中小学学校没有自己的图书馆。造成这种现象的原因一方面可能是学校没有这种图书馆资源的意识，认为教师在学校的主要目的和任务是提高学生成绩，而学生的主要任务是学习书本知识、考出好成绩，学校没必要设置一个图书馆，忽视了图书馆资源的开发；另一方面可能是因为学校资金缺乏，没有能力设置自己的图书馆，造成了图书馆资源开发的空缺。不管何种情况，图书馆资源都有待学校领导和师生的进一步强化，以充分发挥其作用。

针对以上存在的造成图书馆资源浪费或空缺的现象，拟通过以下几种方式来加强对图书馆资源的开发和利用。

首先，树立图书馆资源意识。图书馆是一处重要的课程资源，蕴含着丰富的知识财富，可以将教材不能及时反映的知识及时地呈现出来，拓宽师生的知识视域。因此，不管对学生的学习，还是对教师素质的提高都有重要作用。所以，要注意到其对师生教育教学活动的作用，树立充分利用图书馆资源的意识。

但是这种图书馆资源利用的意识还应该由正确的教育价值观念来引导。要认识到，为了学生的全面发展，要改变过去过于注重知识传授的倾向，形成积极主动的学习态度；加强课程内容与学生生活以及现代社会和科技发展的联系，关注学生的学习兴趣和经验；改变学生接受学习的学习方式等。并在此理念引导下，将图书馆不仅视为学生获取课外知识的场所，还能承担部分指导学生学会学习的责任；提供研究性学习平台，让学生在主动、探究、合作中成长，帮助引导学生形成主动探究、讨论合作的学习方式；以其拥有的强大的信息整合功能给师生营造出足够的主动探索的时间和空间等。

其次，对图书馆进行合理管理，充分发挥其作用。要认真贯彻执行相关的图书管理的标准和相关的规章制度，实现对图书馆的科学管理，结合学校具体作息时间，合理安排开馆时间，努力为师生利用图书馆提供方便条件；并不断根据学校教育教学活动的发展和需求，依靠图书管理人员和广大教师的慧眼，精选优秀的图书，调整藏书结构，使图书资料在数量上不断充实，质量上得到提高；另外，还要在图书管理的人员配备上给予保证，由教育主管部门开展多种形式的培训工作，通过集中讲座、短期培训、组织研讨等形式对他们进行培训和考核，使其综合素质得以提升，并且引导图书管理员从资料的保管者、整理者成为课程资源的主动开发者，让他们也参与到研究性学习的教学中去；更重要的是还要教会学生对图书资源的利用，如加强对学生的阅读指导，让学生掌握获得知识的方法、技巧，培养学生阅读能力，信息检索技术等。

对于一些边远地区建设图书馆有困难的学校，除了鼓励地方政府加大资金投入力度外，学校还可以帮助学生将自己的图书带来学校与同学分享，或者以少量的图书资料建立小型的图书室以供学生阅读、学习。

再次，紧密结合教学活动，在教学活动的各个层面有效利用图书馆资源。

图书馆资源的利用要和师生的日常教育教学活动结合起来，如教师在备课时，以教学目标为引导、教材内容为平台，通过图书馆搜集更多有关教学内容的资料，包括一些图文并茂的电子资料，并根据学生的特点对原有教材内容进行扩充或改组，以期更加有效地对学生产生影响；在课程实施时，展示生动形象的电子图文、声音等，为学生留下更加深刻的印象，帮助学生更好地理解所学内容；留给学生的作业，如果探究意味比较强，就可以引导他们通过图书馆来查阅相关的资料,以形成他们自己对问题的看法,并尝试对问题进行解决等。教师要在教学活动的各个层面充分利用图书馆资源。

最后,开发图书馆多种资源载体形式。注重图书馆的建设,加大资金投入,在硬件建设上,体现先进性与实用性。随着科学技术的发展,图书馆资源的载体也越来越多样化,纸质书本式、音像式、电子式等,每一种资源载体形式都有其不可替代的优势。学校应根据教育教学活动的需要以及本校的经济实力,购置不同形式的图书资料。

同时,还应该注意的是,图书馆资源的强化并不代表要无时无处都要想到图书馆,而是应根据教学目的、学生发展来适时利用图书馆资源,不能为了利用而利用,否则,便又会走向另外一个极端。

(二)数字化图书馆的概念与价值

随着网络技术、多媒体技术的发展,产生了许许多多的数字化信息资源。如何合理有效地对这些资源进行存储、组织、传播和利用是人们面临的新课题。有人认为需要一种系统技术来管理海量的数字信息资源,并创建一种新的服务模式。于是,美国在 20 世纪 90 年代初提出了数字图书馆的概念——Digital Library,"数字化图书馆"便是从其英文翻译而来。[1]

我国数字图书馆理论研究与建设从 1997 年开始起步。随着图书情报业对数字图书馆的认识逐步深入,数字图书馆的理论研究取得了较大的进展,数字图书馆建设所需的技术条件逐步成熟。一些图书馆和商业公司加入到了数字图书馆的建设队伍中,国家图书馆已开始了馆藏文献的数字化工作,并出现了一些数字化产品。北京世纪超星信息技术发展公司、北京书生有限公司等相继开发了超星数字图书馆、书生数字图书馆。各级图书馆也相继创造条件着手开展本单位馆藏文献的数字化工作。[2]

1. 何谓数字化图书馆

虽然有了这么多年的实践探索,但是对于数字化图书馆的概念还没有统一的认识。有人认为,数字图书馆就是管理信息收集、信息检索工具的一个服务系统;也有人认为数字图书馆就是实现馆藏资源的数字化;还有人认为,通过互联网在多个信息资源上收集信息,实现作业过程的计算机化就是数字图书馆了。[3] 其实,这些认识还没有脱离传统图书馆的局限。

数字化图书馆是信息时代的产物,是一项涉及计算机技术、特别是网

---

[1] 何晓红. 对数字图书馆若干问题的探讨[J]. 图书馆理论与实践, 2003(5).
[2] 秘书亮. 对数字图书馆建设的理性思考[J]. 图书馆学研究, 2001(4).
[3] 王淑贞. 关于数字图书馆建设的思考和建议[J]. 沈阳教育学院学报, 2003(3).

络信息技术与多媒体技术的、系统性很强、涉及面很广的工程，是通过互联网连接起来的数字资源库群，是实行分布式管理的信息和知识共享的计算机系统，即将数字化资源实行分布式计算机管理的网络化存取和智能化服务的信息和知识资源共享系统。① 它并不是图书资料的数字化，也并非指图书馆实体，而是一种数字化的信息体系结构和现代化的服务机制，其信息资源是用数字技术加工处理而成的，仍具有传统图书馆的收集、加工、整理、服务的功能特征。其建设不是一个只涉及图书资料的扫描工程，而是在信息社会这样的背景下，基于全球范围资源共享的目的，考虑如何利用最新的数字化技术手段对印刷版、光盘、网络版等不同载体、不同种类信息资源进行优化配置，最大限度地发挥不同资源，尤其是数字化资源的优势，为读者提供及时、有效的个别化服务，如将扫描的印刷资料进行分类、导航、全息化，以便于读者对其进行全文检索、分类检索、导航检索和文本摘录等。② 总而言之，它是一个数字化的信息系统，将分散于不同载体、不同地理位置的信息资源以数字化的形式存储，以网络化的方式互相连接，提供即时利用，实现资源共享。③ 其主要特征是多媒体数字化资源，跨平台、跨语种网络化存取、资源共享，计算机系统分布式管理和智能化服务。

那么，数字化图书馆与传统图书馆有何区别？能否取代传统图书馆？图书馆发展具有悠久的历史，到目前为止，经历了古代图书馆和现代图书馆几个历史时期。由于现代信息技术和通信技术的推动，虽然只有几十年历史的现代图书馆也走过了自动化、网络化阶段，现在又向数字化迈进。④ 虽然目前图书馆发展迅速，许多图书馆收藏了越来越多的电子出版物，开设了电子阅览室和多媒体阅览室，开展了大量电子文献信息服务，呈现出馆藏数字化和服务网络化的特点，在服务流程上也实现了自动化的处理程序，为读者带来了很大的方便。然而，数字图书馆并不是图书馆的专利，也不是传统图书馆的简单数字化，而应理解为分布在社会各方面的、方便用户存取利用的数字化信息资源与服务体系，是网络上信息组织的基本形式，只要通过数字图书馆主页，就可以获得互联网上的各种数字化的信息资源。它可以不占用一房一舍，但同样可以使读者通过网络在家里或者学校的某一台电脑获得在传统图书馆一样或者更多的资料，甚至比在图书馆更加快速和便捷。但是，我们并不能因此而否定传统图书馆存在的价值。

---

①④ 何晓红. 对数字图书馆若干问题的探讨[J]. 图书馆理论与实践, 2003(5).
② 秘书亮. 对数字图书馆建设的理性思考[J]. 图书馆学研究, 2001(4).
③ 张丽虹. 数字图书馆及其相关问题和技术研究[J]. 图书馆杂志, 1997(1).

数字化图书馆是一种虚拟化的图书馆,虽然其运行有序、快速,给人们带来了很多方便,但其很多资源还是通过传统图书馆资料数字化来提供的,传统的图书馆是它的一个来源;而且,仍有许许多多的人们喜欢传统图书馆的学习、阅读环境,如看看丰富的藏书、触摸纸质的资料、借书、还书等。因此,传统图书馆在短时间内是不可能消亡的。

2. 数字化图书馆的价值

数字图书馆是时代发展的产物,满足了时代发展的需求,满足了现代人们发展的需求,其价值主要体现在如下一些方面:

首先,数字化图书馆有利于实现信息和知识的共享。伴随着信息技术的迅猛发展,信息对人们的生产、生活越来越重要,而数字化图书馆拓展了传统图书馆服务领域、突破了时空和对象的限制:不是收藏某一馆的资料,而是收藏全球网络上经过筛选的任何信息。图书馆、档案馆、展览馆、美术馆以至书店、音像店、文物店等单位的资源均可数字化。数字化图书馆不仅能将印刷品形式的资料数字化,而且还能将不能以印刷品形式记录和传播的声、光、图像等制品的光盘、磁盘、录音带、录像带等加以收藏;不同的用户通过网络在不同的地方均可获得这些资料,缩短了用户与资料之间的距离,有效实现了信息和资源的共享。

其次,数字图书馆为读者提供及时、有效的个别化服务。数字图书馆以用户为本,根据用户的需要设置服务模式,用户只要通过网络而不需要直接到图书馆,就可以随时访问这个图书馆,不受时间和地域的限制,为读者节约了大量的时间和精力。而且,用户不需特殊训练就能对各种信息源实施检索操作,快速地将分散于各个地方的关于某一专题的资料全部搜索出来。

再次,数字化图书馆增加了信息资源的保存方式。资料的保存不只可以以纸张和实物的形式来进行,数字化图书馆可以将各种遥感数据、卫星数据、网上数据等存储加以处理和利用,不仅增加了信息资料的保存、利用方式,还大大拓展了传统图书馆的功能和范围。

最后,为远程教育、继续教育和人们终身学习的开展提供了更优越的条件。社会的快速发展需要人们不断地补充知识以适应社会的高速运转,对教育形式多样化的呼声也越来越高,我们已不能再将教育定位在传统意义的学校上。所以继续教育、远程教育等教育形式应运而生。而在数字图书馆这样一个知识的集中地,人们可以通过网络,在任何地点、任何时间都可以获取知识,突破了传统学校对传授知识的束缚,满足已经工作的人们没有专门的时间去学校学习的限制。因此,数字化图书馆对继续教育和远程教育具有重要的作用，可以为接受继续教育和远程教育的人们提供诸多可供自由选择的知识，满足人们适应社会的需要。同理，也为人们的终身学习提供了资源保障和有力的支持和帮助。

虽然数字化图书馆为人们的学习、工作生活提供了诸多便利，代表着未来图书馆发展的方向，但是也有一些不足。访问数字化图书馆需要电脑和网络等基本的设备，而边远的地区是不具备这样的条件的，即使在城市，也不是每家每户都有这些设备，还有很多人不能进行网上阅读。而且电子类图书只能在办公室、图书馆和家庭的计算机上看，不能随时地更换阅读场所，而且还受供电、通信、计算机等诸多因素的影响。所以传统图书馆的作用仍将在很长时间内发挥巨大作用。

（三）学校数字化图书馆的建立

随着网络和通信技术的发展，数字化图书馆在我国已进入快速发展阶段。在这一背景下，学校数字图书馆也应运而生了。清华同方光盘公司专门针对中小学的需求，开发出了"中国中小学数字图书馆"，包括"中国基础教育知识仓库""多媒体教育教学素材库""百科知识库""图书库""教材库"；北师大海擎翱图教育文化公司研制的"多媒体电子图书馆系统平台"供中小学数字化图书馆建设和资源库建设以及校园网建设使用；书生之家专门针对中小学推出了"书生之家中小学数字图书馆"，下设小学版、初中版、高中版，集成了学生用书、教师用书等各种出版物的信息、内容提要和全文；北大方正也针对中小学数字图书馆提出了 Apabi 数字图书系统整体解决方案；超星数字图书馆也可以根据中小学的需要，提供电子图书。①

学校数字化图书馆同样是一种涉及计算机技术和网络技术的系统工程，在采用技术和应用原理上与普通数字化图书馆没有什么不同，但它在收藏的资料内容上更多地集中了关于教育教学的专业知识，在服务对象上也主要是学校的教师和学生群体，这是与其他数字化图书馆不同的地方。学校数字化图书馆的建设不仅是时代对教育的要求以及教育自身发展的需求，而且其自身对学校师生的教育教学活动也有重要作用。

1. 学校数字图书馆建设的教学意义

首先，学校数字化图书馆为师生提供了丰富的课程资源，促进了师生教与学方式的变革。数字化图书馆可以让师生通过学校的网络浏览到各个数字图书馆的资料，给师生带来了丰富的、图文并茂的教与学资源，不仅突破了时空的局限，还突破了传统图书馆的狭隘性，使师生思路更加开阔，

---

① 张欣．中小学数字图书馆建设的思考[J]．图书馆论坛，2005(6)．

促进师生教与学方式的变革。教师不仅可以通过数字化图书馆来解答自己教学活动中的疑惑,而且还可以通过数字图书馆搜索有关教育教学活动的理论、技能知识,一方面进行自我教育,提高理论素养;另一方面也可以为成为一个研究型教师提供知识条件,使自己在短时间内获得大量的教育教学信息,从而可以腾出更多的时间进行创造性教学,在一定程度上促进了教师教学方式的变革。另外,学生也可以通过数字化图书馆培养学习兴趣,解答学习中的疑惑,锻炼信息能力和自主学习能力。学生通过数字化图书馆学习时,不受时间和场地的限制,改变了传统教学场地的单一性、授课方式的被动性、学生学习的压抑性,激发了他们自主学习的兴趣和热情。而且在引导学生从浩如烟海的资料中进行选择和判断中,不仅教会他们使用未来社会学习、生活的必备工具如网络等,还逐渐培养了他们主动学习、获取知识的能力以及信息能力,如对资料的选择和判断能力。因此,新的学习工具的使用以及新的学习习惯的养成也必然促进学生学习方式的变革。

其次,学校数字化图书馆为教师提供了一个终身学习的平台。时代的发展不断要求教育做出变革,而教育的变革也要求从事教育事业的教师不断变革自身,终身学习是教师必然要面临的一个问题,而学校数字图书馆给教师提供了终身学习的平台。教师在其中能自主选择,继续学习自己最需要的各种理论知识,不断更新理念,进行自我反思。而且教师还可以通过领略其他优秀教师的实践经验,结合自己的教育实践,创造适合自己风格的教育教学方法,促进有效教学。

最后,学校数字化图书馆为教师间交流经验提供平台。学校数字图书馆同样具有信息和资源共享的功能,因此教师可以比较方便、快速地通过学校数字图书馆查询到任何一家数字图书馆的馆藏信息,并继而可以浏览和编辑这些数字信息。不仅如此,教师还可以将自己教学活动中的经验、成果加以整理,上传到数字图书馆系统中,与他人一道分享自己的教育教学经验。

因为学校数字化图书馆在当代社会中对学校师生教育教学活动的重要作用,所以已有许多学校建立了自己的学校图书馆。但是在这些数字化图书馆发挥其资源库作用的同时,也存在着不少问题。

2. 学校数字图书馆使用上的问题及解决建议

首先,学校数字图书馆资源的误用和滥用。学校数字化图书馆确实是一个图文并茂、丰富的课程资源库,教师在备课时可以就准备的教学内容搜索到很多相关的资源,甚至搜索到相关教学内容的详细教案。这时候,往往一些教师就把这些教案不加任何思考，也不顾自己学生的实际状况，将之直接搬到自己的课堂教学中去，这不仅容易使教师养成懒惰的习惯，而且与提升自身的教学水平无益，也是对学生的发展不负责任。这样，学校数字化图书馆的使用成了抹杀教师教学主动性和积极性的罪魁祸首。对学生来说，学校数字化图书馆也可以让他们搜索到很多有关的学习知识，这些知识比教材呈现地更加具体、生动，对于他们加深理解课堂所学知识有重要帮助，而且学校数字图书馆将学生的学习延伸到任何时间、空间，为培养学生的学习能力创造了良好的平台条件。但是当教师布置了一道课外作业，也有很多学生通过学校数字图书馆搜索到详细的资料，在不加任何思考的情况下将其直接搬到自己的作业本上，这就扼杀了学生的学习主动性，其创造性思维也不能得以发展。

　　面对这种情况，教师需要正确地认识课程资源的作用。资源应为达到自己的教育教学目的所用，为促进学生的发展所用，它是帮助师生达到教育教学目的、促进发展的一个机会，但如果不假思索地去运用，并不一定能达到这样的目标。所以，利用资源更重要的是需要师生智力活动的参与，围绕教学目标自主选择可以利用的课程资源，根据学生的特点，创造性地进行每一次教学活动。总之，与教材的使用一样，应持一种"用资源教"而不是"教资源"的观点。对学生学习的引导也是如此，让学生意识到对资源的运用应融入自己的理解和思考，让这些外在的资源走进学生的知识结构中，变成学生自己的知识，而不是简单地把这些资源搬下来。

　　其次，学校数字图书馆资源的浪费。学校数字化图书馆的使用不仅是一个学校财政实力的象征，还是一个学校教学实力的象征。但是也有一些学校追求的更多是这些"象征"意义：为了给自己学校的实力加分而购买学校数字化图书馆，之后，在使用方面便对其不再过问，没有对教师和学生的鼓励，也没有对他们进行相应的使用培训和引导，造成教师和学生对数字化图书馆的很多功能不了解，致使数字化图书馆的资源优势不能得到充分的发挥，造成了数字化图书馆资源的浪费。

　　为了避免这种资源的闲置和浪费，使其最大限度地发挥作用，在引进这些资源的同时还要充分地利用这些资源。如通过举办教学研讨，鼓励教师写作教育小论文等活动，引导教师通过数字化图书馆对研讨的内容和选定的主题有快速的了解，以帮助解决自己的教育实践问题；对于学生来说，可以在综合实践活动时，通过学校数字化图书馆让学生去探究一些问题，使学生领略到它的作用和优势，帮助学生解决学习问题。当然，为了更充分地利用这份资源，还应该对他们进行相应的操作技能培训，包括学校数字化图书馆的功能、资料内容分类、检索方式等，以帮助师生更加充分地利用数字化图书馆的资源。

最后，学校数字图书馆资源的封闭使用。学校数字化图书馆的建立能为学校师生的教育教学活动带来很大帮助，因此很多学校投入了很大的人力、物力和财力资源购买数字化图书馆的使用权，可是有些学校在使用时仅仅限于自己购买的数字化图书馆的资料，或者只能使用这些资料。要知道，一个学校的人力、物力、财力都是有限的，如果所有的学校间各自为政，不仅会出现因为一个学校的经济实力所限而带来的资源短缺，还会出现不同的学校重复购买同一个资源库而带来的人、财、物的极大浪费，造成资源的重复建设。

为解决这个问题，学校之间可以建立对学校数字化图书馆的共享机制，如学校之间协商购买数字化图书馆的使用权，获得购买数字化图书馆学校的访问权，通过访问该校的数字图书馆主页就可以利用其中的资料，通过网络实现相互之间的资源共享。

第七章　现代教育技术资源的开发和利用

随着时代的发展，多媒体和信息高速公路成为工业化时代向信息化时代转变的两大技术杠杆。它们以惊人的速度改变着人们的工作方式、学习方式、思维方式、交往方式乃至生活方式，这也是现代生活的一个主要特征。毫无疑问，当代信息技术的发展和普及将成为人类文化发展中的又一个里程碑。[①]　现代教育技术作为一种重要的课程资源，走进教育领域是时代发展的必然选择，将对学校的教育教学产生变革式的影响。

一、现代教育技术资源

现代教育技术资源主要是指师生在教育教学活动中，以现代教育技术本身的知识为学生学习的对象，或者以现代教育手段或工具为开展其他知识等方面教与学活动的条件，保障教学的实施或提高教学的有效性。其中，最重要、影响最大的是计算机多媒体的运用以及网络资源的开发和利用。

(一) 计算机多媒体的运用

随着信息技术的迅猛发展，计算机网络已经深入到社会各个领域，计算机和相关软件成了人们工作、学习、生活不可缺少的平台和工具，而计算机与各种现代技术互相融合的多媒体技术运用也日益成为一种趋势。

1. 计算机多媒体资源的分类及特点

现代课程也必须加入到这一趋势之中，在实际的课程内容中需要增加对计算机网络和多媒体相关知识和技术的学习。

课程内容的表现方式是多种多样的，如文字、图像、声音、数字、动画和视频等，这些都是课程信息的载体形式。而多媒体(Multimedia)是融合两种或两种以上信息载体的一种人机交互式信息交流和传播的媒体，是处理和应用这些载体的整套技术。多媒体的一般定义可叙述为"以计算机为核心，交互地综合处理文本、图形、图像、动画、音频、视频等多种媒体信息，并使这些信息建立逻辑连接，协同表示出更丰富、更复杂的信息"。[②]　所以在课程实施的手段中引入计算机多媒体这一技术，不但可以提高教学质量和效果，还可以提高学生学习的兴趣和主动性。

[①] 桑新民．当代信息技术在传统文化、教育基础中引发的革命[J]．教育研究，1997(5)．

[②] 林福宗．多媒体技术基础[M]．北京：清华大学出版社，2000.8．

第七章 现代教育技术资源的开发和利用

对学校教育领域而言，计算机多媒体及网络技术不但是一种现代化的工具、技术，而且它已经是很有效的课程资源了。而且它也不仅仅是一种重要的条件性课程资源，还是重要的素材性课程资源，甚至已经是像语文、数学学科一样，成为一门专门的学习科目。

作为一种素材性课程资源，计算机多媒体的运用有其独特的特点，它弥补了纸介质信息载体的局限，实现了空间的瞬时跨越。多媒体技术以其集成性、控制性、交互性、实时性等特点，在学校课堂教学中显示出了极大的优越性。多媒体技术在教学中的广泛运用，有利于激发学生的学习兴趣，调动学生学习的积极性，活跃课堂气氛，提高教学效率。计算机多媒体技术在课堂教学、教师备课、学生自学、个别化教学等方面可以发挥出应有的作用。

2. 计算机多媒体课程资源的开发和运用

把计算机多媒体作为一种课程资源来研究，可以有不同的视角。有的学者从课程目标、课程内容、课程实施等各个阶段与计算机多媒体整合的角度来研究；有学者从课程的主体和客体的角度来探讨。如果要对计算机多媒体这一课程资源进行解读，那么首先要借鉴课程资源的概念界定。

对课程资源的概念进行解析，可以从广义和狭义的角度进行。广义的课程资源指有利于实现课程目标的各种因素；狭义的课程资源仅指形成课程的直接因素来源。如果根据资源的功能来看，可以将课程资源分为条件性课程资源和素材性课程资源。

鉴于此，可以把计算机多媒体作为课程资源来开发和利用，并从两个方面进行探讨：计算机多媒体作为条件性课程资源和计算机多媒体作为素材性课程资源。

(1) 计算机多媒体作为条件性课程资源

①在学科的传授层面上，主要反映了计算机多媒体用于"教"的特征。比如把计算机多媒体作为演示工具、个别化学习工具、协作学习工具、信息加工和认知工具、学习交流工具等。计算机多媒体技术在辅助教学上与传统教学方式相比具有很大的优势。由于计算机多媒体本身有很多其他媒体不具备或不完全具备的特征和功能，教师在授课过程当中，恰当地运用计算机多媒体能使学生提高分析问题、解决问题的能力。学生当堂学习新知识，当堂便能消化吸收，无须课后再补，减轻了学生的学习负担，提高了课堂教学效率。

②在学生的学习层面上，主要反映了多媒体支持"学"的特征。在这个层次，计算机多媒体更多的是作为教与学的互动工具，即作为师生、生生

之间相互交流的工具，以及利用计算机网络展开的讨论，例如人机交互、立即反馈。计算机多媒体的交互性有利于激发学生的学习兴趣和认知主体作用的发挥；多种感官综合刺激；计算机多媒体提供外部刺激的多样性有利于知识的获取和支持；超文本功能可以实现对教学信息最有效的组织与管理；计算机多媒体可以作为认知工具实现最理想的学习环境。

③在学科教学与学生学习活动层面上，计算机多媒体能很好地体现建构主义的观点。学生在教师的指导下，利用必要的学习资源，通过各种教学工具和学习工具完成自身知识的建构。在这里，情境、协作、会话和意义建构是建立良好学习环境的四大要素。①

(2)计算机多媒体作为素材性课程资源

①学习目标层面是指将计算机多媒体本身作为一门学习的课程，也就是说，计算机多媒体知识内容是学生学习的对象和目标。教育部将信息技术定为我国中小学生的一门必修课程时就指出："使学生具有获取信息、传输信息、处理信息和应用信息的能力。培养学生良好的信息素养，把信息技术作为支持终身学习和合作学习的手段，为适应信息社会的学习、工作和生活打下必要的基础。"很显然，要达到这一学习目标要求，采用传统的知识传授方式和以课本知识为主的学习形式是完全不可能的。

计算机多媒体作为实际的一门学习课程，无论是从教材的形式、内容设计，还是教与学的方式和方法上都要求有一个全新的视角。目前，国内很多中小学多媒体课程的教材在形式和内容上都采用了"以任务驱动或以任务作为学习目标"的方式。学生通过完成一个特定的任务，例如在计算机上写一篇作文或画一幅画，来学习掌握信息技术课程中的某个知识和技能。这种学习方式使学生不仅学习了信息技术，同时也间接地结合了其他学科知识的学习。

②课程结构层面是指将计算机多媒体实际地纳入到课程结构中，使其成为课程结构有机整体中不可缺少的一部分。从某种意义上讲，这一层面才是实现计算机多媒体作为课程资源的最终目标。实现这一目标不只是工具层面的应用，而是要求整个课程设置至少体现出两个方面的变革：功能结构、形式内容。

功能结构的变革是要体现出课程结构的均衡性、综合性和选择性。均衡性是指学科科目设置总体上的平衡性，而不应该偏重哪门课程。当然，课程结构的均衡性重点是要从学生全面发展(德、智、体、美等)的角度考

---

① 周雷，杨凡.信息技术与课程整合的模式、方法和实施策略研究[J].课程与教学，2006(4).

第七章 现代教育技术资源的开发和利用

虑,尤其要改变现有的以应试为主的课程设置方式。综合性主要是指克服每门课程过于强调学科本位的现象,更多地体现出与其他课程之间的交互性,同时也应克服科目过多和过杂的情况。选择性则是指课程设置要符合灵活性的要求,可以让学生依据自身的情况和需要来进行课程选择。只有这样,才能真正为学生的个性化和自主学习提供可能。

关于课程功能结构变革的最终趋向,美国提出的一项"2061 计划"(Project 2061)值得重视。这项计划在更高层次上提出了把计算机多媒体作为课程资源的思想。它将现行中小学 12 年应学会的科学文化知识重新归纳为科学本质、数学本质、技术本质、自然环境、生活环境、人体结构、人类社会、技术世界、数学世界、科学史观、综合概念、智力技能 12 类。在这每一种新的学科分类中都力图渗透上述将自然科学、社会科学与计算机技术二者结合的思想。而在这样的课程体系中,人们看不到纯粹的物理学、化学、计算机科学以及地理和历史这类传统的学科分类。当然,这项计划里不只是将计算机多媒体当作一门学科,是素材性课程资源,还将其当作有效实施其他课程的条件性课程资源。

形式内容的变革要求改变唯书本知识的现象,实际结果是要求在课程功能结构变革的前提下彻底改变传统教材内容的繁、杂、难、偏、旧,包括脱离现实社会实际需要的状况。在课程功能结构变革不能一步到位的情况下,只能是先按学生全面发展的要求,重点突出教材内容直接与社会发展、科技进步、现实生活等密切的联系,强化有利于学生终身学习所必备的基础知识和技能培养方面的内容。课程功能结构改革不到位,新一轮的课改也将是不彻底的,也同样做不到对计算机多媒体的资源化利用。[1]

当然,对课程资源的划分也没有截然的界限,分类主要是为了分析的便利。对计算机多媒体课程资源的理解,不能仅仅把它看成是一种工具或一种技术,因为计算机多媒体与课程各个层面的整合都会产生无法预设或者艺术性的资源效果,这不但需要教师及时利用,更为重要的是当学生发现了这种资源时教师要能及时引导。比如在使用多媒体的过程中会产生各种意想不到的效果,这些效果本身就是一种资源;比如在上物理课时,教师就可以把用麦克风产生的回音作为课堂学习的内容与例子加以分析,这时作为条件性课程资源的计算机多媒体成了学生直接探索对象的素材性课程资源。

---

[1] 张际平,高丹丹.信息技术与学科课程整合的内涵与层面实质分析研究[J].电化教育研究,2003(7).

(二)网络资源的开发和利用

网络课程资源是信息时代赐予教育的丰厚馈赠,学校和教师应该充分挖掘网络资源的巨大优势和潜力,促进教学方式的转变,优化学生的知识结构。

1. 网络资源的优势

网络可以将纸介质资源以及其他电子信息飞速传播,是一种重要的传播媒介。现代社会日新月异、瞬息万变,纸质的课本内容已经远远滞后于社会的变化,而网络作为现代化的信息技术在资源的获取、师生互动、学生的交流上都是传统教育无法达到的。另外,传统的教育使学生只能听到一种声音、只能得到一种答案,但是在网络世界,学生们可以看到全国乃至世界各地的学生的观点、可以享受到众多的各个层次的教师的观点。在这种探索中,不但可以锻炼学生的动手操作能力,这本身也是一种研究性的学习方式,同时也可能塑造一种新型的师生关系,使教师的权威得到挑战。

因此,网络资源的开发和利用在弥补教材的不足、转变学生的学习方式、更新教学手段、促进教学手段的现代化方面,都可能发挥巨大的作用,并日益引起广大教育工作者的关注和探索。[1]

2. 网络课程资源的开发和利用

网络是信息传输的载体,其传输的信息构成了一个巨大的网络资源库。将网络资源作为一种课程资源对其进行开发和利用,首先要对网络课程资源进行类别的分析。从功能特点来看,网络课程资源也可以划分为条件性网络课程资源和素材性网络课程资源两大类。条件性网络课程资源是指将网络这种信息传输的载体以及其承载的信息作为师生教育教学活动实施的条件,而素材性网络课程资源是指将网络这个载体本身或者网络中传输的信息作为直接学习的对象。当然,网络课程资源集两类功能于一身,增强了其对学校教育教学活动的价值和影响。

(1)网络课程资源库的建设

①教师个人资源库。在这一层面上,教师应该借助新课改和校本课程开发的契机,积极探索和改进纸质课程内容,把一些临时性、有待改进的想法和资料收集起来,使之体系化,并放到网络上成为参阅的对象,比如制作教师个人的学科网页。学科网页既是教学资源,也是教师与教师、教师与学生积极互动的有效方式,更是省时增效的一种途径。除了教学内容

---

[1] 腾欣欣.国内中小学网络课程资源现状及原因分析[J].中国教育技术装备,2004(9).

第七章 现代教育技术资源的开发和利用

外,个人主页还可提供师生互动的空间——个人空间留言板,供学生上网讨论。这样师生之间、生生之间交流的不仅是知识,还有情感。

②教学资源库。在具体的教学中,教师一方面要熟练地使用现有的教学软件,同时又不能完全依赖现成的东西,要根据教学需要开发、建立教学资源库,以更好地服务于教学,这种教学资源库不一定要建立在网络上,保存在教师自己的电脑中即可。在内容上,既可以是原创的,也可以保存、引用、修改别人的资料,包括教案、教学课件、试题、时事资料、教学论文等。我们要充分利用网络上的课程资源,但也要开发、建立教学资源库,因为这里包含着我们自身的教学智慧。只有这样,我们的教学经验、教学材料才不会白白地流失,我们的教学才会逐渐进步。①

③教育网站的建设。如今我国的中小学网络教育取得了一定的成果,如中国中小学教育教学网(http://www.12.com.cn)、中国基础教育网(http://www.cbe21.com)、国家基础教育资源网(http://www.cbern.gov.cn/index.html)、中国先锋网(http://www.ep-china.net/index.asp)等,这些都表现了对网络资源建设的直接参与性。对网站的建设不但使不同地区、不同经验层次的教师相互讨论、取长补短,还可以把自己的资源放到网站上与大家共享。对学生而言,可以增强他们自主学习的能力,提高学习的自主性。教育网络,不但是教师教育资源开发的重大领域,对教师工作具有直接的帮助意义,对学生能动性的培养也有重大的意义。

(2)课程实施的平台

作为一种现代教育技术,多媒体在给学生带来图文并茂、声像并举的数字化信息的同时,也引出了一些值得人们思考的问题,如怎样才能充分发挥多媒体交互性的特点?如何做到"助学"而非"助教"?是仅仅把这种技术看成是一种教学手段的改变,还是整个教育理念的更新?要很好地解决这些问题,只靠"课堂讲授"这一种教学方式是远远不够的。网络的发展无疑为多媒体信息的传递提供了更为广阔的空间。把网络技术和多媒体技术结合起来,才能解决上述的这些问题,而实现这种结合的具体途径就是开展网络课教学,让学生在网上搜集、检索处理相关信息,再运用到课堂中去,以实现真正意义上的师生互动。在网络上,教师还可以通过电子邮件、网络论坛等方式与学生沟通信息、交流心得,这样就使电脑真正成为收集、传递信息的工具,从而使师生的教与学活动取得更好的效果。②

---

①② 顾润生. 如何开发和利用网络课程资源[J]. 思想政治课教学,2005(4).

(3) 学生学习的平台

在网络环境下开展研究性学习。这种学习方式是通过教师精心设计的 WebQuest，有计划、有组织地引导学习者利用网络技术和网络资源，实施和完成 WebQuest、经过分析、综合得到信息，使学习者创造性地解决问题，使学生在探究性学习中提高分析问题和解决问题的能力。

WebQuest 学习方式遵循研究性学习的一般规律，与其他研究性学习相比，其学习方式的特殊性在于它是在网络环境下开展的研究性学习。如在初一年级开展"关于青少年犯罪问题的研究"中，教师既可以引导学生到社区、法庭、监狱中去进行调查，也可以通过设置主题链接，引导学生到网络上去收集资料。因此 WebQuest 可以让学习者更合理地使用时间，在比较短的时间内获得最大的效益。①

(4) 网络教育和远程教育

教育部制定的现代远程教育规划已启动并实施，其目标和任务是要形成多规格、多层次、多形式、多功能的具有中国特色的终身教育体系。通过远程教育，学习者不仅能在课堂上看或听远距离传输来的教学内容，也可以在家里看到课堂的景象、听到老师的讲授，并能与教师进行"面对面"交流。通过远程教育，有利于缩小城乡差别，让所有中小学学生包括农村边远地区中小学学生与城市学校学生共享到丰富的计算机网络资源。②

二、信息技术资源与教学的整合

现代化的信息技术的多形式性、多功能性是庞大的，但是只有使之与教学整合才能发挥其资源作用的直观效果。这里的"教学"是一种广义上概念，不但包括教师的教还包括学生的学，是"教"和"学"两种行为的统一。

(一) 信息技术资源与教学整合的方式

信息技术作为教学方式有助于提高和改善教与学的效果。但这只是一个可能性比较大的结果展望，能否成为现实还需要一定的条件做保障：必须与具体的学科相结合。就目前我国这方面的总体研究现状而言，似乎大多数的成果还是处于这一层面。但是，如果简单地认为只要将信息技术用在了教学过程之中就是完成了对其作为一种课程资源的利用，这也是认识上的一个误区。一般来说，信息技术资源与教学整合在方式上的应用可以归结为以下几种：

1. 侧重教师教学的应用

比如运用信息技术在教学中进行演示等，这是信息技术用于学科教学

---

① 顾润生.如何开发和利用网络课程资源[J].思想政治课教学，2005(4).
② 孙振英.多媒体和网络课程资源的开发利用[J].教学与管理，2007(8).

的最初表现形式。利用信息技术作为工具，在不同的学科教学和学习过程中可以起到一定的改善和提高效果的作用。例如，教师可以使用现成的计算机辅助教学软件或多媒体素材库，选择其中合适的部分用于自己的教学讲解，也可以利用 Powerpoint 或者一些多媒体制作工具，综合利用各种教学素材，编制自己的演示文稿或多媒体课件，清楚地说明讲解的结构，形象地演示其中某些难以理解的内容，或用图表、动画等展示动态的变化过程和理论模型等。另外，还可以利用模拟软件或者计算机外接传感器来动态地演示某些实验或科学现象，生动形象地帮助学生理解所学的知识。

2. 侧重学生学习的应用

对于学生的学习来说，信息技术能帮助学生进行个别化学习以及协作学习等。以个别化学习的课件为例，学生不仅可以按自己的需要（知识基础、兴趣、目标等）来选择学习内容和确定学习进程，而且还可以选择相应的学习策略进行自主学习。尤其是一些集娱乐游戏为一体的个别化学习课件，可以极大地激发学生的学习兴趣，使他们产生强烈的学习欲望，从而形成良好的学习动机。此外，许多操练型和辅助测验课件可以让学生在练习和测验中强化和巩固所学的基础理论和概念方面的知识。同样，模拟型、仿真型、问题求解、个案分析等课件可以培养学生操作技能和分析解决问题的能力。与个别化学习相比，协作学习不仅有利于促进学生高级认知能力的发展，还有助于学生创作意识、技巧、能力、责任心等方面素质的培养。但是，在传统的课堂教学中，由于人数、教学内容等种种因素的限制，常常使得教师有心无力。而计算机所提供的环境大大扩充了学习的范围，并且通过网络上虚拟交流、互动培养学生竞争、协同等能力。

当然，学生在运用信息技术学习的过程中，必然还会发展其信息加工和认知能力。把信息技术作为课程资源的运用，不仅要提高学生的知识素养，更重要的是要培养学生利用这些技术来对知识进行加工和处理的能力，而在这个过程中便不自觉地提高了学生的认知水平和信息加工能力。这种能力的获得对于学生的持续发展是非常重要的，因为当今社会知识和信息都是社会的重要资源，具备对知识的加工和处理能力就具备了获得更多知识的能力，同样，具备获取更多知识的能力也就体现了较高的认知水平。

如果说以上应用层面最终都是为了使学生更有效地获得和掌握知识，那么信息加工和认知能力层就是一种能力的培养，即获取知识的能力，用更简单的说法是"学会学习"的能力。首先是要培养学生熟练地使用信息技术，如计算机、网络、常用的软件工具等。其次，培养学生如何获取信息的能力，尤其是懂得如何（通过哪个途径）去获取所需的信息，这一能力的培养往往要比学会使用更难些。可以说，信息技术的使用和获取信息的能力是学生具备一定信息素养的标志。只有在这些能力的基础上，才谈得上培养学生处理和加工信息的能力。而具备处理和加工能力，首先要具备判断信息是否有用的能力，这也是一种认知能力。因为只有所获信息是有用的，才能对它进行重整、加工、处理和再应用。加工、处理和再应用过程不是对信息的简单整理和舍取过程，而是一个理解、掌握、综合和内化的过程，这一过程实际上是一种较高的认知过程。虽然信息加工能力可以通过阅读、写作、与人交流、协作、实践等各种方式培养，但计算机多媒体技术为这种能力的培养提供了更大的空间和可能。计算机多媒体技术不仅可以提供丰富的信息资源，而且信息的表现形式和更新速度是其他方式无法比拟的。[1]

（二）信息技术与教学专题设计

与运用传统技术进行教学专题设计相比，信息技术对于某些教学专题设计具有独特的优势，可以极大地提高教学专题设计的质量和效率，增强教学专题的形象性、动态性和跨时空性。

1. 教学专题解析

教学专题一般有两种形式，一种是在教材设计中，教材编写者根据阶段性学习任务，为加深对阶段性学习目标的理解和掌握而编写的一组认知材料，比如新课标苏教版初中语文六册书中共设立了"狼""荷""长城""汉字""鸟""叶""气象物候""广告多棱镜""系统思想与统筹方法"与"我心中的语文"十个专题。[2] 每一专题内容都跟所在单元的学习主体有关，是对整个单元学习之后的再一次拓展。另一种是根据学校教育教学目标以及学生全面发展的要求，针对教学中的某个或若干个重点、热点、难点问题，在充分准备的基础上围绕师生共同确认的主题进行专门讲授或讨论。这一教学专题是本文重点关注的内容，因为与前一种教学专题相比预设性更小一些，那么在实施时给师生的自由空间包括给信息技术利用的空间也大一些。

在第二种教学专题中，那些重点、热点和难点问题一般来自学科教学或理论性比较强、实践性比较强，而且主题的选定是在师生共同探讨的基础上。一般来说，教学专题的选定不是为设定教学专题而设定的，设定教学专题进行教学是师生教与学的一种形式，需不需要设定教学专题以及何时设定，并不是教师自己在课堂教学前的备课中能决定的。当然，教师根

---

[1] 张际平，高丹丹. 信息技术与学科课程整合的内涵与层面实质分析研究[J]. 电化教育研究，2003(7).

[2] 高满生. 专题教学不能荒了"自家的园"[J]. 中学语文教学，2007(2).

据自己以往的教学经验,知道哪些知识点学生学习起来会比较困难、哪些知识点拓展一下会对学习当下的学习以及以后的持续学习更有意义,这些都可以作为教师预设的课堂教学内容。更重要的是还要根据上课时学生的课堂学习反应,如果原本认为的难点和重点问题学生能顺利地掌握,那么在教师原来预设的难点和重点上就不需要采取教学专题的形式了;而对于教师没有预设到而学生实际学习中遇到困难的地方,教师就有必要暂停下来细细思考了,于是,利用教学专题进行教学也就有必要了。因此,可以看出,设定何种专题是根据师生在教学中遇到的实际问题而定的。

一般来说,确定教学专题有以下原则:(1)集中性原则。为了使学生能够把握学习内容的核心,主题应该集中反映某一个特定专题的内容和知识而不是松散而没有条理。(2)开放性原则。主题应该具有一定的开放性,不仅要同课本或教学任务相结合,还应该能够激发学生的兴趣和创造性、同学生的先前经验和生活实际有一定的联系,便于学生发挥自己的主观能动性。(3)可操作原则。主题应具备学生应用文献法、实验法、调查法等方法进行实践研究的可能性,即是学习任务和学习内容的深度提炼,又要在学习者的能力范围之内。[①] 而确定教学专题的参考范围一般有:以某一节课的学习内容或相关的背景资料为参考范围、以某一段时间的学习内容或有关的背景资料为参考范围等。

问题选定了,接下来就是对问题的解答。对确定下来的教学专题的解答不是简单的一两句话就能完成的,需要学生拓展思维,甚至有时还需要利用跨学科的知识来解决。因此,教师就要引导学生对问题进行探索,然后再交流探索的结果,比较有针对性和系统性地解决问题。这时需要注意的是,虽然教学专题的针对性和系统性比较强,综合性的味道也比较浓,但是与综合实践活动课不同的是,专题教学也许会涉及自然环境或社会生活中的问题解决,也许需要学生在实际生活中通过自己的动手操作来完成,但这时的问题解决是为了某一学科教学的目标而来的。因此设计教学专题,可以让学生围绕一个基点,加深对某些问题的理解,发散性地、深刻地学习到这一点以及与这一点相关的知识和技能,有利于提高师生分析问题、解决问题的能力,是提高教学质量的有效途径,也是促进学生掌握学科知识的有效途径。

2. 利用信息技术设计教学专题

以计算机为核心的信息技术主要指多媒体计算机、教室网络、校园网

---

① 董志彪,李文光. 网络环境下主题式学习的教学设计与实施[J]. 中国电化教育,2007(8).

和互联网。作为新型的教学媒体，它们具有以下五种对于教育、教学过程来说极为宝贵的特性：可以为新型教学结构的创建提供最理想的教学环境、有利于激发学生的学习兴趣、认知主体发生交互作用、提供外部刺激的多样性有利于知识的获取与保持、多媒体系统的超文本特性可实现对教学信息最有效的组织与管理。① 教学专题因为其问题的复杂性，需要大量的参考资料供学生选择，而信息技术可以为教学专题的实施提供丰富的资源环境，而且其提供文本发散性的方式与教学专题问题的解决有许多相似之处，因此利用信息技术设计教学专题并解决教学专题中的问题有它独到的优势。

(1)利用信息技术形象地为学生呈现教学专题的问题情境

在传统的课堂上，师生如果遇到教学中的重点、难点问题，教师一般采用语言描述的方式，条件好一点的学校可以以挂图等辅助手段呈现问题情境。但是对于一些比较抽象的问题，教师的描述和挂图的展示往往显得苍白无力。而信息技术能为学生提供一个形象、生动的问题情境，比如通过文本、多媒体等多种方式呈现所要研究的问题，在这种问题情境中，不仅可以激发学生的学习兴趣，也为学生多角度、多渠道认识该问题提供了一定的思路，从而对要解决的问题有一个比较深刻的认识，以便于后来的探索和研究。②

(2)引导学生利用信息技术探索问题

信息技术也给学生提供了大量的信息资源库以及信息检索工具，并且为多个学习者提供对同一问题用多种不同观点进行观察比较和分析综合的机会。学生可以通过网站的搜索引擎、聊天室、BBS等方式检索问题的答案，然后将搜集到的资料进行分析、处理、加工，形成自己的见解，从而培养学生搜集信息、处理信息的能力。在这过程中，为了避免学生无目的和盲目地搜索，教师可以提供数个利用信息技术的途径，以供学生参考；学生也可以根据自己的兴趣自由分组，组内再分配任务，通过各种渠道进行资料搜集，之后将搜集来的资料分类、鉴别，选择对问题理解和解决有用的信息，然后再分析、整理，将信息重新整合、生成新的信息等。这样，不仅使搜集来的信息比较全面、完善，也锻炼了小组内学生的合作、协调能力。

(3)引导学生利用信息技术展示问题探索的结果

学生在个人探究或小组协作的基础上，对问题进行反复的研讨，形成自己对问题的一定见解，这时学生个人或者小组代表通过教室里的多媒体

---

① 何克抗.信息技术与课程整合的目标与意义[J].教育研究，2002(4).
② 高瑞利，孔维宏.网络环境下基于问题的学习[J].中国电化教育，2004(8).

教学设备在全班展示问题的探索成果，通过交流以及教师适时的引导，达到资源共享、问题解决、完善和提高表达能力的目的。

(4)引导学生对问题探索的结果进行反思

在表面上完成教学专题的教学任务时，还不能就此收手，还应该引导学生就整个利用信息技术学习的过程进行反思。反思的对象不仅包括自己在问题见解上的局限，以加强对所学知识的深刻理解和系统掌握，还包括自己在搜集材料以及在材料整理和分析时遇到的困难，以进一步培养信息能力。

以上是利用信息技术进行教学专题设计的一个一般思路，当然可以根据具体的专题内容在运用的形式上自由调整。同时我们可以看出信息技术对教学专题的设计和实施提供了一个具有丰富资源的环境，对学校教育教学有重要作用。但是还应该注意，不管如何运用信息技术，都应该在现代教育思想的指导下，结合具体教学专题的教学任务以及学生的年龄和身心发展特点。

(三)网络素材资源与课堂教学的整合

随着网络技术的发展和课程改革的推进，新课程教学与网络资源的结合将越来越紧密，在课堂教学中开发和利用网络资源也越来越引起人们的广泛关注。这里的网络资源是一个比较宽泛的概念，包含两个方面，其一是作为信息载体的网络和网络技术本身；其二是在网络这个载体上所承载的种类繁多的信息，即网络素材资源。网络给教育带来了革命性的变化，这个革命性的变化不仅在于网络这个承载体本身给教育呈现了信息传递的方式，还在于网络所承载的这些素材性资源给教育带来了更多、更深刻的启示。因此，对网络素材资源的开发和运用也成了课程资源开发的一个重要方面。对网络素材课程资源的开发不仅突破了传统课程的狭隘性、各种资源的时空限制，也使得课程资源的广泛交流与共享成为可能。另外，网上充足的信息不但使教师开阔思路，提高教学效果和效率，也增强了学生学习的能动性。同时，对网络素材资源的开发和利用可以和课堂教学整合在一起。

1. 教师的教学层面

(1)网络素材资源的开发和利用能帮助教师更好地完成课堂教学目标。网络资源与课堂教学的整合是教学手段上的更新，这不但是教学手段的现代化，也较传统教学方式能更好地完成课堂教学目标。因为网络技术引进课堂，也即将全国各地各种类别的信息引进课堂，可以让教师在诸多的信息中选择最有利于课堂教学目标实现的信息。这不仅突破了因时空原因而不能接触最合适信息的限制，而且网络同时可以对这个信息进行图文并茂的另外一种解释。在既定的课堂教学目标上，教师可以运用丰富的网络资源对枯燥的理论进行讲解，达到直观化的效果，将教学内容化难为易、化静为动、化隐为明，使学生更加容易理解和掌握知识，大大提高课堂教学的效率。当然科学技术这一发展的必然结果，也是课堂教学顺应这一发展趋势的要求。而学生在这一过程中也会对平时接触的网络耳目一新，深察理论知识学习的奥妙，从而增加对抽象知识学习的自觉性。[1]

(2)网络素材资源的开发和利用能在教师的教学过程中增加课程的生动性。不同性质的课程要求不同的教学方式，比如有的学科对学生的形象思维要求较高，那么在这种课程的教学中需要开阔学生的视野，借鉴更多的间接经验。比如在美术课上就可以引导学生到网络上去欣赏网页制作的美感，这样不仅能增强学生学习的实践能力和感悟力，还能充分利用学习者的现有知识水平和实践经验对课程的学习加以引导和支持，形成学习者个别化学习的能力。在课堂教学中，注重学生的学习交流和学习个案分析，鼓励创造性地利用网络资源，最大限度地尊重学生的学习经验，同时最大可能地为学习者提供获取间接经验的途径，以促进知识的内化，实现课堂学习的生动性。

(3)网络素材资源的开发和利用能照顾到学生的差异性需求，实现因材施教。由于班级教学的特点，教师很难照顾到不同学习能力的学生，对他们不同的需求也难以在课堂上给予满足，更不要说对其引导了。但是，教师在课堂上引导学生开发和利用网络素材资源的时候，就可以抽取部分时间让学生观看特级教师的网络课程资料以及帮助学生选择适合自己的学习资料，以完成对不同学习能力的学生的照顾。

2. 学生的学习层面

(1)网络素材资源的开发和利用能促进学生学习能力的全面发展。由于网络素材资源的内容远远多于课本内容，也许一开始学生在课堂上利用网络会像"脱缰的野马"难以控制，这也是不同于以前教学经验的独特之处。这时教师不但要引导学生将注意力集中在要搜集的网络素材上，更重要的是要能引导学生学会围绕一个主题去取舍材料、善于在庞杂的资料里找到规律、组织材料。这样，学生的总结能力和逻辑思维能力能同时得到锻炼，同时也为学生终身学习观念的形成和能力培养提供了平台。比如对物理、化学这样的实验性课程，我们对学生传统的实践训练主要有：题海训练、

---

[1] 邹峻.面向学习者的网络课程设计方案——兼论教师学习使用的网络课程资源开发[J].现代教育技术，2004(3).

游戏、操作课等，但是这样做的结果不是让学生感到枯燥无味，就是他们对知识的掌握效果不好。而利用网络素材资源就可以借鉴企业的"实践技能训练情境化"方式，让学生在相对现实的环境中去体会和模仿，让学生在数字化环境中，实现具有真实的视听感觉、心理感觉乃至附加的动感实践，使学生通过模拟的反复练习和感觉达到熟练掌握知识、技能的目的。[①]

(2)网络素材资源的开发和利用可以增强学生学习的信心，让学生感受知识的力量。在课堂上利用网络素材资源进行教学，教师可以引导学生思考现实问题，培养学生把学到的知识用于现实的能力。因为在网络上我们随处可见一些社会热点问题，而且对于这些问题社会各个阶层和各个领域中的人都会参与解决，教师可以在课堂上组织学生讨论，在这个过程中学生们便会感到对社会问题的解决不但需要现实的经验，而且如果要想从根本上解决只能运用知识，这样就增强了学生学习的信心，使学生感受到知识的力量。由此，也使学生的学校学习与社会联系了起来，从而使学生的读书与社会和国家的前途命运联系起来了，进而改变了传统爱国教育的抽象说教，使爱国主义教育在无意识中得到落实。

3. 新教育理念的革新层面

这里我们首先要明白一个问题：对网络素材资源的开发和利用不是简简单单地把书本上的内容搬到网络上。在教学中引入网络素材资源，这是一种教育理念的革新和课堂教学方式的转变。因为对网络素材资源的开发和利用不仅涉及开发和利用的问题，还涉及对学生筛选和甄别诸多信息的能力培养，呈现和落实了教育理念的革新面，同时也体现了学生学习方式的转变。学生学会的不只是如何掌握一些静态的知识，更重要的是学会了如何主动去寻找并获得这些知识。

虽然网络素材资源对于课堂教学有重要的作用，但同时我们还应该明白的是，对网络素材资源的开发和利用必须以现代教育教学理论为指导，把新的教育理念、新的教学方法、新的学习观念等有机地融入其中，围绕着促进学生的主动发现、主动探索和主动创造的活动，以促进学生认知结构的构建、学识能力的发展与创新意识的养成为基本原则。[②]

三、现代化的教育手段与现代教育的关系

随着现代技术的飞速发展以及教育自身在信息时代发展的需求，现代化的教育手段也越来越多地运用到师生的日常教育教学活动中，这对已有的教育理念、行为、方法等不仅造成了一定的冲击，而且这场表面看来是

---

①② 李振斌，等．网络课程资源开发的特色[J]．中国职业技术教育，2005(6)．

教学方式的变革也许是新的教育发展阶段的一个表现形式，并最终导致教育思想、教育观念、教育理论乃至整个教育体制的根本变革，促使教育走向现代化，也就是说将促进提倡学生实践能力和创新精神等方面培养的现代教育的形成和发展。但也并不意味着运用了现代教育技术现代教育就实现了，现代教育技术是实现现代教育的必要条件，但只有在现代教育思想的指导下，才能保障素质教育目标的高效率实现。现代教育的发展离不开现代教育技术提供技术、工具甚至思想层面的支撑。在实际的教育教学中，有些教师对现代教育技术有很多误用，为了对现代教育技术本身有更深刻的认识，有必要再思考以下几个问题。

（一）现代教育技术的优势与局限

在现代教育环境中，现代教育技术对教师的教和学生的学都有不可替代的作用，对解决一些传统教学不便解决或无力解决的教学和学习问题有重要作用。它支持了现代教育的教和学，但也不能避免其本身的局限对现代教育的阻碍。我们应该充分认识现代教育技术的优势尤其是局限，并在这种认识的基础上更好地发挥现代信息技术的优势并尽力避免其局限。

1. 现代教育技术的优势

（1）促进学生有效学习的实现以及信息能力的发展

现代教育技术在教育教学中的运用带来了学生学习方式的变革，这不仅有利于激发学生的学习兴趣、调动学习的积极性，还有利于扩大学生的知识面，而且多途径的学习方式将促进学生全面发展的实现。

首先，将现代教育技术应用于教育教学中有利于激发学生学习兴趣和调动学习的积极性。比如现代教育技术之一的多媒体课件是由文本、图形、声音、动画、视频等多种媒体信息组成，图、文、声、像并茂，从而使教学更加直观化、形象化、生动化、趣味化，而且还为学生创设了悦目、悦耳、悦心的教学情境，具有较强的表现力和感染力，不仅吸引了学生的注意力，也给学生带去了多种感官的综合刺激，而这种刺激能引起学生的学习兴趣和提高学生的学习积极性。学生通过多种感官获取的信息，有助于学生更好地理解学习内容，增强理解力、提高想象力，突破教学重、难点，使问题迎刃而解，有效地提高课堂教学效率。另外，现代教育技术还可以提供图文并茂、丰富多彩的人机交互式学习环境，学习进度由学生自己控制，他们能够按自己的知识基础和习惯爱好选择学习内容，这样将充分发挥学生的主动性，真正体现学生的认知主体的作用，从而使学生在学习中处于一种积极、主动的精神状态，使学生取得较好的学习效果。

其次，现代教育技术为学生提供了多途径的学习方式，有利于扩大学生的知识面,培养他们的创造能力,促进他们全面发展的实现。现代教育技术可以为学生提供多种学习途径,比如最新的计算机多媒体辅助教学课件采用的超文本结构。超文本是按照人的联想思维方式非线性地组织、管理信息的一种先进的技术。由于超文本结构信息组织的联想式和非线性符合人类的认知规律,所以便于学生进行联想思维。另外,由于超文本信息结构的动态性,学生可以按照自己的目的和认知特点重新组织信息,按照不同的学习路径进行学习;并且还可以利用多媒体演示的功能,变抽象的内容为形象、直观的知识,使学生易于理解和掌握。例如课件化学实验室向学生提供了各种模拟的实验器具和材料,包括烧杯、干燥器、气体收集器、酒精灯以及各类化学物品,学生用键盘操纵实验,如挑选化学物品、使用各种器具进行混合、搅拌、过滤、加热,计算机就会形象地发生"爆炸"。若操作不当,如把水倒入浓硫酸中,计算机会告诉学生不能这样操作,使学生记住操作规范等。[①] 这样,现代教育技术为学生的学习提供了大量的信息和资源,学生既可以浏览所有知识,也可以按照需要获取任意感兴趣的部分,这不仅利于学生对知识的获取和保持,而且也大大地扩大了学生的知识面。在多种信息的刺激下,他们的想象力和创造力得到培养,学生各方面的知识得以提高,促进了他们全面发展的实现。

(2)促进教师有效教学的实现以及他们的专业发展

教师通过现代教育技术的运用,可以充分利用各种图文并茂的资源,调动学生的学习兴趣和积极性,促使学生始终在愉悦的氛围中积极主动地获取知识,激发学生的求知欲,使学生学会学习,提高学生分析问题、解决问题的能力,使有效教学得以实现。另外,现代教育技术的运用帮助教师自身专业发展的实现。首先,现代教育技术的运用不仅可以帮助教师减少重复劳动,为其专业发展节省更多的时间,而且教师对现代教育技术运用的本身也是专业发展的一个重要方面。比如,教师可以借助现代信息技术备课,提高备课质量和节约备课的时间。而且,教师通过计算机联网可以减少一些重复劳动,从大量的备课和讲课的任务中解放出来,把较多的精力投入到教学和科研活动中,为其专业发展提供基本条件。其次,教师运用现代教育技术行为的本身也促进了教师专业发展的实现。现代教育技术在教学中的应用使教师的角色发生了变化。在运用现代教育技术的教学过程中,教师指导、利用教学资源,在自学和与他人交流中互相学习、互相解惑、互相协作,进而获得知识,教师由知识的灌输者转变为学习资料

---

① 黄艳.浅谈计算机多媒体教学[J].甘肃科技,2005(2).

的提供者、学生学习的组织者和帮助者,而这种角色的转变也是教师专业发展的一个方面和体现。①

2. 现代教育技术的局限

虽然现代教育技术有着诸多的优点和优势,但是这些优点和优势背后也潜藏着一系列的问题和局限。也就是说现代教育技术不是万能的,其本身存在的一些局限限制了其功能的发挥。

第一,现代教育技术对学校硬件设备以及教师素质的要求都比较高,而很多学校达不到这样的要求,所以限制了这类学校对现代教育技术的运用。现代教育技术的运用需要一系列硬件设备做基础,如投影仪、计算机、多媒体、多媒体教室、网络等。虽然全国很多地区的学校拥有了这些设备,但是也不能忽略还有很多边远地区的学校甚至连电都没有,何谈这些现代化设备呢?另外,在教学中使用现代教育技术还需要使用教师了解相关仪器的使用知识,这对教师的素质就提出了更高的要求。运用现代教育技术来教学,也许需要教师使用多种设备,而且这些设备通常是多位教师频繁共用的,而一旦出现故障而未及时维护或遇停电等意外情况则会导致教师的教学计划紊乱。

第二,在教学中长时间地运用现代教育技术容易导致学生的疲劳,不利于其身体健康。作为其优势之一,现代教育技术能提供大量的信息,但是也因为运用教育技术快速呈现大量信息不自觉地导致了课堂信息量增大,以致有些学生来不及理解信息内容而跟不上课堂教学的步伐;运用现代教育技术需要比较暗的教室环境,而在课堂教学中,学生不仅要注视教师利用现代教育技术呈现的信息,还要在比较暗的光线中记笔记,容易使学生产生视觉疲劳;现代教育技术虽然可以使用一些多种媒体去刺激学生的多个感官,但如果使学生的大脑和各感官长时间处于兴奋、紧张状态的话,也会很容易使他们产生疲劳感,不利于他们的身体健康,自然也很难真正做到全面提高学习效率了。此时的现代教育技术虽然做到了提高教师传授的效率,但这时这种效率也是没有意义的。

第三,现代教育技术的运用在一定程度上埋没了传统教育技术的力量。像有些人的戏谑之言:一切现代化的发明都是为懒人创造的,为了懒人或者让人变得更懒。这句话虽然比较片面但是也有一定的道理。类似的是,现代教育技术的运用虽然给师生的教与学带来了很多便利和乐趣,给师生节省了很多时间,但也会在无形中养成教师和学生的惰性:现代教育技术

---

① 李芒. 论信息技术与课程整合的含义、意义及原则[J]. 电化教育研究,2004(5).

的运用可以使教师省了很多备课的力气——从网络上下载别人的课件,稍加修改之后变成自己的;也可以让教师省了很多上课的力气——用鼠标点击放映一下多媒体课件,给学生展示一下学习内容即可,根本不需要板书、实验演示等。这样就忽视了传统教育技术在教育教学中的作用。

第四,现代教育技术的运用在一定程度上带来了教师对自己作用和地位的困惑。现代教育技术是一种全新的教育手段,对教师已有的教育思想和教育方式产生了冲击,这种冲击虽然是教师进一步发展的契机,但也不可避免地为教师在新的情况下正确定位自己带来了一定的困惑。比如教师认为运用现代教育技术就可以完全给学生展示课堂教学内容,达到教学目的,因而自己做一个课件放映员即可。这样,教师在过多依赖现代教育技术的同时,也不自觉地忽略了自己在教育教学活动中的主体地位,形成重机器、轻教师的弊端。还有另外一种情况是,有很多教师认为备课就是将课件制作地更加精美、细致以吸引学生的注意力、提高教学效率,因此在课件制作上投入了大量的时间、精力,追求精美、细致,而在备课时把教材这个基点与学生这个落脚点忽略了,以致在实际教学中由于对教材缺乏全方位的领悟以及对学生缺乏全方位的理解,导致课堂效果落空了。

为避免出现这样那样的局限和困惑,除了正确、全面地认识现代教育技术带来的可能以及实际的局限以外,还应该明白现代教育技术只是教师和学生进行教与学的辅助手段,应接受现代教育思想和观念的规范与引导,在整个教育教学过程中要保障教师的主导性和学生的主体性地位,不能忽视教学过程中多种要素以及这些要素之间的复杂关系,不能眼中只有现代教育技术。

(二)现代教育技术与传统教学技术的互补

虽然现代教育技术的运用有诸多的优势,但也并不是所有的学科、内容都适于用现代教育技术来教学。比如在化学课上,多媒体技术可以对某一实验过程进行模拟演示,比较直观和形象,但毕竟只是模拟,会缺少一种真实感,不如直接现场演示实验更具说服力。因此,传统教学技术有现代教育技术不能忽视甚至不可替代的优势,我们不能简单地将两者视为一种替代关系,而必须重视它们之间的某种互补关系。

1. 传统教学技术的优势与局限

传统教学技术是跟现代教育技术相对的概念。当提到传统教学技术时,人们会将其与粉笔、黑板、挂图、教师的身体语言、动手操作的实验等联系在一起。在现代化的设备进入教育教学之前,师生所用的教与学辅助手段基本都属于传统教学技术的范围。这些传统的教学技术相对于现代教育技术来说虽然"原始"了一些，但正因为其原始而使其具有在它们基础上发展而来的现代教育技术所不能替代的作用。

(1)传统教学技术的优势

第一，传统的教学技术对一些硬件设备要求比较低，几乎所有的学校、所有的教师都可以使用，几乎没有限定条件，也不受地区发展水平的限制。比如教师在备课时，有笔和一些纸张就可以了，而不必依赖于计算机等设备；在教学时，只要有粉笔和黑板，教学就可以正常进行。

第二，传统教学技术的运用可以充分发挥教师对学生学习的引导作用。教师运用板书、身体语言中的眼神及诙谐、幽默的语言等，不仅可以比较轻易地把握学生的领会程度和课程进度，让学生在轻松、愉快的环境中接受知识，还能满足学生在教学活动中情感交流的需要。因为人是情感动物，在教学过程中，教师给学生的一颦一笑的情感交流，都能让学生感受到情感互动的愉悦，而这种愉悦是现代教育技术所不能给予的。因为传统教学技术的运用，教师可以有更多的时间和机会与学生直接面对面，比如观察每一位学生的表情和动作、据此判断所讲内容的难度和学生学习的效果、增加与学生交流、互动的机会。教学过程虽然是预设的，但在实际过程中也是变动的，常常会生成新的知识点，教师可以在此时灵活地引导学生对新知识进行关注，使学生有更多意外的收获。在教师利用自己的肢体语言进行直接的教学互动中，教师能很快使自己进入"教师"的角色扮演中，意识到自己的价值所在。在全身心地投入教育教学中，也有利于教师个人魅力和教学风格的形成，增强作为一名"好教师"的信心。

第三，传统教学技术可以留给学生更多思考、想象和记笔记的空间。比如教师进行板书的过程、一步步的推理过程也留给了学生一步步消化和吸收的时间，让学生可以在速度不是太快的过程中对新学习的知识有更多思考、想象和记笔记的空间，做到讲与听步调一致，从而有助于学生对新知识的掌握，充分发挥学生学习的主体作用。

因此，传统教学技术有现代教育技术不可替代的优势。

(2)传统教学技术的局限

但传统教学技术也有自身的局限性，也正因为这些局限，才给现代教育技术留出了长足发展的空间。

第一，在教学中运用传统的教学技术难以提高速度，师生教与学的知识量也比较有限。传统教学技术的运用主要是靠教师手工操作来完成的，所以课堂上传达的信息量是有限的，不能满足知识经济时代信息爆炸带来的课程信息量大、强调学生主动性学习、缩减授课学时数的要求。

第二，运用传统教学技术于教学中不能满足空间比较大的教室的教学。虽然现在小班化教学正在成为一种趋势，但是目前我国很多地方的学校班级人数过多的现象仍然存在，七八十人的班级甚至上百人的班级仍大量存在，而且这种现象不可能在很短的时间内得到改变，那么靠传统教学技术中教师的口授和板书已不能应对这种大教室、大规模、人数多的班级教学了，教学效果自然也难以得到保证。

第三，运用传统教学技术于教学时很难描述较为抽象的知识以及复杂的图形、图像和操作。当前我们的学科教学仍有逻辑性强、学术化和抽象化的倾向，但是由于传统教学技术种类比较单一，很难将比较抽象的知识用比较直观、形象的方式表达出来，不利于学生对这类知识的理解和掌握。比如在物理课堂上，教师给学生讲解电子运动的过程，因为电子运动是看不见、摸不着的，是比较抽象的，虽然教师可以利用画图的形式来进行，但是仍有有隔靴搔痒之嫌，不能让学生形成更为深刻的印象。

2. 现代教育技术与传统教学技术互补

从对现代教育技术与传统教学技术各自优缺点的分析来看，传统的教学技术与现代教育技术在教学中发挥着不同的作用，不能孤立地看待。而且现代教育技术的缺点可以用传统教学技术的优点来弥补，而传统教学技术的缺点可以用现代教育技术的优点来补充，因此，两者在功能上是互补的，我们应该将两种技术方式整合起来使用，以增强教育教学的效果。如何使两者达到真正意义上的互补，仍是一个需要在理论和实践中长期探索的问题。大致说来，应该注意以下几点。

第一，选用哪种教育技术，应在现代教育思想的指导下进行。不管是运用现代教育技术还是传统教学技术，它们都只是师生教与学的辅助手段。运用现代教育技术不代表教育思想先进，运用传统教学技术不代表教育思想落后。在现代社会，一定要考虑到现代教育持续发展的要求，不能一味地赶时髦，为了现代教育技术的运用而运用，而且还认为这样就达到了教育的现代化。教育的现代化首先应是思想上的现代化，其次才是手段上的现代化；但是也不能一味地守住传统的教学技术不放，因为毕竟我们生活的时代在不断变化，要学习的知识也在不断更新，而且更新的速度越来越快，仍以原来的步调走现在的"高速公路"也是不适宜的。因此，在教学中不管是分别使用还是结合使用，使用两者有一个共同的原则就是应适宜现代教育思想，在现代教育思想对培养人的要求的指导下，合理选用教育技术。

第二，选用哪种教育技术，还应该对现代教育技术和传统教学技术的定位有比较清晰的认识。比如使用现代教育技术时应该把重点放在解决那些传统教学技术不便解决或无力解决的教学和学习问题上，应该利用现代教育技术解决那些信息社会给我们提出的新问题，因为现代教育技术具有支持现代学习和教学的使命，这时应该充分发挥信息技术的优势。传统教学技术的运用也是如此。

第三，选用哪种教育技术，还要根据学校提供的条件以及不同学生、不同教学内容的特点来定。比如有的学校有比较好的经济条件，配备了比较齐全的硬件教学设备，那么教师就可以有选择地运用这些现代化的设备；但是对于一些经济条件不好的学校来说，如果没有这些硬件设备，那么运用传统教学技术也是不得已的一个选择。假如学校有条件运用一些现代化的教育技术，那么，具体选用何种现代化的教育技术，还要考虑到不同学生以及教学内容的特点。比如学生在学习电子运动知识时，传统的教学技术已不能让师生的教学达到比较好的效果，那么就可以选用一些现代教育技术来模拟电子运动的过程。一般来说，传统的教学技术与现代教育技术应该穿插应用，比如在综合实践活动课上，学生先在网上搜集各种实物资料，如文字资料、图片资料等，然后教师再通过语言魅力、逻辑魅力来实现教学目标。传统教学技术与现代教育技术应呈现一种交叠之势。

但是，不管是选用现代教育技术还是传统教学技术，教师都应该及时了解学生是否理解、掌握了知识点，是否达到能力培养的目的。因为选用辅助手段来教学是为了教学目标的实现，为了学生全面发展的实现。而要实现这些目标必然需要学生全身心的参与，而学生兴趣的激发和积极性的调动是学生全身心参与的一个基本条件。如果传统的教学技术能引起学生学习的兴趣，调动他们学习的积极性，并且在一定的时间范围内能有效地完成教育教学目标，就不必非用现代化的教育技术，因为毕竟现代教育技术的成本是比较高的，而且还有哗众取宠之嫌。

第四，选用哪种教育技术，应以充分发挥师生的能动性和积极性为前提。虽然现代教育技术的运用给师生的教与学节省了很多时间，但如果教师为了偷懒，而不是为学生其他方面更深刻发展的话，那么节省下来的时间也是没有意义的。教育技术的选用应以发挥师生的能动性和积极性为前提，并且以有利于师生的持续发展为基本准则。当然，不管是哪种教育技术，教师都应是教学过程的引导者，任何教育技术的运用都离不开教师的参与，应将教师的这种引导和参与作用真正落实到实处。

总之，不管是现代教育技术还是传统教学技术，都不能、也不应完全取代对方的作用，它们之间应该是相辅相成、取长补短、协调发展的。因此，提高教育教学质量、优化教学过程，必然是现代教育技术与传统教学技术的互补结合，应充分发挥两者的优势，使两者相得益彰。

(三)警惕现代教育技术资源的高消费现象

现代教育技术虽然有很多优势，但也不是万能的。教师在运用现代教育技术资源于教育教学的过程中时，仍有许多"高消费"现象的存在。现代教育技术资源的高消费现象主要体现在以下方面。

1. 现代化设备的高消费

现代教育技术的运用首先需要一些现代化的设备做基本物质支撑条件，比如投影仪、电脑、网络、多媒体教室等。这些设备一般来说都是比较昂贵的，也就是说教师在使用这些设备上课的时候成本是比较高的。如果教师将现代教育技术资源运用于教育教学活动中，没有充分发挥现代教育技术的力量，没有达到课堂教学的目标和学生发展目标的话，那么这些高价位现代化的设备对于教师的教学来说便形成了浪费。这种设备层面的高消费主要体现在以下几个方面。

(1)对现代教育技术作用的片面理解和运用

现在有很多教师将现代教育技术资源理解为没有粉笔灰的电子黑板，一提到现代教育技术的运用就和课件制作联系起来，将书本上的内容或者将上课时要板书的内容都打在 PowerPoint 上，上课的时候照着 PowerPoint 读一下即可。为了上课时不枯燥、比较能吸引学生的注意力，教师在课件上下足了功夫，也投入了大量的时间，如比较多的自动功能、华丽的外表等。这些虽然中看，但其实对完成教学任务没有多少帮助，反而还分散了学生的注意力，只是让学生从看书本转移到了看彩色动画而已，没有体现出现代教育技术资源对教育教学的更多优势。对教育技术的片面理解导致了现代教育技术只有很小的部分、很少的功能得以运用，其余的功能大多是闲置的，造成了现代教育技术资源的高消费现象。

(2)对现代教育的误解——唯技术至上、为用而用

现代教育技术资源的运用是教育教学改革的一个亮点，也是现代教育的一个重要的特征。因此，有些教师为了体现自己教学中的现代特色，上课时动不动就用现代教育技术资源，根本就不考虑教学内容和学生的特征。有些教师认为在课堂上用了多媒体和网络就体现了现代教育，这样就淡化了教材和学生这两个教育中的基础点。这不仅对现代教育技术本身的作用产生了错误的理解，对现代教育的本质也需要进一步探索。

2. 人力资源的高消费

一直以来，教师和学生作为教与学活动中的主体，需要他们积极能动

地参与到教学过程中这是一个不容置疑的事实。但是，对教育技术的误解造成了教师对自己在教学中应有作用理解的失误，没有发挥其应有的引导者和组织者的角色，在一定程度上造成了人力资源的高消费现象；同样，教师如果盲目地将学生引入以上的教学过程中，不能让学生在一定的时间内完成教学目标、使学生得到发展，这时，对于学生来说也是一种人力资源高消费。

(1)教师人力资源的高消费

在使用现代教育技术资源于教育的过程中时，教师人力资源的高消费主要有这样的现象：

其一，在运用教育技术的过程中，教师迷失了自己在教育教学中的作用，而担当了电子讲稿解说员和多媒体放映员的角色。由于对现代教育技术的片面理解，或者过于夸大现代教育技术在教学中的作用，教师忽视了自己对教学活动的引导和组织作用，认为上课就是把自己之前精心准备的课件在课堂上放映一下就可以了，然后被动地跟着课件走，或者解释课件上的学习内容，或者是填补课件的空白和不足，也不管课堂中即时发生的变化，更不用说教师根据课堂上学生的实际反应及气氛有针对性地组织或调整教学内容，以及与学生进行情感交流了。教师就这样按部就班地走下去，使教学灵活性不够，于是就变"教师引导课件走"为"课件引导教师走"了，埋没或者说忽视了教师在教学中应有的主动权和积极性，造成了教师人力资源的高消费。[1]

其二，教师为了自己的懒惰而利用现代教育技术资源为自己节省时间。比如在前文讲到的，教师将原本需要板书的内容用课件的形式放映出来，节省了教师在课堂上板书的很多时间，也节省了上课时间，但是如果教师这样做的目的仅仅是为了节省时间，而没有跟学生更进一步的教学互动、或者使学生其他方面更深刻发展的话，那么不仅节省下来的时间是没有意义的，就连教师在课堂上应该发挥的引导作用也没能充分发挥，造成了教师人力资源的浪费。

(2)学生人力资源的高消费

教师在教育教学过程中有引导作用，但是在使用教育技术的过程中，教师对学生的误导也会造成学生人力资源的高消费现象。

随着新课程改革的推进，综合实践活动课以及研究性学习等越来越受到学校的关注。为了培养学生的信息能力，教师动不动就让学生上网查资

---

[1] 游学英，吴静．计算机多媒体课堂教学中存在问题的分析[J]．教育探索，2001(12)．

第七章　现代教育技术资源的开发和利用

料，但是结果如何呢？

2006年10月，在江南一个轻工业比较发达的小镇，镇中心小学四年级某班的学生正在上"中国结"的研究性学习课。课堂伊始，教师要求学生将上次布置的作业——中国结的种类以及与之有关的一些内容，比如诗句、图画、故事等展示给大家看。于是，各个小组的代表兴高采烈地到讲台上，把搜集到的精美图片和诗句通过多媒体操作展示给同学们……其中有一位学生将搜集到的诗句读得尤为生动感人，待下课时，听课老师来到他身边，夸他读得很好、选的诗句也很美，并索要这首诗，孩子很痛快地答应了，一脸得意。之后，听课老师又追加了一句："能不能把这首诗的意思或者故事讲给我听听？"这时孩子面露难色，难为情地说："我还没考虑过它是什么意思呢。"

在这节研究性学习的课堂上，教师为追求学生学习的现代化形式，即所谓信息能力的培养，让学生上网搜集材料，并对学生利用网络搜集来的材料大加赞赏，但是学生对这些搜集来的资料根本不理解，高消费带来的后果却是浅阅读。这时教师不仅忽视了信息能力培养的根本目的是为了学生更深刻、全面的发展，而不仅仅是一两种工具的使用，而且对学生的人力资源来说也是一种高消费，无形中浪费了学生的时间，让学生多做了一些无意义的工作。

3. 防范现代教育技术资源高消费现象

现代教育技术资源的高消费不仅不能充分发挥现代教育技术的优势和力量，造成了物力、人力资源的浪费，而且对有效完成教育教学目标和学生的发展也是不利的。因此，要尽可能地防范这种高消费现象的发生。

首先，教师需转变传统的教育思想，以适应现代教育对思想观念的要求。现代教育技术是适合现代教育的，资源的有效利用也应是在现代教育思想的观照下才能得到实现。但是如果教师的教育思想仍然停留在传统教育的阶段，也就意味着教师的思想与思想指导下的辅助手段是不相符合的，自然两者不能达到比较和谐的状态，造成现代教育技术资源的高消费也是在所难免。所以，防范现代教育技术资源的高消费的首要条件是教师还需要改变自己传统的观念，树立现代教育思想：培养学生敢于对已成定论的东西提出质疑、加以完善或者另辟蹊径，直至推翻原有结论的创新能力；培养学生运用各种手段包括现代教育技术自主地获取知识和解决实际问题的实践能力和信息能力；并在这些活动中坚持学生的全面发展和个性发展的思想。思想的转变也会带来教师角色的转变，教师要从传统的桎梏中解脱出来，切实转变角色，真正成为学生学习的指导者，充分发挥学生学习的主体性和积极性。

其次，正确认识现代教育技术资源对教育教学的价值。现代教育技术资源也是一个丰富的课程资源库，对学校的教育教学有重要的支撑作用，但是这种支撑作用的发挥还要看我们能否认识到它全面的价值或者说正确认识到它的作用，否则再好的东西也会被我们视若无睹。现代教育技术资源不仅可以为学生提供直接学习的对象，而且还是保障教学有效实施的条件。它既是条件性课程资源又是素材性课程资源，而且有时候这两种功能互相交织，所以教师应该认识到这种资源库对教学所能提供的帮助不只是一类，如果只将目光盯在它条件性的一面，那么对于其素材性的一面便是一种浪费；同样，如果只将目光盯在它素材性的一面，那么对于其条件性的一面也是一种浪费。但是不管是素材性还是条件性课程资源，对它的使用都应紧紧围绕着教育教学的目的和学生全面发展的目标，并在这一宗旨引导下，合理选用现代教育技术的素材性资源以及合理运用现代教育技术的条件性资源，而不能为用而用，也不能只重形式而轻内容。同时还要意识到任何一种辅助手段都有其本身的局限性，应针对教学内容和学生发展的水平以及身心特点，和传统教育技术相结合，考虑如何尽力避免这些局限，以使现代教育技术资源围绕教学目标充分发挥其优势。

第八章 教师课程资源的开发

随着新课程改革的深入进行,教师的课程资源意识逐步觉醒,人们不仅对教师在课程资源开发中的地位和作用有了较多的认识,也意识到教师自身就是一座课程资源宝库。教师的学科专业、个性气质、文化底蕴、思想信念、情感态度、道德倾向、意识形态、行为作风、处事方法等自身素养对学生将产生持久而深远的影响。

一、教师课程资源及其影响因素

学生的全面发展除了包括知识、技能的增长,还包括情感、态度、价值观的获得;不仅涉及知识、经验的增长,行为的改变,还涉及思维、情感、能力、态度、自我意识等精神特质的养成,而这些特质的养成单纯依靠可触摸的物质性课程资源是难以实现的。诚如乌申斯基所持的观点,只有人格才能够影响到人格的发展和规定。学生的大部分时间是在学校中度过的,因此除了父母外,对他们的日常学习、生活有比较多影响的就是教师了,也就是说,教师的人格魅力影响着学生人格的发展。

(一)教师作为一种重要的课程资源

教师是一种课程资源,在教育研究和教育实践的历史上,这个命题早就被人们认识到了。杜威在20世纪初就提出教师是尚未开发的巨大课程资源,他认识到了教师对课程的潜在贡献。然而,杜威的认识直到20世纪70年代才在美国和英国得到重视和体现。在美国,施瓦布建立了实践的课程范式,在这一范式的视野内,人们认识到教师在课程中的重要作用,提出"教师即课程",认为教师不再孤立于课程之外,而是课程的有机构成部分,是课程的主体和创造者;在英国,著名的课程论专家斯腾豪斯认为,教师作为教学实践的主体必然也要参与课程的研究。他发起组织的"教师即研究者运动"要求赋予教师以教授者和研究者的双重身份,并认为如果没有教师主动的参与、研究、反省,没有他们主动认识理解"官方课程",没有他们根据实际情况把"官方课程"转变成"操作课程",任何教育改革最终都难以成功。以上两次运动都促使人们重新认识到教师内在的实践经验、研究能力和创造能力是客观存在的,对课程的开发、组织、实施有重要作用。[1]

---

[1] 孟宪乐. 教师:巨大的课程资源[J]. 教育科学研究,2003(4).

但是以往的研究主要集中在讨论教师在课程实施或开发其他课程资源时的地位和作用以及开发其他课程资源的方式、方法等问题上，对教师自身作为一种课程资源以及对其进行开发和利用的探讨比较少。随着新课程改革的推进，教师专业化研究的逐步深入，开发教师自身的课程资源作为一个重要的问题提到了议事日程上。

1. 教师课程资源的分类

作为一种课程资源，教师课程资源既可以是教师个体的课程资源，即体现在单个教师身上的资源总和；也可以是教师群体的课程资源，即体现在某一群体教师身上的资源总和。不同的教师群体表现出来的课程资源形态或内容是不同的，如根据年级划分的不同年级的教研组和根据学科划分的教研组拥有的课程资源特征是不同的。值得注意的是，教师群体的课程资源总和并不代表是单个教师个体课程资源的简单相加。不同教师的课程资源在合作和交流中相互碰撞，可以使某一方面的资源特征特别突出，甚至超过各个教师将该方面资源相加的总和，但也可能该教师群体在其他方面的资源较为少。

作为一种课程资源，有研究还将教师课程资源分为条件性课程资源和素材性课程资源，但是，作为条件性课程资源的教师和作为素材性课程资源的教师已经不是同一个"教师"了。为了对这个分类有更清楚的认识，本研究先对其加以分析，然后再做讨论。

（1）教师作为条件性课程资源

这一划分主要是基于教师是课程开发、组织、实施和评价的主体，也是其他课程资源开发的主体这一点来说的。而且其他课程资源的开发和利用程度以及效果，也在很大程度上取决于教师课程资源开发的意识和能力。因为其他课程资源即使在客观上再丰富多彩，但是也仅仅是一种静态的、被动的存在，不会主动进入师生的课堂教学活动，所以需要教师的选择、认定和使用。教师作为这些资源的主要开发和使用者，如果在教育教学中对其他课程资源不加利用，使资源不能对师生的教育教学活动产生影响，那么其价值为零；如果开发和利用不充分，其价值发挥就会很有限；如果利用不当，则还可能有负面的影响。因此，其他课程资源最终能否发挥作用、能否进入师生的教学活动与教师有很大关系。

从上可以看出，教师是在其他课程资源开发与利用中起关键作用的人力资源要素，是保障其他课程资源价值得以充分发挥的重要条件，是一种重要的条件性课程资源。

第八章　教师课程资源的开发

(2) 教师作为素材性课程资源

这一划分主要是基于这样一个事实：当教师站在学生面前时，不是作为一个冷冰冰的符号站在学生面前，也不是仅作为一个传递客观知识、技能的机器，而是一个带着自己的历史、知识结构、兴趣爱好、情感、个性、精神文化等多种因素组合的、有血有肉的综合体。如果教师各方面的素质比较高，那么不用特意的说教，也许其无意识的一言一行都透露出非凡的感染力，给学生的内心世界带来触动。教师身上那些令学生触动的因素会通过教育教学活动悄无声息地在学生的身上体现和延续，潜移默化且深刻地影响着课程的实施和学生的发展。同样，如果教师素质不高，也会对学生的发展产生不良的影响。

因此，在教育实践中，教师是一种重要的素材性课程资源载体，其自身承载的知识技能、生活经验、价值取向、人生态度等不仅决定着其自身的发展方向和水平，更由于其与学生微妙的心灵接触，影响着新课程的实施和学生的发展。这些都是重要的素材性课程资源，这些资源很多时候在无意识间就成了学生学习和模仿的对象，对学生的发展产生了影响。更确切地说，应该是教师身上的这些知识、经验、价值观等内容才是素材性课程资源，而不能笼统地说教师是一类素材性课程资源。作为一个整体存在的教师只是素材性课程资源呈现的载体而已。

教师作为条件性课程资源是将其看作一个整体的、具有主动性的生命体来看的，是带着主动性对课程和其他课程资源进行作为并产生一定的效果；而作为素材性课程资源其实具体是指教师身上承载的内容直接对学生产生的影响，"教师"只是这些内容的载体而已。因此，确切的说法应是，教师是条件性课程资源，是素材性课程资源的载体，教师自身的知识技能、经验、价值观、情感、个性、精神文化等是素材性课程资源。

2. 教师课程资源的特征

不管是作为条件性资源还是素材性资源载体，由于教师作为课程资源本身掺杂了很多"人"的因素，具有自己的主观能动性，所以教师课程资源具有与其他课程资源不同的特点。教师作为课程资源表现出来的特征包括：潜隐性、整体性、动态性、生成性、主观性。

(1) 教师课程资源具有潜隐性

教师作为一种课程资源，尤其是作为素材性课程资源载体时，不太容易被人们认识到，甚至连教师本人也没有意识到。虽然教师没有特意地去盘点自己有何知识、技能、经验、价值观等，也没有有意识地想过将这些东西加以合理组织、呈现，以期对学生的发展有促进作用，但是这些资源却以直接呈现或间接感染的方式潜移默化地、实实在在地发挥着影响人的作用。虽然无形，但却持久。

(2) 教师课程资源具有整体性

虽然我们可以在分析时将素材性的教师课程资源分出一二三来，但是在教育教学实践活动中，这些资源是作为一个整体来发挥作用的。可能在某些活动中，教师呈现出来的素材性课程资源偏向于某一方面，但是不能忽略其他方面素材性课程资源的存在，而且他们是不容分割的。不管他们之间是如何组合，总透露出一个教师或教师群体特有的味道和精神特质。因此，教师课程资源不管在呈现时突出哪一方面，都是作为一个整体而存在的，而且这样一个整体共同反映出教师个体或群体的特质。

(3) 教师课程资源具有动态性

从素材性教师课程资源的角度来看，教师课程资源不是一成不变的。因为随着教师年龄的增长，教育教学经验的积累，教师的知识结构、技能水平、价值观等方面都在悄然发生着变化，并通过教育教学实践活动动态地呈现在学生面前。从条件性教师课程资源的角度来看，由于素材性课程资源的变化，当教师对课程进行开发、实施，对其他课程资源开发和实施时，呈现出来的力度也发生了变化。由此可以看出，教师课程资源是以动态的方式存在。当然，由于教师课程资源存在的隐蔽性，只有通过教师的教育实践活动才能展现出来。因此，教师课程资源总是以动态的方式存在，并且还以一种动态的方式呈现。

(4) 教师课程资源具有生成性

教师课程资源的动态存在和呈现也表明了教师课程资源具有的生成性特点。教师课程资源的生成性主要体现在两个方面。其一，教师经过系统学习教育教学新理念、掌握教育教学新技能、积累新经验后，教师课程资源逐步发生着变化。如结构的变化：改变一些资源内容、删减一些资源内容、增加一些资源内容、削减资源的影响力度、加大资源的影响力度等，并在与环境的互动中进行了自我生成。其二，教师在教育教学实践活动中，通过与学生的互动，在原有课程资源结构和水平的基础上，即时生成新的课程资源。师生的教育实践活动是变动的，教师不会完全预料到教育实践活动的一切发展进程，总会遇到一些没有预料到的新情况，而这些新情况不是教学活动的绊脚石，而是师生和教育教学活动的生长点和契机，通过解决这些问题，在互动中生成新的思想、问题和态度。

(5) 教师课程资源具有主观性

一方面，教师课程资源具有个体性或群体性。因为教师课程资源是依

第八章 教师课程资源的开发

附于"人"而存在的,人的差异会使之呈现出不同的特征。另一方面,教师课程资源价值的发挥也需要教师发挥主观能动性。教师的知识储备也许很丰厚、技能水平很高,但是如果教师没有将其呈现出来,也不是具有实际意义的课程资源。要发挥其资源的优势,需要教师主观能动地参与。因此,呈现出来的教师课程资源具有主观能动性的特点。

(二)教师课程资源的影响因素

教师课程资源是一座重要的资源宝库,但不同的教师个体和教师群体其资源库的内容结构和功能发挥的程度是不同的,受到许多因素的制约。影响教师课程资源的因素主要有如下一些:

1. 教师所处外在环境的影响

不管教师作为个体还是群体,总是一种环境之中的存在,虽然这种外在环境能对其作为课程资源功能的发挥提供一种平台,但也不可避免地带来某些阻碍:作为条件性课程资源,教师课程资源功能的发挥主要体现在教师积极主动性的发挥上,即教师以多大的热情投入课程的开发、实施以及其他课程资源的开发和实施之中。但是教师积极主动性的发挥还取决于社会中有无一种引导教师主动走进课程,并赋予教师某种程度的权力来开发和实施课程、开发和利用课程资源的机制。作为素材性课程资源,教师课程资源功能的发挥主要体现在教师以自身的何种资源来影响学生以及对学生影响的程度如何,也就是说教师有哪些知识、技能、价值观、意志品质等,并在多大程度上影响学生的发展。而社会的发展水平往往在某种程度上决定着教师课程资源的内容、结构及功能,因此教师自身的素材性课程资源功能的发挥及其发挥程度也脱离不了外在环境的制约。这种影响教师课程资源的外在环境主要体现为两类。

(1)社会大环境影响教师课程资源

对社会大环境的考察,我们可以从纵与横的角度,也就是从历史和现实的社会环境来考察。从历史的角度来说,对教师在课程开发和实施中的地位认识有一个演变过程,随着时间的推移,演变到今天我们所感受到的状况,但是目前的"现状"总是带着历史的痕迹。如关于教师在教育教学活动中的地位,即使是教师自身所承载的知识、技能等也都是历史发展的一种结果,社会的发展决定了教师现有的社会知识结构以及知识水平。历史的轨迹将这些知识、技能逐步丰满和完善,现代的教师也才可能接触到当前水平的知识、技能。而从现实的社会环境来看,社会发展的政治、经济、文化发展状况也决定了教师地位的高低,决定了人们从事教师职业积极性的大小,影响了教师在多大程度上发挥其主动性;社会环境对某一社会生活的"重视",也决定了素材性教师课程资源的内容偏向以及其组织、结构特点。因此,教师课程资源也是社会环境的产物,必然受到社会环境的制约和影响,必然带有历史和现实的烙印。

(2)学校环境影响教师课程资源

学校环境是社会环境的缩影,社会环境对教育教学的影响在很大程度上是通过学校环境反映出来的。但学校环境不能全部反映社会环境,与社会环境也不完全一致,会有其自己的独特性。比如虽然有时候社会为学校教育营造了一种有利的环境来开发和利用教师课程资源,但是学校并没有加以利用,视社会要求与其提供的条件于不顾,那么这时学校环境对教师课程资源的开发与利用就具有阻碍作用。学校环境的独特性存在主要是由于学校所从事的活动、教育教学的独特性以及从事该项活动的人的独特性体现出来,如学校教育教学目标的独特性、活动对象的独特性等。同时,学校环境对社会环境没有完全的依附,社会环境的变化和要求不必然引起学校环境的变化。所以,学校环境也是影响教师课程资源开发和利用的重要外在环境。

(3)教育教学的学术研究环境影响教师课程资源

对教师课程资源开发和利用的学术研究环境不仅在很大程度上决定着对该问题研究的方向,决定着对该问题研究的深度,进而还影响着教育工作者对该问题的认识水平、投入该实践的决心和时间以及在实践中的收获。当然要做到这些,还离不开一定的政策引导和保障以及社会环境的支持。

2. 教师自身因素的制约

不管外界环境如何,教师课程资源的开发和利用最终都是要求在教师身上发生变化。这意味着教师要做到:意识到自身是一种重要的课程资源、认识自身有何种课程资源、如何有效开发和利用自身的课程资源。也就是说,外在的环境影响作用最终都要通过教师自身的改变得到发挥,外因需通过内因才能充分发挥作用。教师本身是教师课程资源开发和利用的关键,教师自身如下的一些因素制约了教师课程资源的开发和利用。

(1)教师自身的知识、技能、情感、态度、价值观、意志品质等

教师课程资源的开发和利用其实首先是教师对自己的发掘,尤其是对素材性教师课程资源来说,如果教师的知识范围比较窄、教学技能水平也不高、对教育教学也没有热烈的情感和积极的态度投入,那么教师谈及对自身课程资源的开发和利用也只是一种类似于无源之水的空谈,那么接下来教师课程资源开发和利用的程度等话题更是无法继续进行了。所以说,教师的知识、技能、意志品质等是教师进行自身课程资源开发和利用的基

第八章 教师课程资源的开发

础,也是自身课程资源的重要组成内容,是影响教师自身课程资源开发和利用的重要因素。

(2)教师提高自己教育教学能力的主观愿望

这种主观愿望一是体现在教师对待教育教学活动的态度上。每位教师对自己教育教学活动所持的态度都不同,有人认为自己的教育教学活动是为了养家糊口,有人认为是为了满足自己对教育的精神追求。当然,不同的认识、不同的态度所产生的推动教师从事该项活动的动力是不同的。另外,这种主观愿望也体现在教师自己有无自我提高的愿望。如果教师有一种时刻准备自我提高的意识和愿望,他(她)必然不会放过各种自我提高的机会,包括像自我课程资源的开发和利用等。总之,教师对生活和工作的态度持续地、弥散式地影响着教师课程资源开发和利用的程度。

(3)教师开发和利用自身课程资源的意识和能力

教师课程资源开发和利用的意识也是一种对自身课程资源开发和利用的思想准备。这种思想准备要求教师时刻开放自己的心智,保持对自身课程资源的一种警觉和敏感状态。这种敏感和警觉对教师的课程资源开发有一种心理指引作用,并帮助教师集中注意力于课程资源开发和利用的活动上。所以说,教师开发和利用自身课程资源的意识对其课程资源开发和利用活动有重要影响。另外,教师开发和利用自身课程资源的能力水平也影响着开发和利用的程度。而这种能力特征是一种综合反映,集教师的知识、技能、情感、态度、意志品质等于一体,这种能力为教师课程资源开发和利用提供了一种具有能动性的条件保障。

(4)教师开发和利用自身课程资源的反思水平

因为教师课程资源主要以内隐的形式存在于教师个体或群体身上,所以教师个体相对于其他人来说,更清楚自己身上的资源优势。而且该资源开发的效果也主要取决于教师个体或群体自己的努力程度,因此教师课程资源的开发和利用主体主要是教师个体或群体自己。教师课程资源开发和利用的对象是教师,如开发和利用教师自己的知识、精神品质等,活动对象也指向了自身,基于这样一个特点,教师在开发和利用自身课程资源时,指向自身的内在精神世界和处理外在事情方式的反思活动就具有举足轻重的作用。教师的反思活动时刻关注于教师自身课程资源的开发和利用活动本身以及教师的内心世界,发现活动中的不足以及以后继续努力的方向。通过反思,教师时刻调整自己活动的进程等。当然,教师对自身课程资源开发和利用活动进行有效反思并不是一个轻松之旅,除了需要教师自身的智慧外,还需要教师经历转换的阵痛以及付出一定的毅力。

总的来说，影响教师课程资源的因素主要体现在两个方面：教师的专业智慧和人格魅力。专业智慧主要体现为教师的知识、教育教学技能等方面；而人格魅力主要体现为意志品质、情感、态度等方面，这是更深层次的精神内容。这两方面是教师课程资源得以充分开发和利用的条件以及主要内容，两者共同构成了教师课程资源开发和利用的主要因素。开发和利用教师课程资源主要是指使教师的专业智慧和人格魅力得以充分发挥，专业智慧的发挥因为人格魅力的渲染而得以加强，人格魅力的充分展现也会因为教师专业智慧的支持而大放异彩。两者相辅相成，各自的增强可以在整体上以更大的力度影响教师课程资源的开发和利用。

二、教师的专业智慧

素材性教师课程资源主要是指教师的知识、技能、生活经验、意志品质、情感态度等。而对于条件性课程资源来说，教师课程资源不仅存在一个如何将自身的这些智慧在教育教学实践中进行利用，还存在着如何为师的问题，存在着教师之所以为师的知识和技能的开发和利用问题。因此，对教师课程资源的开发和利用来说，还有一个主要方面便是对教师专业智慧的开发和利用。具体来说，教师的专业智慧主要体现在教师自身拥有的知识类别、知识结构，如关于所教学科的知识储备、其他相关学科知识的储备以及关于教育学本身的知识储备以及这些知识之间的结构状态。另外，教师的专业智慧还体现在教师教育教学活动的技能，如关于学生课堂管理的技能、提问的技能等。因此，教师课程资源的专业智慧主要是指构成教师课程资源的公共知识、学科知识、专业知识和专业技能等，并以教师的理论知识和实践知识表现出来。而在教育实践活动中，这些方面又通过教师对现实问题和传统问题的理解、对现实教育问题的解决得以展现和发展。而对教育新理念的思考也可以促进教师专业智慧的生成。

（一）教育现实问题的解决

由于我国处于社会转型期，教育发生着剧烈的变革，因此在教育教学实践中、在教师身边存在着大量令人感到疑虑、困惑的教育现实问题，这些问题引起了教师的疑惑、疑虑，或者使教师感到了种种疑难。教育现实问题的层次也是多重的，它既可以是重大的实际问题，也可以是中观层次上的问题，甚至可以是极为微观和具体的问题。

1. 宏观层面的教育现实问题

从宏观层面来说，当前教育的现实问题主要有：教育公平、基础教育的片面性、有效落实素质教育、流动人口子女教育问题、留守儿童教育问题。这些问题不是一个地区特有的，也不是一个学校特有的，这些问题虽然没有直接影响教师的课堂教学，但是在宏观层面影响了整个国家教育现实问题的解决、影响了国家整体的教育水平，使教育行政部门在国家层面制定相关的法律法规、提出相应的解决措施，引导各个地区、学校有效解决这些问题。虽然这些问题是整个国家层面普遍存在的，其解决也动用了国家的力量，但是在具体的解决过程中还需要将这些问题细细地、逐层分解，最后在各个学校的具体教育教学活动中得以解决。如基础教育片面性问题，许多教育理论工作者和教师认为我国的基础教育目前仍然存在片面教育的问题：为追求升学率而特别注重学生的考试课成绩，忽视学生心理健康教育、思想品德教育、法律常识教育、音体美劳教育等。为解决这个问题，国家就要注重在考试评价方式和课程标准中突出对其他课程的重视，之后，再对教师学科教学提出要求，进而对教师具体的课堂教学产生影响。至此，为解决基础教育片面性的问题而将任务目标不断分解，当某一目标需要在教师的具体课堂教学中得到解决时，这一个具体的教学任务也许和原来需要解决的大问题在表面上不能相关，也就是说对这个大问题的解决也许让教师自己也无从察觉，但是我们不能忽视这个问题对教师具体课堂教学的影响。

2. 中观层面的教育现实问题

中观层面的教育现实问题主要是指，某个地区或这个地区的学校面对的特有的教育现实问题。这里虽然提到"特有"，但是并不是说就是这个地区或一所学校独自面对的问题。这个问题也可能是国家层面的教育现实问题在结合地方状况或学校状况来解决时产生的，如流动人口子女的教育问题是整个国家都面对的大问题，但是当在涉及对这个问题的解决时，落实到地方或学校，需要地方结合本地或学校的实际情况来采取某些策略时，就成了这个地方或学校所特有的问题。另外，如随着课程改革的进行，要求课程管理权力的下放，在三级课程管理中，地方课程管理和学校课程管理的现实问题便是一个中观层面的教育现实问题。诸如此类的还有地方课程开发、校本课程开发等。虽然地方或学校的教育现实问题大多是国家教育现实问题的分解，但因为需要结合地方或学校特有的状况来解决，因此便有了相对的独立性。对这些问题的解决也同样需要通过教师具体的课堂教育教学活动来完成，对师生的教育教学活动产生了影响。

3. 微观层面的教育现实问题

微观层面的教育现实问题主要是指教师课堂教学中或教师身边出现的教育现实问题。教师对这类教育问题是能直接感知的，就在教师身边，困惑着教师的教育教学活动，如解决班级中经常性不完成作业的学生的问题、解决如何参与校本课程开发的具体问题等。如前所述，这类问题有很多是宏观和中观层面的教育现实问题在具体课堂教学中的落实，也有很多是课堂教学带来的问题。总之，这类问题非常繁多，但是由于各个班级的教师和学生都不同，因此各个班级的教育现实问题也各不相同，而且其出现也往往没有预见性，且以比较直接的方式制约着教师的日常教育教学活动，因此对这些现实的教育问题的解决需要教师集中智慧、提高自己的技能来加以解决。这类教育问题的解决对于提高教育教学质量往往有更直接、更明显的效果，也更能体现和锻炼教师的教育教学智慧。

不管教育的现实问题在哪个层面上，都需要在具体的课堂教学中通过师生的活动得以解决。这对教师的素质和能力提出了要求，也对教师的素质和能力提出了挑战，同时也给教师提高自己的素质和能力提供了锻炼的机会和条件。因为这些教育现实问题需要教师做出比较即时的反应，而教师要解决这些不得不解决的问题，不仅需要对影响教育问题的因素全面考察，还要调动所学的理论知识去思考对问题的解决，并寓思考于自己的行动之中，通过反思不断地调整自己的行动。因此，教师对现实教育问题的研究和解决也有助于开发和利用自身的资源，充分挖掘出自身资源的潜力。同样，教师通过对教育现实问题的解决来开发和利用自身的课程资源，以调动自己各方面的知识、技能来解决教育现实问题。

（二）教育传统问题的理解

教育现实问题的解决往往牵涉到对教育传统问题的理解。教育的传统问题通常都是教育历史长河中积淀起来的共性问题，只不过在不同的历史阶段以不同的存在方式体现出来而已。研究和探索这些传统问题的具体形态和解决策略对于教师专业智慧具有重要的意义。

1. 教育的传统问题解析

从字面来分析，传统一词的含义，无论其实质内容和制度背景是什么，就是指历经延传而持久存在或一再出现的东西。[1] 那么教育的传统问题就是指在教育教学领域，历经延传而持久存在或一再出现的问题。

这类问题有时可能会在教育理论领域以理论困惑的形式表现出来，有时也可能会在实践领域以现实问题的形式出现。但是很多时候不能将某一问题划分为理论问题还是实践问题，因为该问题也许往往在理论和实践上都存在着持续的、难以解决的困惑，如师生关系问题、有效教学的问题、教育理论和教育实践的关系处理等。虽然这些问题在历史的长河中一直都

---

[1] 强乃舍.传统问题三论[J].华侨大学学报（社会科学版），1996(2).

第八章　教师课程资源的开发

没有改变，但是随着社会的发展，每个时代看待这个问题的角度和认识都是不同的。因为社会的发展对培养人的要求是不同的，对每个问题的解决方式和要求也都不同，所以在不同时代的节点上对一个问题的诠释也不同。比如在不同的时代对师生关系有不同的潜在要求，在中国的封建社会，强调等级和地位的差异，教师具有绝对的权威性，这时候师生关系"研究"的主题便是教师如何维持自己的威严、学生如何服从教师的威严；改革开放后，社会的发展要求培养具有民主意识的公民，那么师生关系中就掺杂进"民主"的因素，于是有了"教师主导，学生主体"的说法；随着人们对民主和平等观念的深刻了解，"双主体说""主体间性"等说法接踵而至，"师生是平等的主体，在人格上相互平等""师生间应展开相互对话""教师是学生学习的组织者、引导者"等便是对现代师生关系的进一步诠释。

虽然明确提出对教育传统问题进行研究的时间比较晚，但是其实这个问题一直存在着，并一直是人们研究和尝试解决的对象。比如虽然"有效教学"的说法是近来才提出的，但是在教与学的历史上，每一种教育教学理论或模式的提出，其实都是围绕着"在当前社会条件下如何实现有效教学"的问题，不管是班级教学还是道尔顿制等都是围绕这个问题而提出的。

2．教育传统问题的特点

（1）连贯性

在历史的发展中，教育的传统问题是一直存在的，虽然在不同的历史时代，围绕同一主题，其展开的内容不同。这种连贯性也为教育教学理论和实践的发展提供了基本思路，不断地为我们提供思考和发展的关节点，使得关于某一主题的教育理论沿着一个方向不断向前进步，也不断地推动着教育实践不断向前发展。

（2）时代性

虽然教育的传统问题一直都持续存在，但是在不同的时代其呈现方式和解决方式都不同。众所周知，教育是培养人的活动，而不同的时代对培养的人的要求是不同的，那么教育的传统问题在呈现时必然不能脱离社会的背景和要求，自然，对同一教育问题的解释和解决也都会不同，比如前文所述的对师生关系问题的阐释和解决。这也是造成教育传统问题动态发展的原因。也就是说，当我们谈到某一个教育的传统问题时，它并不是一个静态的存在，一直等待着世世代代的人们来解决这个总也解决不了的问题，而应该以一种动态的眼光来看待它，因为它不是一成不变的。虽然它一直存在，但是它的一直存在并不代表对它解决起来比较困难，而是因为不同的时代发展赋予了它不同的内容，产生了新的要求解决的问题。

(3)深刻性

教育的传统问题也大多是教育的基本问题。对这些问题的研究和解决对于发展教育教学理论、构架教育教学理论框架，解决教育的现实问题具有直接的意义。因此，教育的传统问题具有深刻性。也因为这种深刻性和基本性，使得教育的传统问题一直存在于我们的教育教学活动中，绕不开躲不过。但是当我们尝试对其解决时，也便为我们进一步思考教育问题、发展教育教学理论和解决实践问题提供了机会。

(4)历时性和现实性相结合

这一点主要是基于教育传统问题的连贯性和时代性而言的。教育的传统问题一直存在，在不同的时代也有不同的表现，但是不可否认的一点是当前人们对该问题认识的成果必然是历史认识积淀的结果，也必须和现时代进行结合，在教育教学实践中对师生提出不同的要求。因此说，教育的传统问题在动态发展中的每一步都是历时和现实的结合。

(5)理论性和实践性相结合

教育的传统问题不仅需要人们在理论上对某一主题的问题进行解释，还需要人们在实践探索中对该类问题进行解决。其实践性主要是由时代性所致，也就是说需要对时代即时提出的要求进行满足，继而对实践中出现的问题进行解决。也因为对教育教学实践问题的思考，才促进了教育教学理论不断发展，而发展的教育教学理论也不断地指导着现实的教育实践，两者在相辅相成中共同发展。

3. 教育的传统问题与教师专业智慧的培养

因为教育的传统问题具有以上特点，使得它们在教育的理论和实践中都普遍存在，因此教师无法躲过对它们的认识和思考，不管是有意识还是无意识。那么当我们的教师自觉不自觉地对教育的传统问题进行思考时，对教师自身而言也是一个学习的机会：进一步深刻认识一些教育教学的理论和观念，也进一步促进自己提高解决现实教育问题的技能。

首先，对教育传统问题的思考有助于教师提高教育教学的理论水平。因为教育的传统问题是具有连贯性的问题，在历史发展中积累了不同的观点和理论认识，教师沿着对该问题思考的发展脉络，可以认识不同时代的人们对该问题的思考过程，在思考中体会发展变化，进而促进自己对教育教学理论的认识，丰富自身对何以为师以及如何为师的理解。

其次，对教育传统问题的思考有助于教师认识和理解当前的教育现实问题，促进教育实践问题的解决。因为教育的实践问题在历史中的发展变化是不脱节的，教育的传统问题可以为人们认识该问题提供一个回溯的路

第八章 教师课程资源的开发

径,让当前的教育实践问题在历史和时代的纵、横坐标中得到展现,有助于教师结合自己对该问题的理论认识对当前的现实问题有更加全面而深刻的解析,促进教育实践问题的解决。

因此,对教育传统问题的思考和进一步认识为提高教师的理论修养和解决现实教育问题的技能提供了一种有利的环境,也进一步促进了教师课程资源开发和利用的能力,促进教师专业智慧的进一步养成。因此,应引导教师对教育传统问题的思考从无意识走向有意识,从无序走向有序,从自身的教育现实问题透视教育的传统问题,从教育的传统问题尝试寻求解决教育现实问题的思路,并在此过程中,不断地积累自己作为"师者"的资本,也进一步沉淀开发和利用自身课程资源的资本和能力。

(三)教育新理念的形成

教师在解决教育现实问题和理解教育传统问题的过程中,不断获得对于教育问题的新认识,形成教育新理念。教育新理念是教师专业智慧的重要支撑点,是人们在教育教学的实践活动中,应时代要求、探索教育问题所总结的新理念和新观点,代表了教育教学理论研究和实践活动的发展方向。为了对教育新理论有更加深刻的认识,有必要对教育新理念进一步加以分析。

第一,教育新理念是应时代的要求而产生的。教育新理念的产生不是凭空而来的,单凭教育理论的逻辑推演也是不能完成的。也许教育理论的逻辑推演可能预见教育理念的发展方向,但是最终教育新理念的产生还是和时代的发展分不开的,其产生和存在是因为时代发展对教育提出了新的要求或者出现了新的要求解决的问题,而这些新的要求或新问题是以往的教育理论或教育实践无法解决的,是需要结合当前的时代特点和时代所提供的条件来解决的,于是新的教育理念应运而生。

第二,教育新理念不等于教育新理论,它是一系列概念的综合体。教育新理念是一个较上位的概念,该理念不仅需要在理论上进行分解,更需要在实践上进一步细化,是一系列理论观点和实践活动的综合。比如在中世纪,由于长期以来对儿童的忽视,造成了对儿童的压抑。启蒙运动在提倡以人为本、解放人性的同时,也注意到了对儿童的解放。由此而来,教育教学领域也逐渐提出了"以生为本"的教育理念,而这个教育理念是通过一系列教育理论来具体表达和落实的,如"主体间性""对话教学"等。而这些理论要想在教育教学实践中得到落实,还需要进一步细化,以便在实践中将之具体化。

第三,对教育新理念的提出和完善是集体智慧的结晶。教育新理念的提出和完善不是某一个人能完成的，而是集体智慧的结晶，代表了教育教学理论和实践发展的又一台阶。也就是说，我们不能靠教师或其他教育工作者中的某一个人的力量提出一个思想内涵和表述等各方面都比较完善的理念。但是，教师却可以通过学习，然后结合自己的教育实践体验该理念的内涵和价值。

第四，教育新理念在实践中的落实要照顾到地区的差异性。因为教育新理念是集体智慧的结晶，这个集体也许不是在本国家出现的一个集体，比如美国提出了某一教育新理念，当我国的教育工作者对其学习时，首先要将这个理念放置在美国这个国度的环境中，考察其提出的原因，即该理论要解决什么问题、要达到什么目的、提出该理念前后理论和实践发展的历史等。又因为每一个教育理念的提出都是和社会发展状况密切相关，是社会发展的需要，但是在其他社会环境下也许暂时是不需要的，因此在具体的教育实践落实中，自然也要考虑到本地区社会发展和教育发展状况，考虑本地区的需要程度和提供的问题解决力度。

第五，教师应以批判性的思维来对待教育新理念。上文提到教育新理念的落实要观照地区的发展差异性，而拥有这种思维必然也要求教师具有批判性的思维来对待该理念，也就是说教师不仅清楚地认识到该理念提出的前龙后脉，对其优、缺点有一个清醒的认识，即使在自己的教育教学实践活动中将之加以落实时，还应该结合本地区、本校的实际状况，批判性地对其吸收和运用，而不能盲目地将之全盘接受或否定，更不能因为变革带来的心理恐慌而对教育新理念不假思索地排斥，这些都是不理智的行为。

可见，对教育新理念的认识、体会和实践不仅可以让教师进一步增加对教育教学理论和实践活动的深层认识，增加其专业知识的积累，还可以使教师在这些认识的引导下，采取各种方式将之落实到实践中，提高其专业技能。因此，对教育新理念保持一种敏感而批判的态度，可以促进教师对自身课程资源的开发和利用。

三、教师的人格魅力

在学校教育教学活动中，教师在引导学生认识周围世界的时候，他自己也作为周围世界的一部分出现在学生面前，参与到学生的认识中。其中，教师的人格因素对学生的影响比其自身知识、技能对学生的影响更加深刻、持久。因为教师的知识、技能只能让学生明白一个道理、改变学生的知识结构，而人格因素却可对学生的思维、态度、行为方式产生影响。因此，教师的人格魅力是素材性教师课程资源的一个重要组成部分。

虽然在以往的研究中有很多学者包括教师已经意识到了自身人格因素

第八章　教师课程资源的开发

对学生的影响,但却很少从课程资源的角度来看待这个问题。课程资源开发和利用的视角不仅将教师自身看作研究和实践的对象,还将自身作为研究和实践的主体。教师能有意识地以更大的主动性参与到教育教学活动中,并且相信这种教育教学活动可以通过自身力量或自身魅力得到改善,并在这种改善中注重与学生、外界环境等方面的交流。而只看到教师知识、技能对学生影响的看法,在潜意识里只是把教师看成一个被学习的对象,就不利于教师主动性的发挥。而所谓人格魅力主要是指一个人在性格、气质、能力、道德品质等方面具有吸引他人的力量。而教师的主动精神、乐观态度和教师的快活力等都是教师人格魅力的体现和重要组成部分。

(一)教师的主动精神

教师的主动精神是教师人格力量的重要来源,在教育教学活动中具有多方面的表现和影响,应该引起高度重视。

1. 教师的主动精神解析

所谓精神,是指一个人在心理、意识、思维、个性和行为等方面表现出来的一种状态和面貌。[①] 而教师的主动精神主要是指,在教育教学活动中,教师在心理、意识、思维、个性和行为等方面表现出来的一种积极进取、具有能动性的状态和面貌。

教师的主动精神必然在很多方面展现着教师的精神面貌,不仅体现了教师主动、积极进取的态度,还体现了教师自强不息的奋斗精神,是教师主观能动性在教育教学环境中的表现。它不仅作用于教师的精神世界,还影响着教师的教育实践行为,并在教师能动地作用于实践活动时使自己的主观世界和精神世界得到建构和塑造。而且教师的这种主动精神还能在与学生的教学活动交往中潜在地传达给学生,感染学生,调动学生的学习主动性,促使整个班级形成积极向上的学习氛围。由此可见,教师的主动精神是教师教育实践活动得以有效发生和展开的根本条件,也是使教师自己的主观精神得到改变的重要条件,是教师从事教育、教学的推动力。这种推动力不仅给教师前进的动力,还让教师自觉、持续地付出自己的意志努力来研究、解决教育问题,排除困难。

2. 教师主动精神的外在表现

虽然说教师的主动精神是一个人总的精神风貌,但会在教师行为、思维等各个方面体现出来。教师的主动精神主要体现在以下方面:

首先,具有主动精神的教师具有一种幸福的心态,为身为教师而自豪。

[①] 张传燧. 论教师精神及其培养[J]. 教师之友,2005(6).

教师的幸福心态是具有主动精神的教师的一种精神现状,也是促使教师保持教育教学主动性的条件和环境。只有当教师在自己的岗位上感到幸福时,才愿意把学生教好,才能专注于学生的成长和发展,将自己所有的才华和精力奉献给教育事业,并在这个过程中不断完善自己。

其次,具有主动精神的教师具有勤于探索教育的研究品质。具有主动性的教师为了更出色地完成教育教学任务,在面对自己教育活动中的困难时,能积极思考、乐于探索,以找寻有效解决教育问题的方法,并在此过程中不断更新教育观念、扩展知识、掌握信息技术、提高教育实践能力与科研能力。因此,教师对教育的探索和研究不仅体现了教师对自己专业的忠诚和对专业永无止境的追求,还是教师主动精神的内在,也为教师继续发挥主动性提供了养料和原动力。

再次,具有主动精神的教师具有乐于自我反思、喜好创新的特点。教师的主动精神促使教师积极关注自己的教育教学,勤于反思自己教育教学活动的优势和不足,不甘于墨守成规,以创新求发展。而且教师这种喜欢反思和创新的态度往往也能激发学生的反思意识,促进学生创新精神的培养。

最后,具有主动精神的教师具有保持自己的个性、不人云亦云的特点。教师的主动精神还表现在个人风范上,就是说教师富有自己的个性,而这种个性不是人云亦云、随波逐流,否则教师的个性和主动性都无从体现。当前各种教育理念、方法、模式层出不穷,这令很多教师都感到迷乱和茫然,如果教师只是一味地跟着别人的思路走,自己不思考、不创新,那么所从事的教育实践活动也并不是自己真心想要的,其主动性也无法充分发挥。在教育教学中,教师一定要认可自己,要有自己独特的个性,发挥自己的特色,尽量弥补自己的不足,并在批判地思考先进的教育理念的同时,在实践中磨炼自己的智慧。从实际出发,在实践中勇于探索、创新,在实践中发展个性。当然,个性的张扬必须以共性为前提,虽然任何个性的张扬都要彰显其魅力,但不能和教育规律背道而驰,不能有悖于学生的认知、情感、意志等方面的规律。另外,保持自己教育教学个性也不意味着排斥合作精神,很多时候,学会合作才能更好地彰显个性精神。

3. 教师的主动精神在教育教学中的作用

对学生的学习来讲,教师的主动精神能促进学生积极学习心态的形成。因为教师的主动精神能为学生营造一种积极向上的学习氛围,形成一种无形的凝聚力将学生的关注点聚焦在学习活动上,而教师是这样一个"气场"的核心。在这样的氛围中,师生的教育教学活动才能开展得更加有效。

第八章 教师课程资源的开发

另外,教师的主动精神不仅能促进学生积极地对待自己的学习,还对学生人格的养成有深刻的影响。教师主动精神的人格魅力吸引学生,也使学生自觉不自觉地去模仿教师。换言之,在无意识中,教师的主动精神成了学生直接的学习对象,影响着学生人格的形成和发展。

(二)教师的乐观心态

乐观的心态是一种以开朗、豁达的态度对待周围的人和事的能力,也是一种健康的人生态度。乐观是对一种对待生活的心态的描述,它不是靠教授就能让别人学到的,只能通过潜移默化地对别人施加影响让其感受到。乐观的心态对我们现代人的生活来说尤为重要,因为人类社会在进入了现代文明的阶段之后,变得愈来愈繁杂和纷扰,我们的周围充满了种种矛盾、问题、挑战和选择,而如果我们想要顺利地解决这些问题,就必须以一种乐观的心态去对待,教师也应是如此。

教师的乐观心态不仅体现在教师自己对待生活的态度上,还体现在对待自己的教育教学活动中,而对学生影响比较大的乐观心态更多是通过教师的教育教学活动来体现的。在教育活动中,教师的乐观心态主要体现在以下几个方面:

首先,持乐观心态的教师以积极而正面的态度来对待自己教育教学活动中的困难,并竭尽全力排除困难。社会的不断发展变化也给教育提出了不断变化的要求,也给教师的教育活动带来了很多困惑或困难,而持乐观心态的教师在面对这些困惑或困难时通常会表现出一种自信,相信自己能解决这些教育问题,并乐于去了解和解决这些问题。比如在倡导课程资源开发和利用的时候,教师们都要首先考虑一下学生的需要以及周围可以利用的资源,对于城市的师生来说,物质资源的匮乏问题不太常见,而对于农村的学校来说,有时师生会遇到资源匮乏的困难,如果这时教师没有一种乐观的心态,很可能就会就此罢手,而不是去想其他的解决方法,这样不仅阻碍了教师能动地对待自己的教育教学,还忽视了自身课程资源的存在。而比较乐观的教师在资源匮乏的情况下,不是退却,而是积极创造资源。

其次,持乐观心态的教师乐于接受教育教学的改革。社会对教育培养的人的标准不断提出新的要求,自然也对培养人的教育不断提出新的要求,这样教育就处在不断变化的状态了。持消极心态的教师在面对这种变化时,很多时候会表现得比较恐慌,担心自己不能在将来的教育教学中胜任;或者表现得比较厌烦,因为教师还要花费精力重新学习和了解教育教学的新变化。而一位比较乐观的教师在面对这种变化时,首先会想到去了解这种变化的来龙去脉，然后欣然接受这种变化，并为在新的教育环境中胜任教育教学任务而不断学习关于教育教学的新理念和新技能，积极参加学校组织的各种教研活动，与其他教师合作，共同探索教育教学中出现的问题。

最后，持乐观心态的教师勇于进行教育教学的创新。对自己的教育实践活动比较乐观的教师总是能以比较积极的心态面对自己的教学活动，不仅在遇到教育教学中的困难时不退缩，即使在教育教学活动开展顺利的情况下也不安于现状，而是继续对自己的教育教学活动进行探索，并以积极的心态期待出现更好的教育教学效果。

教师的乐观心态对于保障教师以积极的心态投入教育教学活动有支撑作用，因此是一种重要的条件性课程资源。它能够保障教师教育教学活动的顺利开展，使教师积极面对教育教学活动中的困难和变化，敢于在自己的教育教学领域开拓创新。不仅如此，教师的乐观心态也可以在教育教学活动中让学生感受到，因为即使师生在共同参与的教育教学活动中遇到了困难，教师以一贯的乐观心态在引导学生解决问题时也必然会将这种乐观的心态和乐观地处理问题的能力感染学生。因此，教师的乐观心态还是一种重要的素材性课程资源，可以作为学生直接学习和感受的对象。

（三）教师的快活力

心理学研究成果表明，教师的人格魅力对学生的精神和人格的个性化有着极大的影响，能对学生人格的形成起到引导、感染和潜移默化的促进作用。而学生也总在与成人的交往中通过观察、模仿，受到启示感染而不断成长。教师在与学生交往中所表现的"快活力"也会使学生感染到快活的力量，在精神愉悦的同时增强学生对学习的兴趣，促进学生有效发展。

1. 教师的快活力对教育教学活动的影响

教师的"快活力"不仅是指教师在对人和对事时体现出来的一种乐观和满意的态度，还指教师总能将这种乐观和满意有意识或无意识地表达出来，表现出快乐、活力和激情，对人和对事都充满了热情，并将这种乐观和满意传达给学生，让学生也受到触动和感染，让他们也感受到轻松、愉快、激情和活力。

在教育教学活动中，教师的快活力主要体现在以下方面：

首先，具有快活力的教师在教育教学活动中能为学生营造愉悦而积极的学习氛围。成为具有快活力的教师其实有一个前提条件，那就是教师必须对自己的职业有一种深刻的认同以及对学生深深的关爱。因为快乐的可传染性，具有快活力的教师不仅自己感受到快乐、满意和激情，还能将这种快乐、满意和激情传给学生。比如教师可以通过自己的肢体语言和面部表情告诉学生自己是快乐的，也可以通过与学生轻松、愉悦甚至诙谐、幽默的交流告诉学生自己是快乐的，也可以通过与学生共同的活动让学生感受到教师对待他们以及教育事业的激情，让学生感受到教师对他们的关爱和关心他们成长的用心。学生感受到这些的同时，也会感受到一种愉悦的学习场的存在，这个场是可以让人精神放松的、鼓励人积极向上的，那么这时学生的思维便会处在一种具有安全感的状态，其积极性也会充分发挥出来，并畅所欲言、言其所想，这有利于学生学习积极性的调动和发挥，能促进学生的学习。

其次，具有快活力的教师在与学生相处时一般都能形成良好的师生关系。教师的快活力其实也是一种很强的凝聚力，相信大多数学生都会喜欢快乐、热情的教师而不是一个忧郁、冷淡的教师。教师的快乐带给学生轻松的感觉，让学生乐于跟教师亲近，愿意听从教师的引导甚至批评，也乐于将自己的困难展示给教师以寻求教师的帮助并进一步体会教师对自己的关爱，因此，具有快活力的教师容易促使良好师生关系的形成，为有效教学提供了精神良药。同时，学生在感受教师带给他们快乐的时候，也体验到了快乐带给他们的力量，也会自觉不自觉地将自己的快乐和激情带给周围的人，这会促进同学之间的交往，有利于乐观、积极向上的班级风气的形成，而这种班级风气又会以更大的教育力量感染学生、熏陶学生。

最后，具有快活力的教师一般对自身的职业有比较强烈的认同感，这会增加教师对教育教学活动的投入力度。具有快活力的教师之所以能呈现出一种快乐和激情，其内在原因还是教师自身对自己的职业和从事的教育教学活动感到一种满意和认同，认可自己的工作、生活价值，从事这种活动能给他（她）带来一种精神的愉悦和享受，而且这种精神愉悦还可以作为一种强化促使教师不断地增加对教育教学活动的投入力度。这些投入包括投入对学生教育的精力、时间，投入对教育实践中遇到的问题的思考和奉献，也投入了通过提高自身的知识、技能以促进教育教学水平提升的时间和精力。这样不仅促进了教育教学活动的有效展开，也促使教师自身不断发展。

2. 教师快活力的开发和利用

教师的人格魅力不管是对教师自身完成教育教学任务，还是对于促进自身知识和技能的发展，还是对于促进学生良好人格的养成来说都具有积极的作用。那么，在教育实践活动中如何来开发和利用教师人格魅力的课程资源呢？

首先，如果教师自身拥有主动精神、乐观的心态和快活力，那么教师在与学生的交往中就会走进学生,把学生当作一个有着丰富情感、渴望理解与关爱的完整意义上的人,以平易近人的心态与学生打交道,增加师生对话的机会,并主动引导学生感知这种人格魅力,以及以这样的人格魅力看待问题和处理问题时所带来的精神的愉悦和身体的健康。另外,教师还应培养自己敏锐的观察力和自我反思能力,因为只有敏锐的观察力才能及时发现教学课堂中闪现的有教育意义的教育机会和素材,发现自身蕴含价值的资源。同时,只有深刻的自我反思才能及时纠正自身出现偏差的精神资源,从而避免可能对学生产生的负面教育影响。①

其次,如果教师自身缺乏这种主动的精神、乐观的心态和快活力,那么教师自身就要尽量避免消极因素在学生面前的流露,积极培养学生人格魅力的养成。教师要以热情和爱心对待每一位学生,对待自己周围的一切,时刻嘱咐自己要为学生和教育事业多付出和多贡献一些。如果离开和违背了这一点,只想着通过教育教学活动来满足自己的私欲,解决自己的生存问题,而不是将教育活动作为一项崇高的事业来看,那么教师就永远不会感到满足,内心世界也永远不会宁静和平衡。另外,教师还应尝试拥有无所畏惧的气魄,以不断求知和积极进取的态度对待自己的生活和职业,这样才能够从容不迫地迈开脚步,沉着坚定地去面对教育教学中碰到的种种困难,一桩桩地去克服与解决,不断地促使自己走向崭新的境界。

四、教师成为学习者和研究者

教师是一种重要的课程资源,但要想有效地发挥教师课程资源的作用,还需要有这种利用和开发的意识,意识到教师不仅是一个师者,还是一个学习者和研究者。教师能以自身持续的学习和研究增加自己的知识修养、提高教育教学技能,进一步增添教师作为师者的内涵和能力。

随着新课程改革的推进,"教师成为研究者"已为广大教育工作者所认识:教师成为研究者并不是要求教师像教育专家一样去研究,而是针对自己教育教学活动中出现的问题去探索和思考。教师成为研究者是一种观念,主要包含两个方面的含义:其一是教师应该成为研究者;其二是教师的教学过程、教学内容、教学情境以及学生多样性的特点,决定了教师教学活动本身就是研究活动,教师本身就是研究者,教师成为研究者是教学活动对教师的基本要求。②

教师作为研究者也必然要求教师是一位学习者,尤其是随着教师课程资源开发在实践层面的逐渐开展。反过来,教师成为学习者和研究者也可

---

① 孙元春.谈课程资源开发的三个维度[J].当代教育科学,2004(15).
② 肖开勇.论教师成为研究者及实施途径与策略[J].鄂州大学学报,2007(3).

以使教师不断更新自己的知识结构、教育教学技能等，也为教师开发和利用自身的课程资源奠定了基础。

(一)理论学习和研究

教师成为研究者，首先要解决的是自己教育教学活动中出现的问题；成为学习者是为了提高自己在理论和实践上的修养，实现自己的人生价值，并促使自己成为研究者。而不管是作为学习者还是研究者，教师都需要在知识和技能方面有所准备和积累。就教师在公共知识、学科知识和教育教学知识的积累和知识结构的变化来说，都需要教师加强理论学习和研究。其中，进行文献学习和文献研究是理论学习和研究较为快速有效的途径，能使教师在短时间内掌握大量的知识、借鉴到别人的经验、及时了解关于教育教学的最新动向。

对于文献学习和文献研究这样两个概念来说，文献学习主要是根据一定的研究目的或课题，搜集、鉴别、整理文献，并通过对文献的深入分析和理解，完成对事实认识的学习过程；而文献研究是一种很重要的研究方法，主要是通过对文献的分析、描述来实现对事实的认识。根据研究的具体方法和所用文献类型的不同，将文献研究分为内容分析、二次分析和现存统计资料分析。其中，内容分析是一种对文献内容进行客观、系统和定量描述的研究技术；二次分析指的是对那些由其他人原先为别的目的收集和分析过的资料进行的新的分析；现存统计资料分析则是利用那些以频数、百分比等统计形式出现的聚集资料的统计分析。[①] 由于这种方法并不与文献中记载的人与事情直接接触，因此，它是一种非接触性的、间接的研究方法。虽然文献学习和文献研究不是同一类别的概念，但是在日常的生活中，人们通常会将其视为同一类活动。这种认识突出了文献研究中人们的行为而忽略了其中的方法论意义，即通过对文献的分析和探索，以解决疑惑或开阔视野等。再者，虽然"研究"的意味在程度上比"学习"来得更加深刻，但说到底"研究"还是"学习"的一种，可以说文献研究是一种深度的文献学习，而且教师在利用文献进行研究和学习的过程中，并不要求像科学研究那样严格地按照文献研究的方法与步骤进行，因此教师的文献研究也可称之为"文献学习"。

教师不仅可以通过文献学习和研究获得关于教育教学及相关的专业知识和研究方法，还可以从中获得对待、解决教育教学问题的态度、方法和思路，促使自己获得发展。

---

① 李兴利. 从文献研究看档案馆工作[J]. 档案管理，2008(1).

第一，掌握教育教学的相关知识和研究方法。这里的知识主要是指静态呈现的陈述性知识，它们可以为教师呈现一些史料和观点等。人不能生而为师，尤其是在当今要求教师专业化的时代，要成为教师在很多情况下需要人们经过系统的学习，学习如何为师、学习为师所教学科的知识、学习处理教育教学问题的方法等。随着历史的积淀，在教育教学活动中一些共同的内容已被人们以理论或案例的形式呈现出来，教育教学发展的历史也被呈现了出来，这些都可以让教师在一种历史的脉络中掌握教育教学的发展变化，并为自己当前的教育教学活动提供借鉴。当然，可供教师学习和研究的文献不只是一些关于教育教学的史料和观点，也可以是和当下教师所从事的教育活动相关的一些参考资料，如教育教学以及所教学科的科研方向和新成果、当前国内外有关教育教学的重大课题、同行教师如何进行研究工作、取得了哪些重要成果、还存在什么问题等。教师只有这样主动向教育研究的前沿阵地挺进，才能抓住教育科学研究以及所教学科发展的脉搏，否则就不能促进自己教育教学的发展，也会落后于时代的要求。

第二，获得解决教育教学问题的态度、方法和思路。教师在教学中总会遇到各种各样的问题和困惑，包括观念上的和实践操作上的。而通过对文献的学习和研究，教师可以为自己消除教育教学认识上的困惑，认清教育教学的发展方向和需求，从而明确自己的努力方向。对文献的学习和研究也可以为实际教学提供一些参考，为解决具体的教育教学问题提供思路，从而促进课堂有效教学的形成。这些都是教师进行文献学习和研究所产生的直接效果，更重要的是，教师在这个过程中还能潜移默化地获得一些对待教育教学问题的态度、方法和思路，使自己在问题面前不再束手无策。教师也许不能一下子解决遇到的问题，但是在文献学习和研究中，教师获得了探究的态度、知道了解决问题的信息、掌握了许多解决类似问题的方法和思路，知道可以通过什么样的努力和方法去解决这些问题，知道可以通过探究使自己的教学得到改善，久而久之，教师就能在通过文献学习和研究而积淀来的探究态度中以研究性的心态对待自己的教学，从而形成自己的教学风格。进而，教师再以这种研究的态度感染学生，使学生的学习方式发生变化，促进学生良好学习方式的形成，此时教师作为课程资源的各个方面也由隐到显地体现了出来。

总之，教师通过文献学习和研究不仅可以了解教育教学和相关学科的理论知识和实践知识，还可以从中学习、体悟进行教育研究的态度、方法，使文献本身潜在的能量得到释放，也能尽快地促进教师成长。因此，学校和教师应重视文献学习和研究的作用，开展各种学习和研究活动，为教师

第八章 教师课程资源的开发

提供资源共享的机会，使有限的文献资源发挥最大的作用，为教师的教学和自身发展服务。

（二）经验学习与观察研究

教师除了通过对文献进行研究来掌握知识、技能外，还可以运用观察研究方法进行经验学习。经验学习与文献学习相比，教师不仅能身临其境，直接接触生动具体的人和事，使教师获得更加深刻的印象和感触；而且，经验学习时时刻刻都在发生，教师只要留心，都可以从周围的事、物中获得新的东西。因此，经验学习对教师的成长具有不可估量的作用。

心理学对经验学习有比较丰富的研究。行为主义学习理论、认知主义学习理论、人本主义学习理论虽然持不同的研究视野，对学习的发生有不同的理解，但都强调经验在学习中的作用。虽然所有的学习都是一种经验，但经验学习的概念仅仅在 30 年代初的美国才开始作为教育研究的一项内容。库伯在总结杜威、勒温和皮亚杰关于经验在学习中的作用的基础之上，提出了经验学习的概念，强调用有机的、整合的观点来审视学习和学习中的四个互相关联的因素，即经验、感知、认知和行为。库伯强调，学习是一个以经验为基础、个人与环境互动、适应环境不同模式之间的矛盾解决过程而不是结果，而且这个过程是连续的、有机的，并且能生产出一定的知识，即通过亲身体验或实际操作而进行的学习，从经验中获得结果和知识。其实质是通过"做"进行学习，而不是通过听别人讲述或自己阅读来学习知识。库伯还认为，经验学习过程通过具体经验、反思性观察、抽象概念化、主动实践四个阶段，然后再回到具体经验等阶段，构成一个不断发展中的螺旋循环的环。[①] 后来人本主义心理学家罗杰斯、克尔伯、博顿等人继续对经验学习进行深入研究，对教育教学产生了很大的影响。在中小学教育教学实践中，经验学习也获得了一定的重视和应用。对于教师的学习，经验学习也是促进教师发展的一种重要途径。

根据库伯的理论，教师的经验学习也可以由四个不断上升、循环的阶段构成，即教师投入某种新的经验，这种经验可以是自己或别人的教育教学经验，进行体验，然后对已经历的体验加以思考，进而在深刻理解的基础上概括出合乎逻辑的概念，接下来验证这些概念并将它们运用到自己教育教学活动中的制定策略、解决问题中去。

从上文中我们可以看出，观察研究方法对教师经验学习的重要性。教师在经验学习中深入研究别人的教学，从而更直接、客观地观察、描述课

---

① 戚先锋.库伯的经验学习理论——研究中小学教师继续教育的新视角[J].继续教育研究，2006(2).

堂教学的现象，同时也反观自己的教育实践，总结别人和自己教育教学实践中的得失。在此基础上，教师以其自身拥有的理论与方法素养对教学的内在意义与价值做出合理、有效的解释或对教学规律做出系统、科学的归纳与总结。由此可见，观察研究不仅是提高教师业务水平和改进课堂教学效果的可取方法，还是教学研究工作必不可少的方法之一。① 同时它也是教师经验学习的一个必不可少的环节，而且这个环节并不是界限分明的，而是整个经验学习都离不开观察研究。

因此，教师在日常教育教学活动中，首先应当重视自己或他人所拥有的丰富、形象、生动的教育教学经验（包括在教育教学实践工作中所获得的感性认识和掌握的技能、技巧），认识到这些教育教学经验是促进教师成长的重要资源。因为根据心理学的观点，学习是经验的改造并产生知识的过程。在这个过程中，教师以已有的教育经验为起点，重视观察、观摩、反思等方法的运用，通过观察、分析自己和别人的教育教学经验，总结其中的规律，借鉴和发扬优秀经验，在自己的教育教学中将提炼、改造、总结、推广的经验加以显示和进一步挖掘，不断改造和再改造自己的知识经验，在不断调整中完善自己的教育教学实践，从而实现有效教学和教师自身的不断进步。②

（三）重在问题解决的行动研究

教师成为学习者和研究者的另外一个重要的方式是在问题解决中学习，在行动中研究。因为在教师的教学实践中，总会遇到各种各样的问题，这些问题虽然阻碍了教师教学的顺利进行，但是对这些问题的恰当解决恰恰是教师获得发展的一个机会和契机。因此，问题的解决也是一种重要的学习方式。自从杜威倡导问题解决学习并提出问题解决的五阶段理论后，之后的支持者和继续发展者都认为，在问题解决学习中，问题是整个学习活动进行的线索，以问题的提出为学习的开始，以问题的解决为学习的终结。问题解决的过程也应是探究学习的过程，并应贯穿主动地探求、思索并明智地驾驭实践以及掌握有效地解决及处理问题的态度和方法。教师面对的问题主要是教育教学问题，与一般的问题解决有着大致相同的思路，即也需要教师以主动探索的精神在教学实践中观察、调查问题，认清问题症结所在；然后搜集解决问题所需的资料；考虑各种解决方案，加以研究，并作出假设；实际应用并验证假设……而教师的行动研究是解决教育教学问

---

① 王鉴．实践教学论的研究方法[J]．上海教育科研，2003(5)．
② 咸先锋．库伯的经验学习理论——研究中小学教师继续教育的新视角[J]．继续教育研究，2006(2)．

题的重要方法,也是促使教师成为研究者的重要途径。因为人们普遍认为,直接举起"教师即研究者"大旗的是教育行动研究。① 尤其是目前随着我国课程改革的深入,传统的教育研究方法已无法满足广大中小学校和教师的要求,需要引入先进的教育研究理念,解决教育实践面临的问题,而行动研究以其问题性和实践性的特点成为教师研究、解决自己教学问题的一种重要方法。

行动研究作为一种研究方法,最初诞生于社会科学研究领域。在传统的技术理性观中,"行动"与"研究"是两个不同范畴的概念,前者指实际工作者的实践活动,后者指专家、学者、研究人员的学术性探索活动。最早将这两个概念联系在一起的是美国印第安人事务局局长科利尔(Collier, J)。但科利尔只使用了行动研究一词而没有对行动研究做出具体的阐释。因此,行动研究的原创更应归功于德裔美籍心理学家勒温(Lew in, K.)。勒温认为,"没有无行动的研究,也没有无研究的行动"。② 这句话强调行动与研究间的密切关系,为行动研究正式定了名。

行动研究于20世纪50年代进入教育研究领域,教师参与研究一时成为教育界关注的热点。但早期的教师参与研究带有明显的被"拉过来"的色彩,即部分教师被部分地吸纳进研究队伍与专家学者进行合作研究。这与后来斯腾豪斯(Stenhouse, L.)的"教师成为研究者"有所区别。他认为,所有的课程研究和设计都是建立在教师对课堂研究的基础上,而教师对课堂的研究主要包括:将外在的教育理念转化为实际的教学行为,自觉地考察自己的教学实践,并在此基础上理解和改善自己的教学行为。只有这样,教师才能成为真正的研究者。而他所说的教师研究"在本质上只是一个实践问题,因而是行动研究",即他认为行动研究就是教师或者其他实际工作者针对问题进行研究的一种方法。③

斯腾豪斯看到了教师的主动性对教育教学实践的作用,而且所有的教师都应该对自己的教育教学付诸一定的努力。随着人们对行动研究的了解以及行动研究在教育教学领域中的运用,人们普遍认为教师的行动研究主要是指由教师发起的、对所面临的具体教学情况做出反应的过程,是教师在学校的真实教育环境中发现问题、提出问题、研究问题并最终解决问题的一种方式。具体来说,教师行动研究是在教师自己实际的教育教学中展开的,在此过程中,教师持积极主动的态度,教师是行动研究的主体,也是研究结果运用的主体。教师对习以为常的日常教学行为进行批判性审视,

---

①② 刘良华. 行动研究的史与思[D]. 上海:华东师范大学,2001.12—13.
③ 郑金洲. 行动研究:一种日益受到关注的研究方法[J]. 上海高教研究,1997(1).

发现问题的症结，以解决学校和课堂里每天发生的实际问题，促使教师在正确的理论指导下，反思自己的教学观念，审视自己的教学行为以及由此产生的结果，谋求教学观念的转换和教学行为的改进，而不是以积累知识、发现真理和产生理论为目的。而且，在此过程中，教师还要在自我反思的同时开放自己，不断地和周围教师尤其是处于类似情景中的教师进行专业切磋和对话，这样便于从不同的角度审视教学过程，确定问题所在，提出各自解决的方案。大多数行动研究还可以以共同的方式进行，研究小组往往由专家、专职研究人员、教师、行政领导乃至家长等联合构成。①

教师的行动研究的基本思路是从实际问题出发，为了问题而在实际行动中探索问题，最后解决问题，进而改善教学，促进学生和自身的发展。因此，教师的行动研究与教师的问题解决之间有着密切的联系。教师的行动研究主要是解决教学实践中的问题，而问题解决的过程主要依靠教师的实践研究。不管是教师的问题解决学习还是行动研究都不在于获得真理、增添教育科学理论知识、为了研究而进行的研究，而在于改善实践，解决教师在特定的工作场景中遇到的真实具体的问题。教师的行动研究不能脱离教师具体生动的教学环境，应始终与教师的教育教学工作融合在一起。由此我们深感，在基于教育教学问题解决的过程中，教师的行动研究是促使教师成为研究者的重要途径和方法，行动研究法对教师专业的成长和发展乃至对整个教育、教学改革的推进有着舍此便别无选择的作用和意义。当然，在目前我国中小学教师开展的行动研究中仍然存在着各种各样的问题，比如没有问题的研究、没有行动的研究、功利型研究、形式主义研究、依赖型研究等。② 这些都需要教育工作者在教育教学实践中继续探索和完善。

---

① 冯莹莹. 教师行动研究的概念和特征[J]. 现代中小学教育，2008(2).
② 袁志芬. 教师行动研究的误区及对策[J]. 广东教育，2005(10).

第九章　社区资源的开发与利用

学校是社区的一个重要组成部分，学校在为社区提供教育教学服务的同时，也不断向社区吸取着丰富的课程资源。课程改革的推进、对课程资源研究的逐步深入、课程资源开发和利用越来越受到重视，这些都要求教育工作者在实践中打破学校和教材的限制，在更开放的环境中吸取更丰富、鲜活的课程资源。因此，在走出校门、走向社会的要求和观照下，社区课程资源的开发和利用也逐渐成为课程资源开发和利用理论研究和实践探索的一个关注重点。

一、社区资源的内涵与意义

要开发和利用社区课程资源，就必须理解社区课程资源的概念和类型，并把它置于课程改革的背景下，以发挥出其应有的价值与作用。

（一）社区资源的概念和类型

通过社区课程资源的概念解析和类型划分，可以更好地理解社区课程资源的本质内涵，进而自觉地挖掘和体现社区课程资源的教育意义。

1. 概念解析

社区课程资源这个概念主要是从空间分布的角度来说的。虽然学校是社区的一部分，但社区课程资源是与校内课程资源相对的，主要是指校外的课程资源。社区是一个西方的舶来词，1887 年德国社会学家滕尼斯（Tonnies. F）在《共同体与社会》一书中首次提出了"社区"概念。他指出，社区是由具有共同价值取向的同质人口组成的关系密切、出入相友、守望相助的社会团体。[1] 后经费孝通等人的引进介绍，1987 年 9 月在民政部召开的全国社区服务工作会议中，"社区"这一概念被正式引入我国的实际工作。目前学术界对社区的界定并不一致，但一般认为构成社区的要素有：人口、地域、各种设施、管理机构、文化现象和社区意识。[2] 社区就是指聚居在一定地域的人们以直接或间接互动的方式形成的，并通过共同的文化观念维持团结的人类生活共同体。[3] 而社区课程资源主要是指将这个人类生活

---

[1] 徐红霞. 中国社区建设正在兴起[J]. 江南论坛，1998(10).
[2] 张明亮. 新编城市社区建设读本[M]. 北京：中国社会出版社，2004.12.
[3] 张友琴，等. 社会学概论[M]. 北京：科学出版社，2000.224.

共同体中的人力资源、物力资源、财力资源、场地资源、组织资源、文化资源、机关和企事业单位资源、社区居民意识资源、自然环境资源等纳入课程中。① 因此，社区课程资源指的是学校和学生所在社区周边环境中蕴含的具有教育教学价值的、有利于课程目标实现的各种资源的总和。② 社区课程资源是学生学习的对象，是社区内一切可以形成课程的因素来源，以及决定课程实施范围和水平的资源。③

2. 社区课程资源的类型划分

按来源和空间分布来看，社区课程资源是校外课程资源的一种。从功能来看，社区课程资源既包括条件性课程资源，如人力、物力、财力、场地、环境等决定课程实施范围和水平的资源；也包括素材性课程资源，如一些知识、经验、技能、经验、活动方式与方法、情感态度、价值观等能直接作用于课程，成为课程的素材、来源和学生学习的对象的资源。其中还有些既是条件性课程资源又是素材性课程资源，如博物馆、图书馆、实验室、人力和环境资源等。从性质上看，社区课程资源既有自然课程资源如自然环境等，又有社会课程资源如图书馆、人力等与人为因素有关的资源。

社区课程资源的开发和利用是社会和教育发展的必然要求和趋势。在当前知识经济快速发展的时代，社区课程资源的开发和利用不仅支持了学校课程的发展，促进了学生的身心成长，还有利于加强学生与社区的密切联系，有助于增强课程的适应性，以及促进学习化社区的形成与发展。

(二)社区资源的教育意义

社区是学生生活、健康发展的环境。不管我们有没有意识到社区资源对教育教学的影响，它都在潜移默化地对学生产生着影响。因此，社区课程资源也是形成、组织、实施课程的前提，它不但是形成学校课程的直接因素来源，也制约着学校课程的实施范围与水平。学校对社区课程资源的开发和利用，不仅可以扩大课程资源的范围，而且还为学生提供了更多地接触社会、感悟社会的机会，加强了学生与社会生活的联系，为他们将来更好地适应社会打下了基础。社区课程资源的开发和利用也有助于增强课程本身的适应性，促进学习型社会的形成。所以，学校对社区课程资源的开发和利用是必需的，也是必要的。

---

① 张雅晶. 台湾社区教育概述[M]. 北京：中国社会出版社，2005.40－41.
② 魏献策. 论社区课程资源的开发与利用——以泉州市区中学实施历史新课程为例[D]. 福州：福建师范大学，2007.9.
③ 吴刚平. 课程资源的理论构想[J]. 教育研究，2001(9).

第九章　社区资源的开发与利用

1. 增强课程对地方、学校和师生发展需要的适应性

这种适应性体现在以下几个方面：(1)在课程目标上，适应了社区、学校与学生个体的特定需要，也适应了学生身心全面和谐发展的需要；(2)在课程内容上，关注了学校及其所在社区的一些具体特点，有效地将社区文化、物质环境等方面的特点组织进课程教学中，拓展、删减、整合课程内容；(3)在课程实施上，社区课程资源开发和利用的主体之一是师生，充分尊重和调动了师生参与课程的积极主动性。他们主动参与社区课程资源的寻找和问题探索，这样便从根本上改变了传统的教学方式，充分调动学生的自主性、能动性和创造性，并进一步促进教学手段、教学组织形式及教学评价等方面的变革，使学生在探索、发展、体验、表达的架构下进行学习，发展其创新精神和实践能力；(4)在课程评价上，促使社区内的专家、学者、教师、学校管理者、家长以及其他社区人士都参与进来，保证了课程评价的科学性；(5)在课程管理上，改变了过去课程管理过于集中的状况，让整个社区参与其中，对学校课程进行建议、监督和评价，真正实行了国家、地方、学校三级课程的管理制度，实现了课程政策的科学化与民主化。[①]

2. 增强师生对新课程的适应性

传统意义上的课程忽略和限制了师生参与课程的权力，教师也仅仅扮演着国家课程传声筒的角色。虽然新课程改革意识到了教师的主体性地位，并强调要调动教师的积极性和能动性，提出教师即研究者、课程的开发者等，但是由于受传统教育教学思维的影响，很多教师面对新课程的诸多理念无所适从、不知如何参与进来、如何发挥自己的力量。而社区课程资源的开发和利用为师生主动参与课程提供了机会和平台，增强了师生对新课程的适应性。

虽然对于学校课程资源的开发和利用来说，社区课程资源仅仅是学校课程资源的必要补充，但最终的目标却是通过学校与社区的沟通，共同致力于解决学校课程目标、课程内容、课程实施、课程评价和课程管理等方面的实际问题，增强课程的适应性，最终促进学生身心的全面和谐发展。[②]

(三)促进学习化社区的形成与发展

社区课程资源的开发和利用过程是学校与社区双向互动的过程，一方面对于学校教育具有重要意义；另一方面对于社区自身发展也具有重要意义。

[①②] 李松林. 社区课程资源开发对学校课程的支持研究[D]. 重庆：西南大学，2003.8—9.

1. 学习化社区的特点

对于学习化社区的理解与对终身教育、终身学习以及学习化社会概念的理解分不开。20世纪60年代，终身教育思潮影响了世界各国的教育教学改革。终身教育倡导社会各场合为人的一生提供一切正规、非正规和非正式的教育活动，而且特别是在非正规和非正式的教育活动中，学生学习的时间、空间等方面都灵活而具有弹性。它强调国家在制定教育政策和制度时，要考虑整合吸纳社会的各种资源，为每个公民提供终身学习的条件。与终身教育相对应，20世纪70年代终身学习的理念逐渐被人们接受。终身学习强调人在一生中，为增进知识、提高技能、改变生活态度等所进行的主动的、有意义的、有目的的学习活动。既然学习可以在人的整个一生中的任何时间和人所处的任何情境中发生，那么社会就要创造这种终身学习的机会。于是，学习化社会的思想应运而生。20世纪80年代，国际上提出了强调以终身教育体系为基础、以学习者为中心，从而实现终身学习的理想学习化社会概念。学习化社会是"一个人人皆能终身学习的理想社会。在此社会中，学习者的基本权利能够获得基本的保障，教育机会能够公平地提供，学习障碍能够合理地消除，合理的教育体系能够适当地建立。学习化社会发展的目的是要提供一个理想的学习情境，实现每一个人的自我天赋潜能，使其做一个自己想要做的人"(1997，胡梦鲸)。保障每个个体学习的权力、有效整合社会各种学习资源、促进学习环境的形成是迈向学习化社会的关键，也是形成并完善终身学习、终身教育体系的基础。社区作为社会的特定组成部分，是社会构成的基本单位，现代社会若要实现终身教育、终身学习的理想，由社区来满足人们终身教育和学习的需求，便成为一项重要的议题。而且学习化社会的实现也需要将整个社会教育的责任转化为每个社区的责任。因此，学习化社区的形成与发展有利于促使学习化社会的实现。学习化社区主要是指以社区的学习者为中心、以终身教育和终身学习体系为基础，面向社区全体成员，充分提供他们在一生的任何时间、任何情境学习的机会和条件，保障和满足社区成员的基本学习权利和终身学习需要，进而不断提高社区成员素质，促进社区可持续发展而创建的一种新型社会生活共同体。①

2. 社区课程资源与学习化社区

(1)社区课程资源与学习化社区观念

学习化社区的形成和发展需要以终身学习的理念为基础。社区课程资

---

① 宋孝忠. 从边缘到中心：学习化社区构建探讨[J]. 河南师范大学学报(哲学社会科学版), 2002(1).

第九章　社区资源的开发与利用

源的开发和利用虽然是围绕着学校教育教学的目的来进行的，但是在师生走出校门、走向社区寻找可利用、可开发的课程资源的活动中，需要与校外一些课程资源所在机构建立一种联系，并制定比较规范的开发和使用制度，以使校外的课程资源能持续地发挥教育作用。在从封闭的学校走向开放的社会，与校外教育资源接触和沟通的过程中，校内的学生可以感受到校外非正规教育和非正式教育的魅力和力量。当他们离开正规教育走向社会时，这些仍影响他们去非正规教育机构中继续接受教育、进行终身学习的选择，帮助学生逐渐形成终身学习的理念。而且社区的人在学校开发社区课程资源的宣传和实际活动中，能感受到他们平时习以为常、甚至视而不见的社区环境中的教育力量，意识到在知识经济社会，社区的这些课程资源也为他们随时补充知识、技能、调整态度等提供了条件。教育不再是学校的特权，学校学习只不过是社区成员终身学习过程中一个相对连续的阶段和过程，学习活动应该贯穿于社区生活的各个领域、各个方面。[1] 对学习形成一种开放的心态，并在人生的各个阶段、在社区中接受各类教育的同时实践着终身学习的理念，促进学习化社区的形成和发展。

(2)社区课程资源与社区学习型组织

社区内各种学习型组织的普遍建立，特别是学习型家庭普遍形成和社区学习的全员参与，是学习化社区形成和发展的基础和基本条件。所谓学习型组织主要是指：组织成员拥有一个共同的愿望，整个组织善于不断地学习，并且这种学习强调的是终身学习、全员学习、全过程学习、团体学习。社区内的学习型组织主要包括：学习型家庭、学习型企业、学习型事业单位、学习型政府机构等。[2] 针对学校教育目标而进行的社区课程资源开发，其主体主要是学校师生、学生家长、社区教育行政机构、社区其他人士等。这些主体围绕着学校教育目的实现、孩子身心健康发展的目标，共同协作，开发和利用社区课程资源。在共同活动的探索中，认识各种社区资源的教育意义，同时也在实现着自身的学习，学习随时代发展而出现在自己身边的有关生产、生活的知识以及有关教育孩子的知识和技能。而且这些主体在参与课程资源开发和利用的过程中，也会自觉不自觉地形成从自己身边寻找学习资源的思维习惯，进而在共同的活动中逐渐形成学习型家庭、学习型政府机构等学习型组织，促进学习化社区的形成和发展。另外，社区课程资源的开发和利用还涉及对社区中人力资源的开发和利用，

---

[1] 宋孝忠．从边缘到中心：学习化社区构建探讨[J]．河南师范大学学报(哲学社会科学版)，2002(1)．

[2] 叶忠海．试论学习化社会的基础——学习化社区[J]．教育发展研究，2000(5)．

如充分利用家长、其他社会人士等智力资源，而在这个过程中，家长、其他社会人士为了更充分地展示自己的才智，也会自觉地去进一步学习，进而使社区的人们提高对终身教育、终身学习的认识，形成终身学习的氛围和环境。

(3) 社区课程资源与社区教育

学习化社区形成的基本条件之一是社区能提供丰富的教育资源。[①] 虽然社区中有很丰富的资源，但是并不是所有的资源都能作为教育资源。另外，社区中的教育资源虽然是客观存在的，但并不会主动跳出来走进人们的视野。而在对社区课程资源进行开发和利用的过程中，经过课程资源鉴别筛子——教育哲学、学习理论、教学理论的筛选，筛选出来的资源必然具有教育意义，有利于学校师生和社区中的人们发现社区中的教育资源，并在他们统筹社区中教育资源的活动中，突破社区中各类教育，包括正规教育和非正规教育自我封闭的局面，使原来各自封闭、自锁的教育形成一个完整的体系。[②] 从以上论述我们可以看出，社区课程资源的开发和利用对于学习化社区的形成和发展具有重要的作用。当然我们还应明白的是，学习化社区的形成和发展并不完全依靠社区课程资源的开发和利用，还需要一定的运行机制、管理机制和保障机制的完善，需要一定的经济支持，其目标也要与整个社会终身教育体系一致，以不断满足在知识经济社会人们日益增长的学习需要，使人们实现自我发展。

(四) 密切学校教育与社区生活的联系

社区课程资源把社区生活融入学校教育之中，为学生了解和参与社区生活提供了机会、政策保障和心理环境。不管是解决教育理论与实践相脱节的问题，还是解决学生片面发展的问题，通过社区课程资源的开发和利用来加强学生学习与社区生活的联系都是非常重要的。学校以及校外的支持力量都应保障这种联系的实现。

1. 为学生了解和参与社区生活提供机会

我们的教育是要培养全面发展的人，而全面发展的人的培养需要在一种比较丰富的环境中进行。但是在传统的课程管理中，由于六一统国家课程管理模式，课程的开发仅仅局限在国家层面教材的编写，课程的实施也局限在教师教教材上。在这样的课程管理下，学生所做的就是掌握教师传授的书本知识，而这种书本知识又往往是脱离学生日常生活、比较抽象的

[①] 叶忠海. 试论学习化社会的基础——学习化社区[J]. 教育发展研究, 2000(5).

[②] 周勇, 等. 学习化社区: 21世纪中国社区教育发展新舞台[J]. 教育与职业, 2003(1).

理论知识。但是学生大部分时间是在学校度过的,也就意味着学生大部分时间生活在与身边生动具体的日常生活的隔离中。片面、单一的生活剥夺了学生全面体验生活、走进生活的权力,也影响了学生全面发展目标的实现。而社区课程资源的开发和利用强调师生利用社区的课程资源来实现学校的培养目标和学生的发展目标,鼓励师生走向社区,从社区寻找可利用的教育资源。因此,社区课程资源开发和利用的理论基础便为加强学生生活与社区的联系提供了机会。

2. 为加强学生生活与社区的联系提供政策保障

社区课程资源的开发和利用是一个系统的工程。国家在制定三级课程管理政策、鼓励开发社区课程资源的同时,必然也会在政策制定上予以相应的保障。这些政策保障学校为开发和利用社区课程资源所需要的时间、场地和空间资源,保障社区教育行政部门、家庭、图书馆、博物馆等为学校在社区开发和利用课程资源提供一定的人力、财力、物力等资源。这些政策保障不仅有助于学校有效地开发和利用社区教育资源,提高育人质量,也还为学生生活与社区的密切联系提供了政策上的保障。

3. 为加强学生生活与社区的联系营造安全的心理环境和氛围

在传统的学校教育教学活动中,师生活动局限在学校内,尤其是课堂教学上。如果哪一位教师带领学生在校外搞"探索",那么就会有人认为这位教师是不务正业的。学生在社区的所谓"研究活动、学习活动"也不能被家长理解,得不到家长的支持。而社区课程资源开发和利用的理论与实践,不仅从观念上向人们解释此类活动的意义,也在政策上提供了诸多保障和条件,并在学生逐渐的发展变化中向人们展示了此举的必要性,使之逐渐被人们接受和认同,并获得社区人们包括家长的支持。这样,师生便可以在一种鼓励的环境中心安理得地走进社区,寻找可利用的课程资源。因此,社区课程资源的开发和利用为加强学生生活与社区的密切联系提供了安全的心理环境。

二、社区资源与学校课程的融合

开发和利用社区课程资源不是为开发而开发,对社区课程资源的开发和利用应基于学校的教育教学目的以及学生发展的需求,应紧密结合学校教育教学的需要,为学校教育目标的实现而提供所需要的课程资源。因此,为使开发的社区课程资源能发挥最大效益,还应将社区资源与学校课程紧密结合起来,以学校课程资源为主、社区课程资源为辅,共同围绕学校的教育教学目标,实现有效育人的目的。

（一）社区资源与国家课程的校本化实施

社区课程资源对于增强基础教育课程体系对于地方、学校和学生的适应性具有重要意义，是国家课程校本化实施的重要保障。

2001年教育部颁发《基础教育课程改革纲要（试行）》指出，为保障和促进课程适应不同地区、学校、学生的要求，实行国家、地方和学校三级课程管理。此外，还规定学校在执行国家课程和地方课程的同时，应视当地社会、经济发展的具体情况，结合本校的传统和优势、学生的兴趣和需要，开发或选用适合本校的课程。在三级课程管理中，国家课程是依据国家的具体情况、民族的传统文化以及社会发展的客观需要而对课程体系做出的统一的、规范的、全局的选择，并由国家教育权力机构组织专家编制的、采用自上而下推广方式的课程体系。国家课程中规定了不同阶段教育的性质和基本任务，规定了基础教育阶段课程的设置、各类课程的基本标准以及合理的课程比例等，集中体现了国家的教育目的、培养目标、民族的需求和社会经济发展的需要。它的突出特点是把最根本、最基础的知识、技能和能力传授给学生，强调对地方课程、校本课程的指导作用，具有全面的、统筹的、综合的、稳固的特点，以期在比较稳定的教育环境中实现学生的全面发展。正是由于国家课程具有基础性、指导性、统一性、综合性、稳定性的特点，所以对地方课程和学校课程具有指导意义。国家课程不仅是国家管理和评价课程的基础，又是地方性教材编写、教学质量评估以及升学考试命题的基本依据。但是在我国这样一个地域差异大、民族众多、地区经济发展不平衡的国家，国家课程难以照顾到具体地区、具体学校的实际情况，无法反映不同地区和不同学校的差异，因此需要地方和学校根据当地经济社会的发展情况、学校自身的特色与条件以及学生的实际创造性地实施国家课程，以更好地实现国家课程的目标。因此，在制定与开发国家课程时，不宜统得过死，应该留给地方更多的根据自身特点开发地方课程的机会，使刚性与弹性有机结合。①

国家课程的校本化实施就是学校根据本地区的实际情况创造性地实施国家课程的过程。学校创造性的实施国家课程蕴含着两个前提条件，其一是国家课程的校本化实施要以实现国家课程的课程目标为前提，应在国家课程标准的规范之下进行；其二国家课程的校本化实施是根据地方特有环境、地方发展的要求以及学生发展的个性化要求对国家课程进行再度开发的结果，不仅要观照到国家统一的课程目标的实现，也考虑到地方和学校

---

① 熊和平．地方实施与管理国家课程的基本理念[J]．现代中小学教育，2002(8)．

第九章 社区资源的开发与利用

特有的要求和现有条件,实现国家课程刚性和弹性的有机结合。

社区资源是国家课程校本实施的重要条件。它对国家课程校本化实施的主要意义体现在三个方面。一是社区的社会、经济、政治、文化、科技等生活状况和风土人情为中小学生的语言与文学、数学、科技、人文、艺术、体育等课程的学习活动提供最贴近学生生活实际的素材性资源和条件性资源。二是社区成为中小学生开展综合实践活动的主要场所,其所蕴含的经济、社会、文化、科技等建设和发展课题,既可以分解出适合于中小学生研究性学习的小型课题,为研究性学习活动提供源源不断的需求和动力,也可以作为信息技术教育、劳动与技术教育的重要学习内容。尤其是综合实践活动中的社区服务和社会实践,本身就是以社区为基础而开展的学习活动。三是社区资源在为国家课程的校本化实施提供物质基础和学习内容的同时,也在不断地丰富和提升社区资源本身的活力。

(二)社区资源与校本课程建设

社区课程资源增强了基础教育课程体系对于地方、学校和学生的适应性,这不仅对国家课程的校本化实施具有重要意义,而且对学校的校本课程建设同样具有重要的意义。

1. 从社区课程资源看校本课程建设

基于我国地域广、城乡差别大、课程资源分配不均衡、国家大一统的课程无法照顾到各个地区各个学校的特点和差异、不能满足地方和学校的发展需求的问题,国家实行了三级课程管理的政策,将课程分为三种类型:国家课程、地方课程和校本课程。

所谓校本课程主要是指在国家课程和地方课程的基础上,以学校为基地、以学生发展为目的,由校长领导、教师做主力、课程专家做指导,包括家长和社区人士共同参与开发的课程。校本课程可以是一种崭新的创造性课程,也可以是对国家课程的一种改造。[1] 校本课程设置的目的就是要弥补单一的、大一统的国家课程刚性有余、弹性不足的弊端,依靠并发挥学校的自身条件、资源优势以及办学积极性,强调学校的全员参与、自我评价等自发、自主进行课程开发,以满足不同学校和学生的具体条件以及多样化需求,在提高国民基本素质的基础上,促进学生个性的多样而健康地发展。同时,校本课程也试图消除教育与生活、学校与社会、学生与家长、知识与实践之间的隔阂或对立,增加它们之间的联系,帮助学生理解知识的丰富多样性,提高学生的实际生活能力,培养他们的自信、自主和

---

[1] 季苹. 论课程结构(一)——国家课程、地方课程和校本课程[J]. 中小学管理,2001(2).

独立批判的精神。① 校本课程开发是一种在实践和反思中不断进行开发和改进的模式，虽然有草根式的开发模式和国家驱动等不同种类的开发模式，但都具有自发、自愿，自我控制和地方控制，回应内部需要，利用自身资源，内部评价的特点。②

2. 社区课程资源是校本课程建设的重要保障

由于校本课程独特的作用，所以，校本课程的建设问题也成了我国基础教育课程改革的一个热点和难点问题。如何围绕地方、学校的实际情况，充分挖掘本地教育资源，开发富有地域特色的校本课程成了我国基础教育的一个关注点。而社区课程资源对校本课程建设具有重要的作用，主要体现如下几个方面：

(1) 为校本课程建设提供人力、财力、物力资源。校本课程建设需要学校以自身发展和学生的健康发展为目的，对校内、外的课程资源进行考察，依据学校的办学宗旨、学生实际发展需要以及地方的特征对可利用的资源进行筛选，从而确定哪些资源可以进入校本课程。因而我们可以看出，对校外资源尤其是与学生生活密切联系在一起的社区资源的考察是校本课程建设的一个重要环节。正如2001年教育部颁发的《基础教育课程改革纲要(试行)》在"教材开发与管理"部分所指出的那样：学校应广泛利用校外的图书馆、博物馆、展览馆、科技馆、工厂、农村、部队和科研院所等各种社会资源以及丰富的自然资源……这意味着国家课程在政策上给校本课程提供了一定的实施空间，也要求地方政府提供一定的支持和帮助。也就是说，校本课程建设必须基于一定的社区资源，社区可以在政策的支持下为校本化建设提供所需要的人力、财力、物力资源。因为单凭学校的力量来开发能有效促进学生发展的课程是有一定难度的，校本课程建设和发展本身就要求教育工作者充分利用学校附近的社区资源。

当然，社区提供的资源愈多，校本课程建设进行选择的机会就愈多，就愈能选择到最符合教育教学目的的资源，以有效实现学生健康发展的目标。反之则会限制校本课程建设对资源的选择和利用程度。因此，社区资源对校本课程建设具有重要的影响作用。

(2) 为校本课程建设提供具有地方特色的文化氛围和资源。在校本课程建设中，社区资源不仅为师生建设校本课程提供了所需的显性的物质资源，更重要的是还提供了一种潜在的心理环境和文化氛围。这种心理环境和文

---

① 何芳，吴艳玲，樊莹. 初中课程资源开发和利用的实践智慧[M]. 北京：高等教育出版社，2004. 156.

② 徐玉珍. 校本课程与国家课程开发关系评析[J]. 教育科学研究，2002(5).

第九章 社区资源的开发与利用

化氛围虽然看不见摸不着，但却是该社区不同于其他社区的特点之所在，是彰显社区特色的主要因素。不同的社区，由于人们职业、教育、经历等背景的不同，所表现出的文化形态便各有特色。如果一个社区的人们普遍受教育程度比较高、有较强的文化意识，他们就会产生强烈的文化敏感，善于从文化的视角去发现有利于和谐文化建设的新元素。于是，他们在社区文化建设中，就会自觉地去发现散落在各个角落不被人注意甚至早已被人遗忘的古已有之、于今有益的各种原生态的艺术样式或濒临灭绝的优秀民族民间文化遗产。这样的发现、抢救工作，对民族、民间文化的保存和发展将具有难以估量的价值。尤其是随着学习型社区的建设和发展，社区的文化氛围便会愈来愈浓厚。① 那么基于这种环境下的校本课程建设，自然也会浸染上这种有较强文化意蕴的气息，也会在校本课程建设中考虑到反映这种文化意味的因素，为校本课程建设赋予某种特色。

（三）社区资源与研究性学习活动

研究性学习活动是综合实践活动的重要组成部分，在性质上是国家课程，但它却有独特性，不同于一般意义上的国家课程。从管理的角度来看，综合实践活动是典型的三级管理的课程，其实施原则是国家规定、地方指导和校本开发，因而与社区课程资源有着极为密切的关系。在此就社区资源与研究性学习活动的关系做出说明。

1. 从社区课程资源看研究性学习活动的开展

2000年教育部颁发的《全日制普通高级中学课程计划（试验修订稿）》指出：研究性学习不管是作为一种学习方式还是作为一门课程，都强调改变课程实施过于强调接受学习、死记硬背、机械训练的现状，以学生的自主性、探索性学习为基础，从学生生活和社会生活中选取研究专题，通过学生亲身实践去获取直接经验，在学生主动参与、乐于探究、勤于动手的活动中，培养学生搜集和处理信息的能力、获取新知识的能力、分析和解决问题的能力以及交流与合作的能力；使学生养成科学精神和科学态度，掌握基本的科学方法，提高综合运用所学的知识去解决实际问题的能力。2001年教育部颁布的《基础教育课程改革纲要（试行）》在课程结构部分指出：从小学至高中设置综合实践活动并作为必修课程，其内容主要包括：信息技术教育、研究性学习、社区服务与社会实践以及劳动与技术教育。强调学生通过实践，增强探究和创新意识，学习科学研究的方法，发展综合运用知识的能力。增进学校与社会的密切联系，培养学生的社会责任感。

---

① 李蓓. 关于社区文化建设的思考[J]. 理论界，2008(4).

在课程的实施过程中，加强信息技术教育，培养学生利用信息技术的意识和能力。了解必要的通用技术和职业分工，形成初步技术能力。在研究性学习中，教师是组织者、参与者和指导者。在学生的研究性学习中，社区是师生开展研究性学习不可缺少的资源，是学校研究性学习顺利、持续开展下去的保障。因为不管是作为一门课程还是一种学习方式，从教育工作者对研究性学习达成的一致认识中我们可以看出，研究性学习是一种社会实践性很强的教育活动。它强调从封闭走向开放，倡导学生从封闭的社会走向开放的社会；从静态走向动态，提倡改变学生相对被动、静态的学习状况，将学生置于一种动态、开放、主动、多元的学习环境中，使他们在动手实践中，发展自己，培养创新精神和实践能力。而这些活动仅靠在校园里进行是不可能完成的，学校不能提供如此丰富的社会资源，因此研究性学习还需要社区的支持，需要对社区资源进行开发和利用。

2. 社区课程资源是研究性学习开展的重要保障

社区课程资源是研究学习活动的主要课程资源，对师生开展研究性学习活动具有重要的支撑意义。

(1) 提供广阔的自然和社会环境

学校所在社区的各项设施和各种组织能为学生提供各种活动的场所，如图书馆、博物馆、少年宫、科技馆、科研机构及其他兄弟学校等社会环境。比如当学生在博物馆开展研究性学习时，不仅可以了解到当地的历史发展变化，而且还可以感悟到当地特有的人文气息，加深对社区和地方文化的了解，培养热爱家乡的情感等。诸如此类的社区机构，延伸了学校教育所能提供的教育空间和范围，为学生的研究性学习提供了更广阔的天地。社区还可以为学生提供各种自然环境，如学校所在社区的自然景观池塘、树林、山丘等。社区的四季变化也是学生研究性学习重要的课题来源和研究对象，因为每一个社区因其地理和气候的不同，其自然景色将随着季节的变化而变化。这些变化显示了一个地区的气候特点，这些特点都可以成为丰富的课程资源。在这类环境中进行研究性学习，不仅可以让学生掌握相关的自然学科知识，还可以让学生在习以为常、甚至常常忽视其变化的环境中，通过研究性学习培养于寻常中寻找不寻常的能力。

(2) 提供无形的智力资源和文化环境

师生在走进社会开展研究性学习活动的过程中，包括家长、社区内各类人士都可以共同参与到学生的研究性学习的设计及评价等活动中来，他们的参与不仅为研究性学习活动本身的开展提供了智力支持，也为学生其他方面的学习和生活提供了有形的建议和无声的熏陶。另外，社区的文化环境也在某种程度上影响了师生研究性学习的方向,因为,虽然社区文化是无声息的,有时甚至是看不见的,但是却有极强的心理穿透力,能与决定一个人行为的观念直接发生联系,在无形中让学生接受和认同这个社区的文化气息、生活习惯,因此,也会在某种程度上左右师生开展研究性学习的选择方向。

当然,社区还有其他很多资源可以让师生在研究性学习中选择。但不管如何,社区资源因为其自身的具体生动和丰富性,都能让学生在与自己日常生活联系比较密切的社区中寻找到自己的兴趣点,为他们的研究性学习提供问题的生发场、解决空间及解决问题的资源。在此过程中,还应该注意的是,社区资源的利用应紧密结合研究性学习的目标,如果在无意中忽略了研究性学习的目标和意义,也必然使社区资源失去其对研究性学习活动的意义。如果在研究性学习中紧密观照其活动的目标,而且还更好地开发和利用了社区教育资源,那么我们就可以花费较少的精力和财力。同时因为学生所研究的课程是针对社区的,那么通过课题研究可以加深学生对社区的了解和关心,增强他们对社区的责任感,也使他们在尝试解决社区问题的过程中提高实践能力和动手操作水平,增强学生生活的能力。

三、加强学校与社区的有效沟通

社区中蕴含着丰富的各类资源,这些资源可以为学校的教育教学活动提供支持。但是,这种支持作用只是潜在意义上的,能否为学校教育教学提供显性的、具有实在意义的支持,还要看其具有多大的教育意义和教育教学价值,以及能否为学校的师生认识到这种价值和意义。这种价值和意义的发现需要学校与社区建立某种长效的联系机制,在互动中,发现社区中可以进入学校课程的资源,以支持学校的教育教学活动。因此,加强学校与社区的有效沟通对于社区课程资源的开发来说不仅是必需的,也是必要的。建立学校与社区的沟通渠道可以通过综合实践活动基地的建设、青少年校外活动场所的开发与利用以及其他社区资源的开发和利用来进行。

(一)综合实践活动基地的建设

随着知识经济的发展,社会对具有创新精神和实践能力的人才培养提出了更高的要求。为呼应社会对教育培养人的要求,2001年教育部颁发的《基础教育课程改革实施纲要(试行)》在课程改革的具体目标中指出:改变课程结构过于强调学科本位、科目过多和缺乏整合的现状,整体设置九年一贯的课程门类和课时比例,并设置综合课程,以适应不同地区和学生发展的需求,体现课程结构的均衡性、综合性和选择性;从小学至高中设置综合实践活动并作为必修课,其内容主要包括:信息技术教育、研究性学习、社区服务与社会实践以及劳动与技术教育。强调学生通过实践,增强探究和创新意识,学习科学研究方法,发展综合运用知识的能力。增进学校与社会的密切联系,培养学生的社会责任感等。

从综合实践活动课程的内容来看,其实施不仅需要在学校内完成,还需要走向社会,在校外的空间开展教育教学活动,培养学生的实践和创新能力。但是教师在实施综合实践活动的过程中,由于受传统教学思维的影响,将综合实践活动实施中可以利用的文本资料或其他资料奉为"教材",仍走不出以书本、课堂教学为中心的传统教学套路,以致有些教师在开展综合实践活动之前,不是研究学生的需要和可利用的课程资源,而是挖空心思去寻找有没有现成的教材可以实施这门课,以完成教学任务。为避免教师对综合实践活动的实施陷入这种困境,除了让教师走出"教材可以解决一切课程实施"的认识误区外,还需要加强综合实践活动基地的建设。

综合实践活动基地是学校为了在校外实施综合实践活动而专门开辟的场所。基地的建设应紧紧围绕综合实践活动课程开设的目的,依靠社区特有的资源,提供学生个体或群体联系社会生活、动手操作、发现问题、分析问题以及解决问题的机会,在多种类型的实践活动中培养学生的实践能力和创新精神。而且这个活动场所一旦选定下来便具有稳定性,不能说某个学校用过一次就不再使用,它应该成为学校开展综合实践活动长久存在的、比较固定的场所。因为综合实践活动基地建设的这种不随意性以及具有某些"专门"的特点,比如专门针对综合实践活动开设目的而高度集中起来的课程资源、配备齐全的软硬件设施、专业的师资队伍、专门的管理人员、保障该基地良好运转的规章制度等,使之能支持几乎所有类型的学生开展所有类型的综合实践活动,并且可以为多所学校共同使用,使各个学校都能使用到比较先进而且种类繁多的课程资源,充分发挥具有地区特色资源的作用于学生的教育教学活动中。因此,从综合实践活动开展的需要以及综合实践活动基地可以提供的资源来看,综合实践活动基地的建设不无必要。

同时,综合实践活动基地的建设也是有效沟通学校与社区的重要方式。因为综合实践活动基地是学校和社区共同关注的一个焦点。根据综合实践活动中学生发展的目标和开展的内在规定性,学校为了综合实践活动课程的实施需要在校外寻找资源,而从资源使用的便利上来说,学校所在社区自然便成了学校寻找资源的关注点。而社区资源为了比较规范、持续地对影响社区发展以及国家发展的学校教育事业发挥支撑作用,也需要采取某种形式使自身资源的作用得以充分发挥,而综合实践活动基地的建设便成

第九章 社区资源的开发与利用

了解决该问题的最佳途径。在这个选择中,学校有效利用了社区资源,社区也能根据学校的需要提供有效的教育资源,继而学校和社区协商资源的使用、学校间对资源进行共享以及学校和社区对基地建设与管理制定方法等。这样就实现了学校和社区的互动,加强了两者之间的有效沟通。

还应该注意的是,虽然综合实践基地对于综合实践活动的开展具有重要的作用,但是不能在重视综合实践基地建设的过程中忽视学校自身也是实施综合实践活动的重要场所。应根据综合实践活动的目的和特点在两者之间选择最适宜学生发展的场地,并充分发挥各自的资源优势。

(二)青少年校外活动场所的开发与利用

除了综合实践活动基地外,其他校外活动场所对青少年的健康成长和健全发展也具有重要的意义,也应该纳入社区课程资源进行规划和建设。

1. 青少年校外活动场所开发和利用的必要性

在传统教育体制下,学校开展教育教学活动基本上是在学校内进行的,校外的教育活动也基本上未被重视过,以致校外教育设施和活动场所比较缺乏。即使有一些校外活动场所,也未能充分有效利用。随着时代的发展,进一步加强学校、学生同社会生活以及社区的联系成了社会对学生发展的要求,也是社会自身持续发展的必需。因为教育改革的成功,需要社区的参与;社区的建设发展以及市民素质的提高也需要学校的参与。基础教育课程改革强调学生与生活的联系,但是如果没有社区的参与和支持,仅局限于学校内部或教育系统内部,广大学生不接触社区、不接触实际,这种转变是无法实现的。同样,社区内的学校具有知识、智力、场地、教育设备等方面的优势,可以成为社区精神文明建设的基地,成为社区建设和提高市民素质中的一支骨干力量。可见,社区建设发展和提高市民素质,也需要学校的参与和支持。尤其是在这样一个瞬息万变的知识经济时代,人们对终身学习的要求进一步扩大,社区是学生社会生活的一个重要载体,学校也集终身教育的智力优势于一身,因此,加强两者的联系,不仅是时代发展的必需,也会使学校教育增强力量。[1]

随着基础教育课程改革的推进,综合实践活动作为一门必修课出现在课程结构中。国家希望通过综合实践活动课的实施,让学生在与自身生活联系比较多的自然和社会范围内选择感兴趣的问题,通过自己的实践活动,在进一步分析和探究中获得问题的解决,进而促使自己实践能力的提高和创新精神的培养。虽然综合实践活动课程的开设以及为了综合实践活动的

---

[1] 叶忠海.学校和社区的沟通——上海城市社区教育研究[J].教育发展研究,1999(3).

开设而建设的综合实践活动基地为学生加强其与社会生活的联系提供了机会和条件，但是学生与社会联系的方式和途径不止这些，在学生身边还有很多未被学校课程"看到"的，但是学生经常出入的针对学生的校外活动场所，比如青少年宫、少年宫、青少年学生活动中心、儿童活动中心、科技馆等公益性的未成年人校外活动的场所。虽然这些活动场所没有被学校纳入学校的课程体系中，但是在这些校外活动场所中，学生能进行他们感兴趣的活动，能为他们的身心健康发展提供更多的空间。因为青少年校外活动场所对于学生的全面发展具有不可替代的作用和优势，所以加强对青少年校外活动场所的开发和利用成了国家和社会共同关注的问题。

在2002年2月召开的全国青少年校外教育工作联席会议第二次全体成员会议上，与会代表重点讨论并通过了《2000～2005年全国青少年学生校外活动场所建设与发展规划》。它提出在2000～2005年的六年中，国家将重点扶持中西部地区建设一千多个青少年校外活动场所，同时地方将筹资自建场所500多个，加上原有场所，到"十五"末期，全国90%的10万人口以上的县将至少拥有一个综合性青少年学生校外活动场所。

为保障青少年校外活动场所的有效运转以及对学生的发展发挥更大的作用，2006年1月出台的《关于进一步加强和改进未成年人校外活动场所建设和管理工作的意见》对这些活动场所不仅提供了政策支持，还提出了运转建议。《意见》指出：……积极探索建立健全校外活动与学校教育有效衔接的工作机制。各级教育行政部门要会同共青团、妇联、科协等校外活动场所的主管部门，对校外教育资源进行调查摸底，根据不同场所的功能和特点，结合学校的课程设置，统筹安排校外活动。要把校外活动列入学校教育教学计划，逐步做到学生平均每周有半天时间参加校外活动，实现校外活动的经常化和制度化。要把学校组织学生参加校外活动以及学生参加校外活动的情况，作为对学校和学生进行综合评价的重要内容。中小学校要根据教育行政部门的统筹安排，结合推进新一轮课程改革，把校外实践活动排入课程表，切实保证活动时间，并做好具体组织工作。要增加德育、科学、文史、艺术、体育等方面课程的实践环节，充分利用校外活动场所开展现场教学。各类校外活动场所要加强与教育行政部门和学校的联系，积极主动地为学生参加校外活动提供周到优质的服务。要根据学校校外活动的需要，及时调整活动内容，精心设计开发与学校教育教学有机结合的活动项目，积极探索参与式、体验式、互动式的活动方式，创新活动载体，并配备相应的辅导讲解人员，使校外活动与学校教育相互补充、相互促进。

2. 青少年校外活动场所的特点及其作用

为何国家对青少年校外活动场所从政策上给予如此多的支持？为何这

第九章 社区资源的开发与利用

些专门针对学生的场所能为学生的身心发展提供更多的发展空间？其原因还与其自身的独特性联系在一起。因为，针对青少年而开设的校外活动场所提供的活动不仅具有促进学生身心发展的特点，还具有娱乐性，寓教育性与娱乐性于一体，并以这样的特色资源和活动特色吸引着学生的参与。青少年校外活动场所的开放时间不仅比较有弹性，能尽可能照顾到学生课余时间的活动需求，而且还能针对不同的学生群体、为不同年龄段的学生提供不同的活动。因为每一类校外活动场所都有自己的资源特点，学生可以根据自己的兴趣自由选择自己喜爱的活动，比如青少年宫提供给学生的文体、科技等活动项目。这些活动场所给学生提供了没有强制性的自由环境，学生有了自由选择的权力。而学生的自由选择和其兴趣相结合，能使其付出更多的注意力，从而有效地发展自己的特长。

另外，青少年校外活动场所不仅为学生的全面发展提供了更广阔的空间，从《意见》中我们还可以看出，对青少年校外活动场所的开发和利用也是加强学校与社区有效沟通的重要途径。

首先，青少年校外活动场所集中了社区中较多的可利用教育资源，为学校的教育教学活动提供了支撑。青少年活动场所有很多可利用的教育资源，不仅是学校教育教学的强有力补充，且其自身也有很大的教育能力，而这首先是由其本身的性质决定的。这些场所建设在社区，并且从更广阔的意义上收集寓娱乐性、教育性与发展性的活动，将社区中尽可能多的教育资源集中到场所中来。因此，这样一个教育资源的集中地对学校的教育教学也可以提供很大的帮助。学校可以根据学校教育教学目标以及学生身心健康发展的要求，将教育教学所需要的、校内没有但却在校外活动场所能找到的资源，纳入到课程资源体系中去，为实现有效教学服务。

其次，国家还以颁布政策的形式保障了学校对青少年校外活动场所的利用，也保障了学校对社区资源的有效利用。青少年校外活动场所虽然集中了社区很多教育资源，但对学校来说只是一个客观存在的事实，能否真正对学校教育教学发挥作用，还要看其是否与学校产生某种意义上的互动。在互动中建立两者的联系，并就其中的资源使用达成共识，这样才能充分发挥资源的作用。国家为促进两者良好互动的进行，以政策的形式表明这种使用上的说明和建议，以保障学校对青少年校外活动场所的运用，也潜在的保障了学校对社区资源的有效利用。

再次，青少年这个特殊的群体是学校和青少年校外活动中心共同关注的焦点，此焦点加强了学校与社区的联系。即使没有考虑到学校的教育教学目标，就青少年校外活动场所是专门针对青少年而开设的这一点而言，即在此场地中活动的大多是正在学校接受教育且在这个社区生活的青少年，青少年校外活动场所从更广泛的教育意义上对学生施加着影响，之后学生带着这种影响走进学校和社区中的家庭，无形之中将学校和社区联系在一起，使社区的资源得以持续发挥作用，也使学校能吸纳更多的教育资源，更好地发挥其育人功能。

最后，从事青少年校外活动场所管理和建设的人员也加强了学校与社区的联系。从事青少年校外活动场所管理和建设的人员，不仅会考虑使用该场所的青少年的身心发展特征以及正在接受学校教育的事实，还会兼顾学校教育目标以及人的全面发展的需要而设置活动，并且他们还会考虑社区所能提供教育资源的特征。这些人实现了学校教育教学目标和社区教育资源的碰撞，其潜在的努力也进一步加强了学校与社区的联系。

（三）其他社区资源的开发与利用

就完整的社区课程资源而言，除了综合实践活动基地、青少年校外活动场所等资源，还有不少值得重视的社区课程资源。在此归为其他社区课程资源一类，更多的是为了说明问题的方便，丝毫不意味着对这些资源价值的低估和忽视。

社区中还蕴含着很多其他可利用的课程资源，如社区中的人力资源，包括社区内的专家、学者、学生、家长以及其他社区人士；社区中的文化资源，包括社区中人们的价值观、信仰、生活习惯、风俗、名人故居、历史文化遗址和建筑等；社区的自然物质资源，如社区的自然资源、动植物、图书馆、博物馆、展览馆、企业单位、行政单位等。

对于学校的教育教学活动来说，其他社区资源与综合实践活动基地及青少年校外活动场所有所不同：存在的目的和针对的对象不同。其他社区资源并不是为了学校教育教学而存在的，它们更多的是为了其他的社会目的而存在，如社会文化的保存、社会生产的开展、社会运转的良好运行等。其拥有的资源也主要是针对他们的各个目的而存在的，如果其中有些资源可以为学校的教育教学所用也是其附加功能。也就是说，这些资源在最开始设置的时候并没有考虑到能否为学校的教育教学所用，因此，学生也不是其考虑的主要对象，其主要针对或服务的对象也主要是社区的居民。而综合实践活动基地和青少年校外活动场所主要是针对青少年即在校的学生而开设的。综合实践活动基地为学校必修课综合实践活动而建，直接为学校课程而服务；青少年校外活动场所是为了促进青少年身心的健康发展，为青少年学生的课余生活提供寓教育性与娱乐性于一体的活动场地，拓展学校教育的功能，甚至发挥学校教育不能发挥的教育作用，是学校教育的

necessary补充。但是也正因为其无专门的教育目的性，所以对于学校教育教学活动来说，其他社区资源具有更开放、更生活化的特点，能将学生在社区的生活连接成一个丰满的整体。同时，还应该注意到，也正是因为这些特征，使其他社区资源拥有一些与学校教育教学不相符合甚至相抵触的方面，从而对学生产生消极影响。而且不管你有没有意识到，它们一直存在于学生的日常生活中，对学生潜移默化地产生着影响。所以，对其他社区资源的关注以及开发和利用也应是学校教育教学活动的一部分。一方面要开发和利用其他社区资源中有教育性的方面；另一方面还要提高学生对其消极面的认识，并以批判的态度对待之。同时，对其他社区资源的开发和利用也是加强学校和社区联系的有效途径。

第十章 时间资源的激活与利用

时间是看不见、摸不着的东西，但它对于我们每一个人的生活、生命都具有极其重要的意义。从课程资源的角度来说，时间也是一种重要的资源形态。课时作为宝贵的课程资源，它不仅是一种独特的课程资源，而且具有较强的政策性与时限性，具有一定的灵活性与多样性[1]。在学校课堂这一特殊的教育场域内，如何提高课堂教学的有效性，如何促使课时资源效益的最大化，合理安排、适时激活和有效利用时间资源将是必须考虑的题中之意。

一、课程表的设计与时间资源的激活

课程表问题根本上是时间问题。在学校中，教师和学生所有的生活都受到它的管理和控制。我们知道，每一天的时间是固定的，教师和学生每一天在学校生活的时间也基本是固定的，那么如何才能在有限的时间内实现课时资源的功能最大化呢？这就牵涉到课程表的设计合理与否的问题。

（一）课程表的基本问题

课程表是有效激活和管理时间资源的技术手段，因此学校和教师都需要重视对课程表的研究和运用，提高研制课程表的管理成效。

1. 课程表的含义

课程表是什么，似乎是一个非常简单的问题，因为每一所学校中的教师、学生每天都按照课程表对教学科目和时间的规定，不断地进行教与学的活动。然而，"'课程表'一词至今也没有统一的规定，不过，从语用的角度来看，它主要有两层含义：一是学校或更高一级教育机构制定的课程/教学计划，即用表格的形式列出学校设置的教学科目、各科教学的起止学年或学期、各科每周教学时数等；二是周/日课表，'即学校根据上级颁发的课程/教学计划而制定的每学期各班级上课时间表。表中规定一周内各班级每天上课的科目、每次上课的起讫时间、每日学习的课时数以及课外活动、

---

[1] 何芳，吴艳玲，樊莹．初中课程资源开发的实践智慧[M]．北京：高等教育出版社，2004.162－168.

第十章 时间资源的激活与利用

生产劳动、团体活动的具体时间。"[①]学生根据学校总课表的规定和自己要参加的课程，可以编制出一周内的课程安排，这通常称之为课程表。鉴于我国目前的基础教育课程政策及学校具体的课程实施情况，这里主要集中于第二层含义。

2. 课程表的基本类型

课程表实际上就是对不同课程的教与学时间的具体安排。根据对教与学时间的不同安排，课程表可以划分为几种不同的类型。

（1）钟点制。此种课程表类型以我国为代表。一般来说，一节课的时间在 40～45 分钟，课后休息的时间为 10～15 分钟，每天需要上 6～7 节课。这种课程表以钟点的形式来明确规定每一节课的教学时间。此种课时安排整齐划一、节奏感强，但由于没有自由伸缩的灵活空间，也存在着一定的弊端，如作文课、实验课等往往时间不够，而音乐课、美术课等有时并不需要一整节课时。

（2）弹性制。此种课程表类型以英国、美国为代表。所谓弹性课程表，就是说安排课程表有一定的灵活性，教师可以根据学生、课程的需要和特点对原有的规定课时加以延长、合并、缩短或移至一星期的其他时间。最为常见的弹性课程表就是将"课段"这一概念引入课程表中，即课程表打破原先一律以课时为单位（每节课 45 分钟）的结构，加入一些以"课段"为单位的课。它可以是两个课时作为一课段，也可以是两个半课时或三个课时作为一个课段等。因此，与钟点制相比，它并不强调不同年级、不同学科的固定时间安排，而是根据教学的实际需要，主张给予不同的学科以不同的时间安排。

（3）三区分教学制。此种课程表类型以法国为代表。所谓三区分教学制，就是将学校中的学科分为基础学科（数学、法语）、启蒙学科（具体是指综合了地理、历史、道德、自然、观察、唱歌、图画、劳动技术等学科领域的教学内容）和体育活动三个部分。其中，在上午安排基础学科，下午安排启蒙学科和体育活动。这种课程表类型既符合一个人每天的心理变化曲线，也能兼顾不同学科的实际要求，而且对基础性学科能够给予充足和较为优裕的教学时间，不失为一种较好的实践尝试。

3. 我国中小学课程表问题

课程表的设计是否科学、合理，将会直接影响课程实施的质量。目前

[①] 顾明远．教育大辞典[M]．上海：上海教育出版社，1990.287．该书把"课程表"与"日课表"作为两个不同的概念。

我国中小学课程表中存在着一些异化倾向，需要引起广泛关注和警惕。其中，主要表现为五个方面的问题。

第一，过于简单化，丧失学校特色。有些学校在制定课程表时，总认为上级教育部门怎样规定就怎样来制定课程表，往往过于简单化，不太重视把国家课程计划真正转化为本校的有效课程设置，导致课程表丧失了学校特色与人文色彩。

第二，课程安排搭配不当。主要表现在文理科搭配不当，脑力课与体力课搭配不当，作业量大与作业量小的课程搭配不当，变动太多。文理科交叉搭配，体脑课交叉搭配，作业量大小交叉搭配，保持课程表的相对稳定等都可以减轻学生的大脑由于过长的相同刺激引起的疲劳，并防止同一或同类课程引起的干扰。

第三，最佳学习日与最佳课时安排不当。一般而言，一天内第二、第三课时时效最佳，即最佳课时；一周中的周二、周三、周四学习效果最佳，即最佳学习日。在此间应安排难度较大的课程，而现在学校课程表往往没有最佳课时和最佳学习日的概念，不少课程表存在着不当安排的问题。

第四，随意化倾向。有些学校在设置课程表时，不顾上级教育机构的合理规定，不考虑师生健康发展的需要，任意盲目地制定课程表，无法保证学校基本的课程安排。比如学校随意增加课时，随意延长课时，随意补课等就是如此。再比如，有些学校有"真假"两张课程表，一张是日常上课用的，另一张是掩人耳目、应付上级检查的，这种课程表存在很多"水分"，许多课程如体音美、劳技、活动课等所谓"副科"被真正地边缘化与形式化了。

第五，日课程门类过多。在一些学校，课程表上安排的课程门类过多，导致学生在校的时间被所学的课程完全瓜分，课表满满的，学生疲于应付。这既不利于学生的身心健康，也不利于教师有效地利用教学时间；既不利于教学效果的提高，也不利于学校对课程的管理和对教学的常规管理。例如，案例10-1是某校初三的课程表，它表现了课程表存在的此类问题，在不少地方和学校都具有相当的代表性。

第十章 时间资源的激活与利用

案例 10-1　某校初三的课程表

时间	节数\星期	一	二	三	四	五	六
早读		英语	政治	语文	语文	语文(写作)	自习
上午	1节	英语	语文	几何	语文	代数	代数(双周)英语(单周)
	2节	英语	语文(写作)	代数	体育	几何	
	3节	语文(写作)	历史	政治	英语	物理	语文(单周)几何(双周)
	4节	语文(阅读)	政治	英语(写作)	代数	英语	
下午	5节	语文	几何	物理	化学	音乐	物理(双周)政治(单周)
	6节	地理	生物	生物	几何	化学	
	7节	美术	体育	语文	英语	物理	化学(单周)历史(双周)
	8节	自习	自习	自习	自习	自习	
晚自习	9节	代数	英语	语文	历史	化学	周会
	10节	英语	几何	代数	几何	几何	

注：星期日不补课。

从案例 10-1 可以看出，这一课程表存在的主要问题，一是每天安排的课时过多，一天包括自习课共 11 课时，而且星期六要补课，而按国家课程计划规定每天安排 6~7 课时；二是课时安排的学科结构不合理，每天所学课程门类过多。这类现象在不少地方和学校都不同程度地存在着，需要引起课程管理人员的高度重视并切实加以解决。

4. 透视课程表的背后

透过我国现行中小学课程表，发现存在许多问题，既有课程表设计本身是否科学的问题，更存在着课程表执行难的问题。既然课程表已经明确规定好了，学校教师直接"执行"就可以了，但为什么还会出现这些问题呢？

首先，需要不断完善和提高教师队伍素质。课程表的设计即使科学合理，也需要教师能够切实地实施。一些课程诸如综合实践活动、研究性学习等，学校和教师并不重视，更不注意学习和研究，于是偷梁换柱也就成为默认的潜规则了。特别是在一些农村中小学，可能课程表设计都按照上级的规定来安排的，在具体执行中也并非有意背离，而是因为缺少相应的专业课教师，导致课程表形同虚设、无法严格执行。

其次，折射出学校与教师的教育理念。按照课程表上课是全面推进和落实素质教育的重要举措，但一些学校主科挤占副科的教学时间，健康、信息技术课、音体美等成为摆设，这无疑是为了使学生有更多的时间来掌握主科知识，从而获得较好的考试成绩。其中反映出应试教育观念以及现行教育评价误区所产生的破坏性影响。

再次，揭示了师生的在校生活状况。一些学校和教师以为上课的节数越多，教学质量就越有保障，诚如案例10-1中的安排，一个学习日有10多节课。这种课程表本身就缺少人性化色彩，使得学生根本没有自由支配的时间，整天都在围绕"课程表"机械运转。如果整个教学都是如此，还何谈培养学生的自主性和个性的养成。

最后，反映出课程体制和课程设置的价值取向。一般来说，课程表从微观上体现了一个国家宏观层面的课程结构和课程设置。随着基础教育领域中课程权力的逐步下放，课程表也将根据新课程理念重新设计，要求能够体现出原则性和灵活性，尤其是校本课程和综合实践活动课程的引入，更加需要提高课时的弹性化。但从我国现行的课程表来看，仍然具有统一性、标准性和固定性的刚性特征，这在某种程度上继续凸显出传统的、学科本位的课程设置的控制性价值取向。

(二)课程表编制的影响因素

课程表的编制工作看似简单，似乎就是将各种不同的学习科目都安排到一周的教学时间内，实则不易。因为在编制过程中需要考虑到诸多因素的影响，需要教育学、心理学、学校卫生学和管理学等多学科的知识。把哪门学科排在每一天的什么节次上，往往关系到有限的时间资源能否得到有效利用的关键性问题。具体来说，我们需要考虑宏观的国家政策层面、中观的学校实际层面、微观的具体操作层面三个方面的若干不同因素。

1. 国家政策层面

第一，符合素质教育的指导思想和全面发展的人才培养目标。素质教育作为我国新世纪基础教育发展的根本性指导思想，要求学生能够"全面""全体""全过程"地主动发展，坚持德育、智育、体育、美育、劳动技术教育的"五育并举"、均衡发展。这就要求在编制课程表时能够注意五育之间的基本关系，不得任意缩减德育课、体育课以及各种活动课的基本时间。

第十章 时间资源的激活与利用

即使在智育的内部，也应该消除主科与副科的根本差别，以保证不同学科知识领域应有的课时数，从而实现全面发展的人才培养目标。

第二，遵循国家规定的中小学课程方案和相关的教育政策法规文件。课程方案（即教学计划）是教育部依据中小学的性质和任务、学生的年龄特征、各门课程的知识联系以及五天工作制的要求而制定的有关学校教学和教育工作的指导性文件。它具体规定了课程设置、顺序、时数、学年等，并对有关学校的教学活动、生产劳动和课外活动等各个方面做出全面安排。从层级上来说，课程表的编制必须反映和遵守国家的课程方案，不得违背。

同时，在编制课程表的过程中，也不得与各种教育政策法规文件相抵触，诸如《教育法》《义务教育法》《教师法》《关于深化教育改革全面推进素质教育的决定》《关于中小学减轻学生过重负担的紧急通知》等。譬如，《关于中小学减轻学生过重负担的紧急通知》就明确规定："学校要严格按照规定的课程计划，依据儿童学习和生活规律均衡安排每周课程和作息时间，下午可以以活动和做作业为主。不得增加周活动总量，更不得增加学科教学的学时。不得占用节假日、双休日和寒暑假组织学生上课，更不得收费上课、有偿补课。"无疑，这些政策法规文件对于课程表的合理编制都具有指导和规范作用。

2. 学校现实层面

在中观层面，课程表的编制要面向学校自身的教育哲学和学校实际情况。课程表的设计不仅需要考虑到整个国家教育的指导思想和培养目标，根据国家与地方对课时的有关政策规定以及学校整体课程设置的基本要求，体现出统一性的特征；还需要面向学校自身的教育哲学以及学校实际的具体情况，反映出一定的灵活性倾向。学校自身的教育哲学是一个学校办学的基本理念和指导思想，编制课程表要体现这一办学愿景，要有助于反映学校自身的特色以及实现学校自身的优势。

同时，每一所学校的实际情况存在着很大差异，在学校软件和硬件方面都是不同的，这就要求在编制课程表时要考虑学校实际具备哪些课程资源条件，以及在什么程度上具备这些条件，诸如师资队伍的年龄结构、学科结构、人数等；学校设施设备的情况，如图书馆、阅览室、电教室、实验室、计算机房、操场等的使用情况等。

3. 教学操作层面

从微观的实际教学操作层面来说，在课程表的编制过程中，需要考虑到学生、教师、时间、空间、学科特点等多种因素。

第一，需要考虑学生学习的身心特点，实现最佳学习日和最佳课时的恰当安排。编制课程表需要考虑到学生的心理发展特点和年龄特征，尤其是大脑皮层活动的特点与规律。为此，我们要考虑用脑卫生的问题，使学生在上课时大脑得以轮换、得到适当调节，从而提高学习效率。在最佳学习日和最佳课时中，应将语文、数学、外语等一些最基础的学科的多数课时安排在这些时段里。星期一、五两天和每天的上午第四节和下午，学生的大脑工作能力相对来说较低，精力往往不集中，课程就不宜排得过重、过多。

第二，突出学生的主体地位，听取学生不同的声音。课程安排要服从和服务于学生的全面发展与长远发展，课程表的设计与编排要考虑到小学、初中和高中各个阶段不同的学习任务，学生生理心理发展各异且兴趣点各不相同，课程安排要突出学生的主体地位，同时要考虑学生反馈的"声音"。另外，高中新课程实行学分管理，有可能出现同一个行政班级的学生课程表都不一样的情况，因此，学校要敢于让学生有自己的课程表，或根据课程计划与具体情况，大胆放手，让学生自定课程表，让学生选择课程的过程同时成为一个学会选择的过程。

第三，需要考虑教师的实际因素，充分发挥教师的主导作用。教师是中小学课程表的具体执行者，为了保证课程表都得到落实，必须注意教师个体不同的具体情况，诸如教师的年龄和身体状况、教学水平和经验、教学态度、是否跨年级跨班级和跨学科教学、兼职情况、总工作量、家庭情况等。正是这些因素的存在，在编制课程表时，既要广泛征询教师的个人意见，又要尽可能照顾到每一位教师的特殊情况，避免在编排后发生冲突，以实现教师资源尤其是优秀教师资源的共享。因此如何调动教师的教学积极性、主动性，充分发掘优秀的教学资源，是课程表编制过程中必须注意的一个问题。

第四，需要考虑不同学科的特点，实现不同学科的合理搭配。每门学科都有各自的特点。这就要求在中小学课程表编制过程中，既要考虑到各门学科的特点与连贯性，又要照顾到各门学科间的适当交叉，实现不同学科的合理安排，为此要做到"四交叉"：体脑交叉、作业较多与较少课交叉、文理交叉和难易交叉。也就是说，根据不同学科的特点，对难度大、智力活动紧张的学科，或每天有较多课外作业的，尽可能排在上午，如数学、物理、化学等学科；历史、地理、音乐、美术、体育等学科，下午可适当多排；把作业多且难和作业少且易的学科交叉安排；把学生积极思维、记忆的学科和活跃学生身心的学科交叉安排；在作业多的学科后面安排自习，使学生有充裕的时间完成作业。实际上，根据学科的不同特点进行课程表

第十章 时间资源的激活与利用

编排,既可以减轻学生负担,也可以提高教学效率,而这已经得到上文所述的法国"三区分教学制"的证实。

第五,要考虑学校师资状况与学校场所设施等资源状况,使空间组合得到优化。比如,有些学校的师资力量很有限,一位教师担任多个班级的课程;比如体育课或综合实践活动课的安排要注意将不同班级的课程安排开,使学校资源得到最大限度发挥,而不至于使学校资源不够用或大量闲置。

第六,要有时间观念,讲究时效。课程表的安排实际上是课时的分配问题。课时是非常重要的课程资源,可以说,教学质量的高低与教学效益的高低在一定程度上取决于学校所编排的课程表。要恰当地分配教师教学、学生学习和其他活动所占用的时间的比例,保证师生的时间主要用在教学、教育和学习上,以让师生学会科学用脑,动静与劳逸结合,以提高教与学的效率。有些研究结论可以为此提供相应的参考依据,"一般而言,教师的业务活动与非业务活动的比例定为 5∶1 较为合适,学生的学习活动与思想政治教育活动的比例定为 7∶1 较为合适"[①]。须知,不合理的课程表会给学校、教师尤其是学生带来不应有的损失。

(三)课程表编制的改革思路

新课程改革的理念完全可以通过一张模样小小的"课程表"透视出来,因为它决定了师生的学校生活节奏和意义。为此,发挥课程表这一不为人察觉的"隐性课程"的作用,科学合理地设计、安排课程表,成为利用时间资源的重要前提。

1. 新课程中课程表编制的基本依据

在新课程背景下,编制课程表首先必须明确新课程的基本理念或者指导思想,这是我们进行课程表编制时需要首先考虑的问题。因为在课程表的背后或隐或显地包含着行动者的教育理念,只要这一问题清楚了,我们的编制工作就有了方向和依据。新课程中课程表编制工作应该体现出以下几个方面:

一是课程的基础性。在制定课程表时,应该要反映出义务教育阶段国家课程设置的基本要求。因为国家课程的设置是为了保证每一个学生的受教育机会均等,使学生都拥有养成一个 21 世纪的国家公民必备的基本素养。课程的基础性需要保证国家课程以必修课程的形式体现出来,因而课程表的编制要能够保证各个学习领域的基本课时。

---

① 王焕勋. 实用教育大词典[M]. 北京:北京师范大学出版社,1995. 206.

二是课程的弹性化。在新课程中，对于地方课程、校本课程的重视，增强了学校课程的选择性和弹性化程度，选修课程的比例也不断加大。同时，课程内容本身亦具有一定的伸缩性。为了适应不同地区、学校和学生的实际需要，并照顾到学校自身的特色和办学愿景，学校可以对课时做出适当调整和灵活处理。

三是课程的综合化。课程的综合化是依据基础教育的特殊功能、现代社会对人的素质要求以及儿童的认知方式而提出的。由于分科课程容易造成不同学科知识间的分离，也容易脱离学生的日常生活世界，不利于学生成长为一个健全、完整的人。随着跨学科综合化的实现，它为学生提供了一个考察世界的整体性观念，并为学生的自主探究创造了更广阔的空间。为此，在课程表的编制中也需要对综合课程做出弹性化的安排。

四是课程的均衡性。为了造就全面发展的公民和人才，需要从德育、智育、体育、美育和劳动技术教育等各个方面来考虑，这就要求按照全面发展的要求均衡地设置课程。但按照这一原则，也并不是僵化地要求各门学科在课程结构中平均地体现出来，而是根据学生发展需要，根据不同学科的重要性程度，以一定的比例和位置等在课程表中体现出来，如某一学科占多少课时，课时安排在学生学习进程中的什么位置等。

五是课程的人性化。以学生发展为本是新课程的基本指导思想。为此，为了实现课程的人性化，学校应该精选课程内容、更新教学方法，为学生全面而有个性的发展创设一个灵活宽松的空间。同时，优化课程结构使学生能够充分发挥兴趣爱好，积极、主动、创造性地开展学习活动，让学校生活更加丰富多彩。

2. 新课程中课程表编制的策略性建议

课程表的编制需要采取一些必要的策略和措施，以便实现课时的弹性利用，更好地促进学生的学习。

(1) 获得上级教育部门的政策支持，有效行使学校的自主权

学校课程表的设计是在上级教育部门对课程表的法定范围内做出的安排，其灵活性是很受限制的，上级教育部门要为学校根据本校的实际情况合理安排课程预留政策空间。比如2001年上海市教委规定，早上7点45分以后学校才可以安排集体的教育活动；农村地区学校可由区、县教育局从本地区实际出发做适当调整。这条规定给上海市中小学校设计课程及课时以一定的自主权和弹性，小学和初中不能要求学生在7点45分之前过早到校，至于何时上第一节课各校可根据情况自行规定。

为了使学校在编制课程表时的自主权得以合法化，学校需要成立一个

第十章 时间资源的激活与利用

类似"课程表编制委员会"的专案小组，组成人员主要包括学校校长、教务人员、教师学生代表、家长与社区人员代表，乃至专家学者等。通过全体参与、民主对话的方式，对学校自主安排的课程以及国家课程的具体编排等进行有效审查和合理决策，以保证课程表中所规定的具体课程能够落到实处。

(2) 采用课时集中的"课段"设计方式，保证课时安排具有一定的弹性

长期以来，我国的课程表编制都是以"钟点制"形式出现的，中小学的每一课时一般为固定的 40 分钟或 45 分钟。教师一般是根据学科内容的难易复杂程度来安排课堂教学的，对于一些简短的教学计划，一个课时是足够的；但一些需要跨课时的、复杂的学习活动，比如综合实践活动、研究性学习、科学、艺术与创作等，在一个课时内是无法完成的。若仍以课时分散的设计方式，就会使师生的教学活动因时间相隔太长而影响教学效果；或因课间休息、打铃等太多的中断次数而影响教学活动的连贯性、影响学生创造性的激发、扰乱宁静的学习氛围、破坏学生美好的学习心境等。实践证明，对于复杂的教学活动，在设计课程表时，需要从实际出发，减少课间休息次数，增加上课时数。为形成连贯的上课时段，可以两个课时连续编排，也可以集中一周或两周连续展开活动（如对社区卫生状况的调查分析）。对于一些探究性活动，根据活动展开的情况，也可以把三个课时放在一起展开活动探讨。至于把几个课时安排在一起使用，关键在于实际情况的需要，不能主观随意。

一项教学活动，课时过多会导致浪费；课时过少会使之形式化，所以教师可根据已有的经验和实际需要向学校申请适宜的课时段。当然，课时单位时间的延长，意味着上课的次数相对减少，而课时总量保持相对平衡。这样教师可以集中时间来规划教学活动，争取提高教学质量；便于保证教学内容或活动的完整度；便于教师采用多样化教学活动方式；便于增进师生间的思想与情感交流教学活动或探究活动；便于教师间的交流与合作，充分整合教师课程资源，充分盘活与利用校内外的课程资源；学生也获得了较多的时间支配自由权，为合作学习、自主学习、探究学习找回失落的时间、空间。

(3) 一天并行的课程门类要适度，实现以学生的学习为中心排课

我们的课程表设计要以提高学生素质和学生的健康成长为出发点，适度减少不必要的课时，逐步减少课时总量，提高单个课时教学效益。基于对教学效率、学生学习规律与学习负担、学科结构内容特点等因素的考虑，一天内所设计的课程门类不宜过多。例如，初中学生每周要学的课按 12 门来计算，从大多数课程表的设计情况来看，学生每天至少要学 6 门课，一

天内学习的课程门类太多,学生每天的心理与课业负担过重,这不符合学生思维发展的特点。在不改变学生在校学习课时数的情况下,一天 4 门课程便于学生集中力量学习课程,提高学习效率和教学效益;便于教学活动向纵深方向发展;便于师生间的交流与合作;便于学校对课程安排的管理与疏导,优化学校现有课程资源及时空资源的配置。

二、有效教学与课时资源

课程表的科学设计是利用时间资源的基本前提。前提的现实存在,只是在一定意义上凸显了有限的时间资源能够被高效益地使用的可能,如何使这种可能转化为现实,则有赖于提高课堂教学的有效性。

(一)有效教学的一般理论

自从学校教育产生以来,如何有效地教?怎样成为一位成功的、并受学生欢迎的教师?什么是一堂好课?怎样提高教学效率?如何大面积地提高教学质量?如何减轻学生过重的学业负担?教师如何教得轻松而学生可以学有所成?都是人们长期以来追求有效教学所要解决的问题。

1. 有效教学的含义

有效是指一件物品或一项活动具有预期所要达到的积极的或肯定的结果的程度。"效"有大有小,获得"效"所付出的代价也有大小,也就是说,存在着"有效""低效""无效"和"负效"的程度与性质之别。因而认识"有效教学"的关键,在于从什么视角来理解"有效"的问题。对于"有效教学"到底是什么?从不同的角度出发,学者们对有效教学也有不同的认识。有一定代表性的观点,至少包括四种。

一是侧重从教学的投入与产出的关系来界定有效教学。这是传统教学论从经济学的角度形成的一种观点。这种观点认为教学是否有效,主要看教学是否提高了教学效率和教学质量,也就是看教学投入与产出的比例大小。如果教师在教学中用尽可能少的教学投入(诸如时间、精力、财物等),而获得了尽可能多的教学产出,那么就可以说教学是有效率的,也就是有效教学。反之,则被认为是低效的。

二是从学生的学习和发展来界定有效教学。这种观点主要从三个方面来理解:(1)促进学生的学习和发展是有效教学的根本目的,也是衡量教学有效性的唯一标准;(2)激发和调动学生学习的主动性、积极性和自觉性是有效教学的出发点和基础;(3)提供和创设适宜的教学条件,促使学生有效地学习是有效教学的实质和核心。[①]

---

① 陈厚德.基础教育新概念——有效教学[M].北京:教育科学出版社,2000.29.

三是侧重从教学效益的角度来认识有效教学。这种观点认为，有效教学是为了提高教师的工作效益、强化过程评价和目标管理的一种现代教学理念。所谓"有效"，主要是指通过教师一段时间的教学之后，学生所获得的具体进步或发展，即用学生有无进步或发展作为衡量教学有无效益的唯一指标。其核心问题就是教学效益，即什么样的教学是有效的，是高效、低效还是无效？[①] 教学有没有效益，不是指教师有没有教完内容或教学态度是否认真，而是指学生的学习是否有效果或学的深度如何。如果学生对所学内容不感兴趣，即使教师教得很辛苦也是无效教学。同样，如果学生学得很辛苦，但没有得到应有的发展，也是无效或低效教学。

四是主张有效教学应该是教学效率、教学效果和教学效益的有机整合。大多数学者都认为教学要有效，就是要有效率、有效果和有效益。在教学中，教学效率是指有效教学时间与实际教学时间的比值（或者说教学投入与教学产出之间的比值），如果有效教学时间与实际教学时间的比值为1，即效率为100%，那就是最高效率的教学。教学效果好指的是教学活动与教学预期（即教学目标）的吻合程度高。教学效益好指的则是教学目标与特定社会和个人的教育需求吻合的程度高，它是从对教学目标的评价和反思的角度提出的，其关系如图10-1所示。总之，有效教学提倡的是效率、效果、效益三者并重的一种教学观。有效的教学活动是指教师遵循教学活动的规律，以尽可能少的时间、精力和物力的投入，取得尽可能多的教学效果，从而实现特定的教学目标，满足社会和个人的教育价值需求而组织实施的活动。[②]

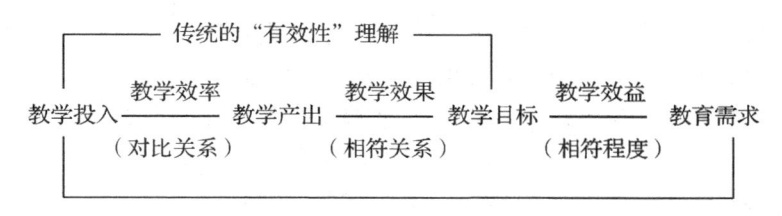

图 10-1 教学有效性的三重意蕴及其关系

上述四种观点在论述有效教学时，主要就是如何看待教学效率、教学效果和教学效益的问题，以及学生的学习在教学中的重要位置。我们发现，对"有效教学"概念的界定是存在差异的。随着社会时代的发展变化以及教

---

① 钟启泉，等.为了中华民族的复兴，为了每位学生的发展——基础教育课程改革纲要（试行）解读[M].上海：华东师范大学出版社，2002.223－224.

② 程红，张天宝.论教学的有效性及其提高策略[J].中国教育学刊，1998(5).

育变革提出的新评判标准,对于有效教学中"有效"意涵的诠释也需要重新做出定位。

我们认为,有效教学就是符合教学规律、有效率、有效果和有效益的教学。教学是否有效,不仅要看教学目标本身的合理有效性及其实现程度,还要看这种目标是如何得以实现的。从这一基本认识出发,在新课程改革的语境下,可以从三个方面进一步加以理解:第一,有效教学的核心在于学生学习进步与否,其评价标准为学生的有效学习,而不是仅仅看教师教得怎样。第二,有效教学的目标是知识与技能、过程与方法、情感态度价值观"三维目标"上的协调和整合,而不只是局限于学生所获得的知识多少和分数高低。第三,有效教学倡导效率、效果和效益三者合为一体。如果课堂教学只考虑效率,而不考虑效果和效益,其有效性不会很高,而且有可能得到的是"负效";反过来,如果只考虑效果和效益而不考虑效率,那也可能会导致低效的教学。

2. 有效教学的基本理念

在教育学术界,"理念"一词已频频出现在各种各样的文本之中,诸如教育理念、教学理念、课程理念等。实际上,"教学理念"与"教学观念""教学信念(或理想)"等概念之间是存在着细微差别的。教学理念是介于具有"现实性"特征的"教学观念"和具有"理想性"特征的"教学信念"之间的一个概念[①]。在新课程变革的背景下,有效教学作为一种新的教学理念,主要体现在以下方面:

(1)有效教学关注学生的全面发展

有效教学的根本宗旨在于促进学生的学习进步和全面发展。教学是一个价值负载的活动,对教学目标的不同规定,既是教学价值观的具体体现,也是衡量教学是否有效的重要标准。新课程改革明确提出了"知识与技能""过程与方法""情感态度价值观"的三维课程目标,这意味着以往单维度的知识目标不再是判断教学有效性的唯一标准。同时,三维目标也不是三个彼此独立的目标,而是一个问题的三个方面。在课堂教学中,不能完成了一维目标再落实另一维目标,而是要注重三维目标的整体性和协调性。这三维目标的教学价值应该统一于教学过程之中,以促进学生的全面和谐发展。有效教学的"有效性"指标主要在于"学生的学习进步上"和"学生的全面发展上"。这就要求教师突破狭隘的学科界限,力图实现跨越学科的综合化;不把学科价值局限于本门学科上,而是应该定位于促进学生作为一个

---

① 彭钢. 支配与控制:教学理念与教学行为[J]. 上海教育科研,2002(11).

第十章 时间资源的激活与利用

完整的人的发展上。

同时，教师也要有对象意识，将学生看作一个积极主动的教学参与主体。传统的教学往往是"一言堂"或教师一人唱"独角戏"，教师以为自己讲得越多，学生掌握的知识就越多。这种灌输式的教学，学生往往处于一种被动、机械接受的状态，不仅使学生丧失了亲身践行的机会，而且直接影响了学生的创新精神和能力的培养。因此，有效教学不仅要求教师确立学生的主体地位，树立"一切为了学生的发展"的理念，而且要切实促进学生在身心各个方面的均衡发展。

（2）有效教学关注教学效益，要求教师具有时间和效益的观念

教学效益是指教学活动的收益、教学活动价值的实现。具体地说是指教学目标与特定的社会和个人的教育需求是否吻合以及对吻合程度的评价。"是否吻合"是教学效益质的规定，"吻合程度"是对教学效益量的把握。有效教学要求教师具有时间和效益的观念，不仅要科学合理地安排与有效利用教学时间，提高课堂教学时间的利用率，而且要着眼于学生学习的内容、学习与发展的过程。比如，一个教师按预先设定的授课计划进行传授，学生的学习效果良好，既提高了教学效率，又不折不扣地达到了教学目标，这堂"保质保量"的课是否就是有效益的呢？依据传统教学论的质量标准，这堂课当然是有效益的或者效益高的。可如果这堂课传授的知识技能早已是"过去时态"，或者这堂课所传授的知识和技能虽不过时但对学生未来就业或创业及其自身完善并无用处，这堂课恐怕就不能说是"有效益"的。"教学效益不同于生产效益，它不是取决于教师教多少内容，而是取决于单位时间内学生的学习结果与学习过程综合考虑的结果"。[①] 因此，教师要合理安排与有效利用有限的教学时间，避免或减少教学时间的浪费，保证教学目标的高效实现，不断优化自己的课堂教学。

（3）有效教学要求教师进行教学反思

在近几十年的教育理论文献中，普遍强调了教学反思对于教师发展的重要意义。但在实践中教师却未必能够将"反思"看作一种自觉的行为，如果教师不具备这种认识自己的自觉水平，而要让他们有效地去进行反思就值得怀疑。有效教学要求每一个教师不断地反思自己的日常教学行为，并使之能够成为一种专业自觉。教师应持续地追问"什么样的教学才是有效的？""我的教学有效吗？""有没有比我更有效的教学？"等，从而洞察日常教学行为背后所潜藏的教学理念，进而改进或调整自己的教学行为。因为缺

---

① 钟启泉，等．为了中华民族的复兴，为了每位学生的发展——基础教育课程改革纲要（试行）解读[M]．上海：华东师范大学出版社，2002.224．

乏反思的教学，只是一种在方法与技能上的简单重复，难以实现教学的有效性。如果这种反思没有能够成为一种专业自觉，那么反思也是低效的，甚至是无效的。当一名教师不仅在技术层面反思"怎么做"，而且还关注支配教学行为背后的价值观念时，他的教学才可能得到真正改进，其教学才可能是有效甚或高效的。也正是教师拥有教学反思的意识和能力，才能不断提高教师的自我教学效能感，促进教师的专业发展。

（4）有效教学也是一种教学思维

在一定意义上说，有效教学是一种理想的教学形态，它具有一切"好教学"的品质特征，诸如教学目标明确、教学效率高、教学过程严谨、师生关系融洽等。有效教学还具有新课程改革所赋予教学的新品质，诸如促使学生自主探究学习、师生互动对话、强调学生的参与等。这些"好教学"的品质是教学"有效"追求的目标。而有效教学本身也正是潜藏在"好教学"背后的教学逻辑，是为逼近"有效"的目标而对教学进行的科学控制和情感调适，是一种教学思维，是教师对各种教学策略的理性选择和灵活运用。在面对动态复杂的、不确定的教学情景时，教师必须充满机智地做出有效的教学决策。有效教学作为一种教学思维方式，既不是简单地停留于教学程序的机械运行，教师按部就班地操作，也不是远离教学目标地想干什么就干什么，学生想到哪儿教师就跟到哪儿，而是强调静态预设和动态生成的辩证统一。

3. 影响有效教学的因素分析

有效教学是一种现代教学理念，同时也是一种教学实践活动。作为一种教学实践活动，有效教学在实施过程中会受到多种因素的影响和制约，其中教师、学生、课程资源、教学环境是较为基本的因素。当然，这些因素并不仅仅是分别对教学有效性产生影响，在具体过程中各个因素相互作用构成一个系统整体对教学施加影响。也只有使各因素处于最佳运作状态，并发挥整体性效能时，才能更好地提高课堂教学的有效性。下面分而述之：

（1）教师因素

教师作为一位专业人员，其个人所具有的一些品质性特征，诸如教育价值观念、职业道德、智力水平、教学能力、专业知识、心理素质等都会影响到教学的有效性。在教学过程中，教师无论是起着"主导的作用"，还是成为"平等中的首席"，在教学目标的选择与确定、教学内容的组织与安排、教学方法与手段的灵活运用等方面，都突出地强调了教师的重要性。例如布鲁纳认为，"教学情景中的权威问题是永远存在的。……教授者与被教授者之间的关系，是一种将会对学习的理想模式带来决不能无视的强烈因素的影响"①。在其中,观念影响甚至支配着一个人的行为。一个教师具有什么样的教育价值观念,将会直接影响到其教学是有效、低效还是无效的。例如,"授人以鱼,还是授人以渔",就反映出教师不同的教育价值观念,在行为上就表现为是传递并要求学生掌握现成的知识,还是帮助学生掌握获取知识的基本方法。

(2)学生因素

在现代教学论的视野中,学生是学习活动的主体,是教学活动过程的能动参与者。学生的年龄特征、个性倾向性、学习态度、学习策略、起点能力、参与程度都直接关系到有效教学的成败。其中,关注学生的起点能力是有效教学的前提条件。学生的起点能力就是指在教学开始之前,学生原来具有的学习准备状态。学生起点能力是教学的出发点,不了解学生的起点能力,或将学生的起点能力定得太高或太低,要么会脱离学生实际,要么使学生在低水平的内容上做无效的劳动,这都会造成时间和精力的浪费,从而影响教学的有效性。这与"跳一跳,摘桃子"的教学目标原理是相契合的,因为不了解学生的起点能力,教学就难以做到"有的放矢"。此外,在教学过程中,学生参与与否、参与的程度或水平如何,都会影响到对教学是否有效的基本判断。只有学生以一个平等的参与者的身份加入到学习的过程中时,真正的学习才能发生,学生积极的情感态度才能养成,自主学习的品质才能形成。如果没有学生积极、主动、有效的参与,教学不可能取得成功,教学有效性就无法保证。

(3)课程资源因素

有效教学离不开课程资源的有效利用。课程资源是决定有效教学的理想能否兑现为课堂教学实践的关键因素②,它对于转变教与学的方式具有重要意义。新课程改革要求教师由"教教材"向"用教材教"转变,这一转变暗含着各种素材性课程资源的利用,也使素材性资源成为实施有效教学的必要条件。在超越狭隘的教学内容的课堂教学中,师生的生活经验、个人知识、情感态度等潜在的课程资源都能够合理、合法地进入教学过程之中。在这样的过程中,有效教学关注的不是教师教了多少知识或者有没有讲到,不是学生记住了多少现成的知识结论,而是要彻底改变学生在教学过程中的地位,实现学生在教学过程中的真正参与,使学生实现从知识的被动接受者到主动建构者的转变。在这样的过程中,若离开课程资源的有效利用,教学的有效性似乎也只能是一句空话。

---

① 钟启泉,黄志成.美国教学论流派[M].西安:陕西人民教育出版社,1993.34.
② 高慎英."有效教学"的理想[J].课程·教材·教法,2005(8).

(4)教学环境因素

教学环境是指在教学活动中，影响教与学的一切条件和因素。它主要包括教学的物化环境和人文环境。物化环境又有自然环境和物质环境，比如学校所处的地理位置、校园的花草树木，教室的空气、声音、光线等都属于自然环境；而学校的校舍建筑（教学楼、图书馆、实验室、宿舍、食堂、体育馆等）、图书资料、仪器设备以及其他一些有形的教学设施则构成教学的物质环境。人文环境又有人际环境和观念环境，前者是由人与人之间的关系组成的，主要表现为师生关系和生生关系；后者则是以处于这一环境中的人对教育、教学、学习的基本看法为因素构成的环境。其中，物化环境只是为有效教学的发生提供一个现实的基础，并不具有决定性的作用。而人文环境所营造的平等、民主、和谐、自由、安全等良好课堂教学氛围，才是促使学生身心健全发展、创新才智得以展现的重要保障。

(二)有效教学时间的基本认识

时间作为一种有限的、不可再生的课程资源，意味着在课堂教学中"向45分钟要效益"。在学校教学活动中，"减负增效"都离不开对教学时间的有效利用与调控，时间资源能否有效利用对于提高教学效益具有关键的作用。

1. 关于教学时间的已有研究

学生学习成效与教学时间的关系密切。早在20世纪60年代，卡罗尔(Carroll, J. B.)就对教学时间进行了较为科学的研究。他在一篇论文《学校学习的一种模式》中所提的"时间模式"将时间划分为"所需时间"和"所花时间"两类。他指出，任何学生的学习程度都是他所花时间和所需时间的函数，用公式表示为：学习程度＝f(所花时间/所需时间)。

伯利纳(Berliner, D. C.)、费希尔(Fisher, C.)和利伯曼(Lieberman, D. C.)等人在广泛研究的基础上，大体将教学时间划分为五个层面：名义时间、分配时间、教学时间、主动学习时间、成功学习时间。其中，教学时间的效率和质量如何，从时间上看主要取决于后三类时间的放大程度。也有学者进一步将"所花时间"整理为"所给时间"（即"分配时间"）、"所用时间"（即"教学时间""失控时间""主动学习时间"等）和"所得时间"（即"成功学习时间"或"高效学习时间"）[①]。事实上，教学是需要耗费时间的，仅仅增加时间的投入并不一定能够保证教学结果的增值，而且课堂教学时间毕竟是极其有限的。因而，通过更多地考虑所用时间和所得时间，以尽量增加

---

① 盛群力，等. 学与教的新方式[M]. 杭州：浙江大学出版社，2007.9.

第十章　时间资源的激活与利用

学生的学习机会,提高课堂教学的有效性。

1994年美联邦政府成立的一个专门教育委员会发布了《时间的囚徒》(*Prisoners of Time*)报告。该报告专门研究了学校上课时间的安排和学习的关系,并认为学校时间的安排应该成为促进学习的一个重要因素,而不应该局限于学校行政、社会活动的限制。此后,美国教育界认同了"更有效地运用教学时间"的基本理念。由此可见,"有效教学时间"的理念需要引起我们的密切关注。

2. 有效教学时间的概念

有效教学的实践,既要考虑"学生的学习收益"这一目标达成的实际状况,也离不开"单位时间内"这一时间规定性的基本要求。所谓"学习收益"是指学生在课堂教学活动中的有效获得。如果我们把取得有效获得所消耗的时间称为"有效教学时间",把教师和学生投入在课堂中的时间总量称为"实际教学时间",那么便得到课堂教学效率的量化公式:课堂教学效率=有效教学时间/实际教学时间×100%。从这一公式明显可以看出,在实际教学时间是固定的情况下,不断减少无效教学时间的耗费,尽可能使有效教学时间最大化,才能提高教学效率。当有效教学时间等于实际教学时间,课堂教学效率就达到100%的理想值。因而,有效教学的根本出路就是充分利用有效教学时间,尽量减少、直至排除低效、无效甚至负效的教学活动。

然而,有效教学时间是一个具有价值向度的"矢量",也就是说,它必须考虑"有效"的性质问题。在价值向度上,这一"有效教学时间"应该指向教学目标在知识与技能、过程与方法、情感态度价值观三个维度的协调与整合,而不能简单局限于传统教学论中所强调的教学任务的完成情况。

3. 有效教学时间与时间资源效益

教学时间是一种重要的课程资源,它能否被有效利用直接关系到课堂教学的有效性问题。在人们的日常观念中,只要通过"时间+汗水"就能不断挖掘时间资源,用经济学的话语来说,这就是一种"粗放型"的运作方式,即通过无限延长劳动时间来提高生产效益。当从"粗放型"向"集约型"的运作方式转变时,在劳动时间相对固定的前提下,就必须不断优化时间、改进生产技术才能实现生产效益的增加。在学校教学中,"时间+汗水"的方式是一种在教学时间外部寻求时间量的增加来提高教学质量和效率的"粗放型"运作方式。这种做法虽然能提高所谓的"质量",但对学生的身心发展却造成极大负担和危害。为此,我们也必须考虑如何从时间内部出发,不断优化教学时间,提高教学时间本身的有效性,最终实现时间资源效益最大化。

(1)防止分配时间的"销蚀"。所谓"名义时间"是学生名义上在校学习的时间总量，如学年天数、学日时数等，它既包括了教学活动的时间，也包括了非教学活动的时间。而"分配时间"是名义时间中专门分配用于特定教学活动的时间，如教学计划中规定的各门学科的教学时数。然而，分配时间是一种有限的、可以利用的资源，对此不可能无限制"开发"。上述"时间＋汗水"的时间管理方式就是盲目"加班加点"，大量占用学生其他校内外时间的做法，就是试图将"有限"的分配时间"无限"开发。实际上，由于课堂纪律维持、师生迟到等原因，分配时间也并非完全用于规定的教学活动，其中一部分时间成了"流逝时间"。合理的做法就是尽可能将这些人为因素所导致的分配时间流逝降低到最低水平。

(2)课堂教学时间的优化控制。要做到对教学时间的优化控制，在根据课程标准吃透教材，把握课程内容的难易程度的前提下，必须合理分配教与学方式的时间比例。一种极端的情况是，教师无视学生的主体性存在，仍然采用"满堂灌"的教学方式，只重视学生知识获取的结果而不问知识获取的过程，无视学生的创新精神和实践能力的培养。另一种情况是，教学过于追逐形式上的"花哨"，或在没有教师有效指导下的学生探究，要不就是在"草草收场"后告知结论，要不就是教学时间的"无限拉长"。在课堂教学的时间分配上，无论是教师还是学生单向度的投入过多，都是不科学、不合理的，这些情况都是教学效率不高，对时间低效能利用的表现。因而，教师的有效指导和学生的自主探究应该相得益彰、合理调适。

(3)灵活机智地处理课堂突发事件。课堂教学中经常出现课前准备时无法预想到的一系列问题。比如由于学生间的认知冲突所引发的争论，或是由于学生间相互说话、开小差引起注意力分散。一些教师不分时机地中断课堂教学，对学生进行冗长、烦琐的训斥，甚至有些教师干脆拿剩下的全部时间来对学生进行"说教"。这些都容易造成教学时间的浪费，严重影响教学时间的有效利用。而只有灵活地、充满智慧地面对意外事件，才能尽可能减少课堂的"失控时间"，达到提高教学时间资源利用效益的预期。

(4)巧用课时"边角料"。当我们切割一个多边形时，会有许多小块的剩余，我们称之为"边角料"。在课堂教学中，我们会无形中根据教学内容讲述的需要把时间切割成许多细块，在这些细块的缝隙间会有许多可以加以利用的"边角料"。比如，教师在板书时要给学生布置一定的任务，可以是练习、可以是思考、也可以是讨论等；当教师要几个学生演板时，其他学生要有其思考的内容、有各自的学习任务。这样可以充分利用课时"边角料"，提高课堂教学效益。这些零碎的教学时间不可小看，因为一课时也只

第十章 时间资源的激活与利用

有那么短短的 40 分钟或 45 分钟。教师有责任把这些时间利用起来,调动学生积极主动地参与进来,实现时间资源效益的最大化。

(三)提高课堂教学的实效性

每一节课的时间总是有限的。如何使一节课的教学时间获得最大化的有效利用,不仅需要教师在课前准备中精心设计与安排,更需要教师不断优化课堂教学过程。

1. 创设良好的课堂教学文化氛围

课堂不仅是一个整齐摆放桌椅、比较严格区分师生活动区域的物理空间,更是一个师生生命活动的精神文化空间。当师生之间是一种单向度的知识传输活动的时候,彼此之间没有进行交互作用,课堂无异于"死寂"的、"物化"的物理空间,丝毫没有生命活动的气息。当师生之间、生生之间进行积极的信息和情感交流时,知识的传递过程中就相应伴随着师生情感态度价值观的渗透,学生也能够积极参与其中,课堂教学实效性的提高也就不言而喻。因此,教师应该积极营造一种民主与平等、宽松与和谐、竞争与合作并存的课堂教学氛围,促使学生形成一种积极的情感体验,激发学生自主探究的愿望。我们必须摒弃记忆型课堂文化,培植创造型课堂文化,即积极营造一种具有合作、探究、对话特征的、充满生命活力的课堂文化,并发挥这种课堂文化的潜在影响。这是因为"课堂教学总是存在着某种文化,不管我们是否意识到,学生都在进行着某种文化适应"。[①]

为了创设一个和谐的、支持性的课堂文化环境,首先要能够平等对待学生,充分发挥学生的主体性作用。在教学活动中,教师需要放下权威的架子,实现教师角色的根本性变化,不再是权威性话语的"立法者",而是知识的"诠释者";不是知识的"灌输者",而是学生学习的"促进者"。教师"从'独奏者'的角色过渡到'伴奏者'的角色,从此不再主要是传授知识,而是帮助学生去发现、组织和管理知识,引导他们而非塑造他们"。[②] 教师角色的变化,承认、尊重学生的主体地位和权利,让学生参与教学的整个过程,使课堂成为师生共同成长、进步的现实空间。

其次要创设一种问题情境,激发学生的问题意识和学习兴趣。著名教育家杜威的所谓"反省思维教学法"主要包括五个环节:创设问题情境、产生真实问题、搜集相关资料、提出假设、解决问题、验证假设。从这里我们可以看出,思维活动起始于不确定的、有问题的情境。这种问题情境从

---

① 钟启泉,姜美玲. 新课程背景下教学改革的价值取向及路径[J]. 教育研究,2004(8).
② 联合国教科文组织. 教育——财富蕴藏其中[M]. 北京:教育科学出版社,1996.136-137.

根本上缩短了教学情境与实际生活情境的距离，向学生模拟了一种真实的生活世界，使学生知道为什么要学、学什么以及怎样去学。正是这种问题情境，激发了学生学习的强烈动机、探究的欲望，唤起了学生的情感体验，从而形成一种有意义学习的心向。美国教育心理学家奥苏贝尔认为，当学习材料本身具有一定的逻辑意义，学习者本身原有的认知结构中具有适当的观念时，这时学习者积极主动地把新旧知识加以联系、改造和重组，有意义学习也就发生了。这种有意义的问题情境的创设激起了学生的问题意识和批判意识，调动了学生学习的积极性和主动性，为课堂教学文化氛围的形成提供了契机，从而提高课堂教学的有效性。

2. 实现学生的有效参与

课堂教学有效与否，主要看学生"学得怎样"，看学生如何参与教学活动。20世纪90年代以来，关于学生参与的研究涉及行为参与、情感参与和认知参与等不同方面。根据参与的层次性划分，学生的有效参与就不能仅仅停留于行为上的参与，更需要学生在认知和情感上的积极投入。有关研究结果表明：学生参与课堂教学的方式影响了学习结果，单纯的行为参与方式并不能促进学生高层次思维能力的发展，只有以积极的情感体验和深层次的认知参与为核心的学习方式，才能促进学生包括高层次思维在内的素质的全面提高。[①]

课堂提问是激发学生主体性、促进学生有效参与、增加学生投入时间的重要教学策略。但简单的"师问生答"却逐步异化为另类的"灌输"式教学，这种学生参与，只是为了配合教师教学的形式性参与，而不是学生思维、情感的实质性参与，其根本在于教师仍然强烈地受到课堂教学的划一化和效率化的束缚。难怪乎有教师提出这样的困惑："想让学生更多参与，但又担心教学任务不能完成"。然而，当提问主体从教师转向学生时，传递中心的教学向对话中心的教学转换也就真正实现了，学生真正成为课堂教学的主人，其主体性、创新精神得以真正落实。因为学生作为提问主体所提出的问题，能够根据他们的生活履历、知识经验或兴趣爱好，从不同的角度、不同的层次提出问题。这些问题更加符合学生自身的实际，体现出问题的个性化特征，最终实现学生问题意识的激发和培养，以及表达学生自我的内在精神自由。对于教师而言，为了促使学生主动、有效参与课堂教学，帮助学生形成问题意识，需要思考三个问题：(1)我应该如何对待学生的提问？(2)我应该怎样帮助学生提出有价值的问题？(3)我应该怎样让学生在

[①] 钟启泉，等.为了中华民族的复兴，为了每位学生的发展——基础教育课程改革纲要（试行）解读[M].上海：华东师范大学出版社，2002.251.

教学活动过程中提出问题？总的来说，通过提问的方式，能够发现学生的问题、困惑与错误，并且能够使问题自觉转化为一种课程资源加以利用，成为教育的现实力量，促进学生的积极思考和自觉参与。

3. 把握好教学的基本节奏

教学节奏是影响课堂教学效益高低的一个重要因素。在课堂教学中，教师要把握好一节课时间的合理分配，做到"张弛有度"。所谓"张"是指要让课堂教学保持适度的紧张，营造一定的紧张气氛，以使学生在课堂上有一定的时间观念，养成良好的时间意识和习惯；所谓"弛"是指学生的精神状态在一段时间的紧张之后，会出现暂时的、轻微的疲劳，所以要给学生大脑一定的时间接通思维的"断流"。

对于一节课而言，如果让学生在 40～45 分钟内高度紧张或完全放松，都不会产生理想的教学效果。有关的心理学研究结果表明，一节课学生思维的最佳时间是上课的第 5 分钟至 20 分钟，这一时间可以说是课堂教学的最佳时域，教师如果不能很好地把握这一时域，就很难提高课堂教学效益。[1] 在合理利用最佳时域的基础上，教师也要从整体上充分利用有效教学时间，尽量减少无效教学时间，最大限度地发掘教学时间资源。

---

[1] 施良方、崔允漷. 教学理论[M]. 上海：华东师范大学出版社，1999.321.

第十一章　课程资源的共享机制

一个学校的课程资源总是有一定限度的，这就要求各个学校、教师在充分掌握现有的课程资源的基础上，不断实现校内、校际、学校与社区之间资源的优化配置，从而使课程资源的整体效益最大化，保证课程实施的有效性。为此，必须通过科学的课程管理建立起课程资源的协调与共享机制，提高课程实施的效益和水平。

一、课程资源共享的必要性和可行性

建立课程资源共享机制不仅有利于学校教育和社会发展的良性互动，同时也是符合我国当前和今后相当长时期学校教育发展基本国情的战略措施。

（一）课程资源共享的必要性

有这样一种说法，"你有一个苹果，我有一个苹果，相互交换一下，每人还是一个苹果；你有一种思想，我有一种思想，交换一下，每人至少就有两种思想"。这一句话在本质上道出了课程资源共享的重要价值。在不同教师、不同学校以及学校与社区之间，课程资源特别是素材性课程资源的共享，不仅不会造成课程资源的流失，而且会使课程资源得到激活和不断增值。

1. 尽可能减少课程资源开发与利用的浪费

课程资源的开发是要耗费大量的人力、财力和物力的。校内的不同教师(尤其是同一学科的教师)之间、学校与学校之间、学校与社区之间的有效合作，能够避免一些课程资源的重复性开发，减少学校有限教育经费在一些硬件设施设备上的重复投入，并能在一定程度上减少教师的额外教学负担。同时，课程资源的闲置或利用率不高，从经济成本上来说，本身也就是一种无形的浪费。通过实现课程资源的校内与校际整合，以及学校资源与社区资源的整合，能够提高各种课程资源的利用率，并能够达到"共赢互利"的目的。

2. 有助于缓解课程资源的供给不足问题

资源供求关系的严重失衡，在一定程度上要求实现资源的共享。随着课程改革的深入，我国当前课程资源建设已经取得了较大成绩，但课程资源短缺的现实问题仍然十分突出。尽管课程资源的短缺并不是一件值得称道的事情,但是这种资源不足,在一定程度上为共享提供了良好的作用空间,因为共享可以在不增加资源规模的前提下,通过改变资源的利用方式来满足教育教学的现实需求。这种资源共享可以在保证数量规模的基础上,通过加大教育经费投入,在质的方面实现更大、更多的资源供给。

3. 实现课程资源利用的效益最大化

系统论原理认为,整体大于各部分之和。教育是一个复杂的系统,只有将各个部分的子系统有机协调起来,才能发挥其整体的强大功能。而这就需要各个子系统之间相互保持开放性。课程资源的共享,其实就是让多个"使用者"(可以指校内的不同教师之间、不同学校之间以及学校与社区之间)共同利用同一种课程资源,它需要突破时空限制和部门的条块分割式管理。从课程资源管理的角度来说,就是要使彼此独立的学校系统、社区系统实现相互融合,使之保持系统的开放性,最终达到"1+1>2"的资源利用效果。

4. 为了实现教育公平的价值追求

基础教育的均衡发展以及教育公平的实现,是我国当前教育发展的基本追求。从理论上来说,各个不同学校都具有自己的特色和优势,也都有许多有价值的课程资源。然而,我国的城乡二元结构、不同地区之间经济发展的不均衡,尤其是重点学校与普通学校、薄弱学校之间的巨大差别,以及我国中西部农村中小学的落后状况,严重地影响了教育资源的均衡配置。重点学校无论在师资队伍素质方面,还是在学校的图书资料、实验室、运动场地等设施设备的课程资源方面都占据着绝对的优势。为了使更多普通学校、薄弱学校的学生也能够享受到这些丰富的课程资源,学校需要采取一定的措施诸如建立网络互动平台、校校间结对帮扶等形成"教学联合体",以实现区域内甚至是跨区域间的课程资源共享,从而在教育实践中不断接近教育公平的价值追求。

(二)课程资源共享的可行性

课程资源共享无论从国家宏观政策角度看,还是从学校教育生态角度以及现代教育技术条件来看,都具有较为充分的现实基础。

1. 资源共享具有教育政策法规的基本保障

课程资源的共享,尤其是一些需要较大经济投入的条件性课程资源,有较为明确的教育政策法规文件的支持性保障。2002年,文化部、教育部联合发布了《关于做好基层文化教育资源共享工作的通知》。它指出:"各地要充分发挥设施、人才方面的优势,努力实现资源共享、优势互补""现有的各类文化设施,要坚持为群众服务,为青少年学生服务。各地博物馆、纪念馆、陈列馆、展览馆等单位要对中小学师生有组织的参观活动实行免费……青少年学生校外活动场所缺乏的地区，要在创造条件新建、改扩建一批青少年宫和活动中心的同时，积极挖掘现有群艺馆、文化馆等文化设施的内部潜力，努力开辟青少年文化活动场地，并为开展社区教育提供服务""各级各类学校的内部设施，在保证正常教学活动和满足师生需求的前提下，积极创造条件，采用多种方式对社会开放，为群众开展文化活动提供方便。可采取无偿或低廉租用等方式为广大群众服务，提高学校内部各种场馆、多功能教室等设施的使用率。合理调整和充分利用现有城乡闲置的学校设施，开展社区文化和社区教育活动"。这些政策性规定，既要求各地社区中现有的博物馆、纪念馆、文化馆等设施为中小学生的实践性活动提供服务，同时亦要求中小学校的设施设备尽可能为社区群众提供便利。这一双赢性的举措为实现学校和社区之间的资源共享提供了基本的政策保障。

2. 学校与社区间的合作为资源共享奠定了基础

随着科学发展观、和谐社会、学习型社区、终身教育等各种理念逐步深入人心，学校与社区之间的和谐发展与合作已经成为当代社会发展的一种重要趋势。在这样的社会环境中，学校作为一个公共教育机构，必然要与社区之间建立发展的、建设性的合作关系。这种合作关系是遵循互惠互利的基本前提的，它为课程资源共享机制的形成奠定了基础。一个学校要想从家庭、社区那里获得所需的经费、设施设备、人力资源等方面的援助，也要设法让家庭和社区在合作中受益。通过与当地社区的和谐相处、平等合作，学校有效开发和利用各种社区资源，融入当地社区，实现学校课程资源向社区的有效辐射，课程资源的共享才能成为一种可望的现实。

3. 教育信息化为资源共享搭建了良好的互动平台

网络社会、信息化社会的到来使各种软件课程资源，诸如精品课程、课件、备课资料等超越了时空的限制，为处于任何地理位置的不同学校主体之间的资源共享搭建了良好的互动平台。我国政府和教育管理部门已经认识到网络课程资源整合与共享的重要价值，教育部在1998年《面向21世纪的教育振兴行动计划》明确提出，要"实施'现代远程教育工程'，形成开放式教育网络，构建终身学习体系"。教育部在2000年又提出了"在中小学实施'校校通'工程"。2010年《国家中长期教育改革和发展规划纲要（2010—2020年）》提出，"到2020年，基本建成覆盖城乡各级各类学校的教育信息化体系，促进教育内容、教学手段和方法现代化"。这些举措不断促进中小学教育信息化建设，促进课程资源的优化配置，满足不同教师的教

第十一章 课程资源的共享机制

学需求，为实现课程资源的整合与共享提供了保障。

二、课程资源的校内与校际整合

为了更好实现课程资源的共享，还必须对课程资源进行多层次的整合。根据课程资源整合的层次，我们可以将其划分为课程资源的校内整合、校际整合以及学校与社区资源的整合三个方面。

（一）课程资源的校内整合

课程资源的校内整合是资源共享机制建立的重要组成部分。以下主要对课程资源校内整合的基本内容、管理问题、主要途径进行论述。

1. 校内课程资源整合的基本内容

就校内课程资源的整合而言，我们主要从人力资源、物质资源和财力资源三方面来认识。

（1）人力资源。人力资源主要是以人员为载体，包括学校的行政领导人员、教师、学生、离退休教师和其他工作人员等。从在学校起作用的主体来看，教师和学生是学校两个重要的资源载体，在学校的教学和日常工作中发挥着重要的作用。但我们不能忽视其他方面的人力资源，包括离退休教师和其他工作人员，如园林工和厨师等。有的学校就是把本来已经退休的、在某方面有特长的老教师又请回来，重新投入到各种课程的开设中；有的学校则利用园林工和厨师等开设了插花艺术、种植研究、厨艺等选修课程。这些无疑都是对学校人力资源的很好开发和利用。

（2）物质资源。除了人力资源，学校的一切都属于物质资源形态，包括学校的教学楼、办公室、图书馆、电脑室、实验室和里面的设备、活动场所、体育器材等，甚至校园里的花、草和树木等都可以成为潜在的课程资源，只待需要时教师有意识地发现和利用。而且，学校里的教材、教学参考资料、教学辅助资料等课程资源，甚至是师生自己拥有的各种书籍也都可以纳入共享机制之内。

（3）财力资源。财力资源是学校的血液，是学校维持日常的教学工作、改进教学设备、添置教学设施和聘请校外专家、科研院所专家教授的资金保障，所以学校必须要拥有一定的经费支持。

2. 校内课程资源整合的管理问题

校内课程资源整合的管理就是要求学校对本校的课程资源状况做到"心中有数"，使各种资源能够得到充分利用，实现资源效益的功能最大化。

第一，对教师资源的有效管理。教师资源是每一所学校最重要的人力资源，用好、管理好学校的教师是一所学校发展和成功的关键。学校的行政领导尤其是校长对学校教师的管理起着重要的作用。校长要分析学校发展战略对于学校教师资源管理的要求和指导,开展学校的教师资源的规划,制定总体的教师激励方针,建立完善的岗位职责制度,建立和健全目标管理体系、业绩评价制度和工资薪酬体系。

做好教师的使用工作,最大限度地发挥他们的创造性,做好人才安全工作,防止骨干教师流失;做好教师流动工作,实现教师的新陈代谢;做好学校管理人员的管理工作,探索学校管理人员管理新方法。

完善教师考核鉴定制度,实施酬劳挂钩办法,提高办学管理效益;改革分配方式,引进企业管理中功效挂钩、酬劳结合的办法,推行考核分配制;完善学校的结构工资制,使工资与工作岗位挂钩,与工作量挂钩,与工作效绩挂钩。

构建全新的学校文化以支撑学校教师资源管理政策的有效实施。在学校文化中确立以下观念:教师有能力和素质差别,因此,教师有不同的分工、收益方式、收益水平;教师的能力和素质可挖掘和开发。合理运用市场机制、竞争机制、激励与约束机制、权益保护和利益调整机制等留住人才、吸引人才、培养人才、用好人才。

第二,对物质资源的充分利用。物质资源的整合要做到最大限度地用好学校内部的物质资源,包括教室的有效使用、实验室的最大利用、图书馆的充分利用、电气化设施的充分利用、操场等体育器材的充分利用。学校在面临资源紧张的局面时,首先想到的就是要盘活校内已经有的资源,充分利用好已经有的资源。根据有关调查访问,有的学校不是没有资源,而是很多资源常年处于休眠状态,很多图书资料、报刊、电脑装备长期处于不用的状态,只是在上级来检查的时候打扫干净,成为检验的摆设。这样的资源对学校和学生又有什么意义呢?对学校和学生的发展又有什么价值呢?还不如不添置这些东西,把这些钱用来做一些有实际意义的事。

对学校已有的资源除了有效充分的利用外,还必须注意及时地更新和添置新的设备和图书。很多图书和设备常年不用,恐怕与这些设备和资料的老化有关。有的学校图书资料常年不换,不能对教师的教学和学生的学习提供有益的帮助。

要做到充分利用好这些资源,盘活这些资源,对这些资源进行制度化管理是一个必不可少的步骤。因此学校要制定一系列相关的制度保证和促进资源的充分利用,如实验室的管理和利用制度、图书馆的管理和利用制度、电脑房和多媒体教室的管理和利用制度、体育场馆和器材的管理和利用制度等,做到管理规范化、负责专人化、利用充分化。

第三,对财力资源的有效使用。学校要利用好自身有限的财力资源,

第十一章 课程资源的共享机制

在学校具备了基本的教学设备和条件的时候，学校就要把有限的财力用在学生最需要的地方，而不必盲目地追求不必要的奢侈条件。同时，学校可以在政策允许的范围内，通过各种渠道多方面筹集办学资金，这就要求学校领导有市场经济的意识，善于经营和管理学校。

3. 校内课程资源整合的有效途径

课程资源的校内整合有赖于学校校长实现对校内资源的统筹规划与管理安排。这种统筹与安排主要是从行政运作的层面展开的，它更多的是为教师有效开发和利用课程资源提供保障。在学校的条件性资源既定的情况下，实现校内课程资源有效整合的途径则主要是学校教师之间的合作，使素材性资源得到综合利用，并充分挖掘其潜力。

合作教学是实现校内课程资源整合的重要途径。目前的合作教学，主要强调教学过程中教师与学生、学生与学生之间的合作，并且主要着眼于课堂教学。其实教师（尤其是同一学科的教师）之间在备课、教学等方面进行合作也是十分必要的。

在新课程改革的背景下，综合实践活动、研究性学习等综合课程的教学活动越来越受到关注，由于我国教师教育在这些综合课程方面没有培养相应的师资队伍，如果要让某一特定学科的教师承担此教学任务，往往会存在很多现实困难。但是如果根据学校中不同教师的学科优势和特长，组成一个专门的"教学小组"，进行小组协同教学，往往能够整合不同的教师资源，进行有效教学。小组协同教学是师师合作的一种基本形式，它是指将若干教学人员组成一个教学小组，根据成员的能力和特长将教学任务进行合理分工，使成员分别承担不同的角色和任务，按既定的教学计划进行合作，共同完成教学任务[1]。这样，教学小组内的不同成员相互协调、弥补不足，实现最优化的师资资源配置，有助于促进学生的综合素质提高。

在一个学校中，同一个年级组或学科组的教师之间相互合作的频率和机会往往较多。为了完成共同的教学任务，他们可以进行集体备课、共同收集资料、进行教学研讨等。具有中国特色的传统教研活动即"听一说一评课"以及公开课等活动的开展，都要求教师之间相互合作与交流，进行思维和智慧的碰撞，自觉营造一种开放的、民主的、自由的文化氛围，从而减少乃至消除教师间竞争的异化和负面影响，发挥教师的整体性功能。

(二)课程资源的校际整合

加强校际课程资源的交流与合作，实现课程资源的校际整合与共享，

---

[1] 孙晓光．试论合作教学中的"师师合作"[J]．山东教育科研，2001(1)．

不仅会更大范围地发挥课程资源的功能效益，提高课程资源的利用率，在一定程度上也弥补了校际之间水平发展不均衡带来的教育不公平问题。而且在校际课程资源交流与合作中，可以根据大家在使用过程中提出的建设性意见和新的资源使用需求，进一步更好地促进学校的课程资源发展。

校际资源的整合可以有许多种形式。从学校的不同类型来看，可以是中小学之间、大学与中小学之间的资源整合；从学校的发展实力来说，有强强联手、以强带弱，结成友好交流学校，形成教学联合体；从资源整合的具体内容来看，主要包括师资的共享、教学设施设备的共享、教育信息共享等；从资源整合的地域远近来看，可以分为区域内和跨区域的资源整合。这些不同类型的划分，只是帮助我们能够比较清楚地了解和认识校际资源整合的不同形式。地方和学校在实际操作中，完全可以做出因地制宜的选择。

1. 区域内的校际资源整合

区域内的校际资源整合，主要是指由于地缘临近，不同学校之间在各种课程资源上的相互整合与共享。其中，可以以一所办学力量强的学校为中心，向周围的其他学校辐射，组成资源共享协作区或者"教学联合体"，成立资源共享点的领导小组，制定资源共享的管理规章制度，逐步探索资源共享的基本模式。比如可以实现学校多媒体设施设备、实验设施等经济成本较高的资源共享，提高资源的利用率；通过开设各种各样的选修课程以及校际之间骨干教师的定期流动与交换等方式，实现优质师资的整合；以资源共享点为中心，组织各个学校的某一学科教师进行教学研讨，集体备课，相互沟通与交流，共同提高。

2. 跨区域的校际资源整合

跨区域的校际资源整合，由于学校之间相隔的空间距离较远，所以在很大程度上只能利用便利的远程教育网络的形式实现资源整合。很明显，这种形式的资源整合，在体育运动场地、实验室等硬件设施设备方面的共享已经不太现实，它主要是通过网络技术实现数字化的资源共享。也就是说，学校教师的备课资料、课件、优秀教学案例等资源，可以通过远程教育网实现共享。为此，我们需要加强远程教育网络的建设，以保证跨区域的校际之间的合作，实现课程资源的共享。尤其要特别注意我国偏远、落后地区农村中小学的远程网络建设问题。

当然，目前课程资源的校际整合还没有受到充分的重视，因为校际之间在进行合作时往往会考虑彼此的利益、成本以及可能引发的潜在竞争。这在区域内强强联合的问题上尤为明显和突出。为此，不仅需要各个学校

第十一章 课程资源的共享机制

进一步强化合作意识,形成一种良好的合作伙伴关系,更需要国家政府采取有力的措施促进学校与学校间的有效合作。指向各个学校的共同发展才能真正实现校际资源的整合与共享。

三、学校资源与社区资源的整合

学校资源与社区资源的有机整合是适应终身教育发展的时代需求,是构建学习型社区的现实呼唤。这种整合是双向互动性的,既指学校资源与社区共享,也指社区资源与学校共享。前者是指社区机构和人员对学校的设施设备、师资、教室和场馆等各种资源的合理利用,例如案例 11-1,成都市教育局的规定和 37 所中小学的实际做法都为当地社区享有和合理利用学校的各种课程资源提供了基本保证。学校资源与社区共享主要包括运动场、实验室、语音室等硬件设施和优质的师资资源。后者则是指当地社区中的各种课程资源,诸如社区街道管理机构、学生家长、有关社会人士、专业人员等人力资源,图书馆、各种活动场所等物质设施建设,以及当地的历史遗迹、风土人情等社区文化资源,能够为学校的课程实施提供有益的帮助和便利的条件。本部分所指的学校资源与社区资源的整合主要指向社区资源的学校共享方面。

案例 11-1　学校资源的社区共享案例[①]

从 2003 年 10 月起,四川省成都市市民就可以到居住地附近学校的操场晨练了。成都市教育局提出,操场和运动场每天早晨向社区居民开放,作为晨练场地,其他开放项目原则上在"双休日""五一""十一"七天长假和寒暑假向社区居民开放。开放的主要项目包括运动场、风雨操场、体育器械活动场、专用教室、语音室、实验室、普通教室、会场、图书阅览室及微机、职业培训设备、电化教育设备和图书刊物等。成都市锦江区 37 所中小学与 38 家社区签订《共建学习型社区协议书》,将学校教育资源向社区开放,共同"构建终身教育体系,建设学习型社会"。成都师范附属小学校长卢雪梅当众承诺:"我校将利用省、市示范校的优势,向社区开放良好的硬件设施和优质的师资资源。通过学校、老师、学生、家长的联系,启动家庭教育活动,在全社区共建学习型家庭。"成都市教育局正式下文,将"全市的中小学、幼儿园、职业中学的教育资源向社会开放"一事列入学校目标考核内容。

(一)学校与家长的合作

就广义的教育而言,学校、家庭和社会是三个密切联系的重要场所。

---

① 张燕. 对学校与社区资源共享的思考[J]. 教育科学研究,2006(5).

学校与家长的合作不仅是学校教师的基本职责，也离不开学生家长和全社会的积极支持和广泛参与。只有这三股力量有机交融、相辅相成，形成一股强大的教育合力时，才能实现最好的教育效果。在课程改革，尤其是在校本课程的开发过程中，应该充分利用学生家长群体这一尚未得到足够重视的课程资源形态。让每一位学生家长都积极支持和参与新课程改革，一定会收到不错的教育效果。在这一过程中，学校与家长的有效合作至为关键。

1. 家校合作的不同类型

目前，家校合作已经成为基础教育改革的一个重要研究课题，也是学校与社区资源整合的基本表现方式。所谓家校合作是指以促进学生发展为目的，家庭和学校两种力量互相配合、互相支持、互相协调的教育互动活动。对于家校合作的具体方式，一些国外学者从不同的角度进行了不同的类型划分[1]。例如英国北爱尔兰大学教授摩根（V. Morgan）等人按照家长参与的层次进行分类，主要包括三种：(1)低层次的参与，如访问学校、参加家长会、开放日、学生作业展览等活动；(2)高层次的参与，如经常性的家访、家长参与课堂教学和课外活动、帮助制作教具、为学校募集资金等；(3)正式组织上的参与，如家长咨询委员会等。

美国学者戴维斯（D. Davies）根据合作的目的来分，认为家校合作可以分为四类：(1)以解决目前教育中存在的问题为目的，如约见家长、成立临时咨询委员会等方式；(2)以促使家长参与其子女的教育为目的，如家庭教育指导、开放日等；(3)以利用社区资源来丰富学校教育为目的，如参观博物馆、开辟教育活动基地等；(4)以吸收家长参与教育决策为目的，如家长教师协会、家长咨询委员会等。

此外，美国学者兰根布伦纳（M. R. Langenbrunner）和索恩伯格（K. R. Thornburg）按照家长在家校合作中所担任的角色来划分，主要包括：(1)家长作为支持者和学习者，以这种角色参与的方式有家长学校、家长会、家长小报、家庭教育咨询、家校书面联系、电话联系和个别家长约见等；(2)家长作为学校活动的自愿参与者，主要有家长报告会、课外辅导、家长帮助指导特殊技能训练等合作方式；(3)家长作为学校教育决策的参与者，具体合作方式有家长咨询委员会、教师家长会、家长出任校董事会成员等。

以上这些不同类型的划分，其实就是根据不同的区分标准对各种各样

---

[1] 马忠虎. 基础教育新概念——家校合作[M]. 北京：教育科学出版社，1999：57－63.

第十一章　课程资源的共享机制

的家校合作方式进行了不同的组合。在实践中，各种类型的家校合作方式都需要以学生家长的积极支持和有效配合为前提条件，当然也更离不开学校的主导作用。

2. 争取学生家长的支持与配合

学生家长作为一种课程资源，具有易接受性和易获得性的特点。[①] 这一特点为新课程实施提供了较好的保证。但对于学校教师来说，首先需要树立家长是一种课程资源的意识。在开发和利用家长资源时，需要得到家长们的广泛支持，没有学生家长支持的课程改革往往是行不通的。

学生的家庭教育与生活对于其成长具有极为重要的影响。在家庭这一私人空间内，学生家长往往扮演着重要角色，因为学生在校的时间毕竟还是有限的，家庭仍然是学生活动的重要场所。在教育现实中，我们仍然可以看到学生家长"望子成龙""望女成凤"的急切愿望，所以很多家长在教育观念上认为孩子的考试成绩是第一位的，获得"高分"能够考上大学才是根本的，而其兴趣和个性发展、能力发展并不重要。于是在学校为学生"减负"的同时，学生家长却在不断为其子女"增负"。这种教育观念和行为与新课程改革倡导的理念存在着明显的不一致，往往导致新课程实施的效果不佳，以至出现"事倍功半"的情况。所以学校与学生家长的有效合作，需要争取家长对学校新课程改革实施的理解、支持和配合，促使学生家长深入了解和领会新课程的基本精神和实际做法，使家长真正走进新课程之中。

如果学校、教师与学生家长之间的理解与合作是消极的，就会在家校合作中形成一道无形的壁垒，阻碍家校合作共同促进学生健全发展的初衷。实际上，家校合作中家长的积极参与不仅是家长的权利，更是家长的义务。在学校教育的管理决策、学生学习的沟通和反馈、校本课程开发活动等方面，家长们应该积极并自觉贡献自己的智慧、信息和资源。学校应争取学生家长的支持与配合，以保证学校能够开发和利用家长资源。

学生家长参与学校教育活动，需要家长对孩子的教育持积极的态度和浓厚的兴趣。那么如何争取学生家长的广泛支持和配合呢？我们可以从以下几个方面来入手：第一，利用召开家长会的时机，对学生家长进行新课程的宣传和培训活动，使家长认识到当前教育变革的基本理念和做法，转变他们的教育观念，使家庭中形成与学校教育相和谐的氛围。第二，开展"教学开放周"活动，把学生家长请进学校课堂，进行教学观摩活动，让他们亲身体会新课程的实际变化。第三，为了实现学生评价的多元化和过程

---

① 王爱菊，徐文彬. 学生家长：一种重要的课程资源[J]. 新课程研究，2005(7).

性，让学生家长在"档案袋评价"过程中切身体会到学生的发展和变化。通过多种途径和方式帮助家长真正理解新课程。这样才能获得他们的大力支持和积极配合。

3. 发挥学校的主导作用

家校合作的有效开展，学校主导作用的发挥尤为关键。因为相对于学生家长来说，学校是一个专门的教育机构，拥有大量的专业人员，能够按照教育规律科学地对儿童进行教育教学活动。如果学校、教师没有与学生家长合作的主观愿望，那么就不可能有家长热情参与的客观现实，挖掘和利用潜在的家长资源也就成为一句空话。但是，要求学校在家校合作中发挥主导作用，并不是说学校是一种支配或指导的角色，学校应该是服务角色。学校与家庭的互动不是单向的传达行为，不是向学生家长简单地"告状""传递学生在校信息"和"布置学校任务"，而是两者之间平等地双向互动、沟通与对话，以解决学生在教育中的具体问题、促进学生的不断发展进步为目标指向，最终充分利用学生家长资源的潜在价值。这样，学校与教师必须要重新定位自身的角色位置才能保证家校之间合作的有效性。

(二)学校与社区的文化联通

传统的学校观念认为，学校与社区是两个相互隔离的不同系统，学校是社区中的一座"孤岛"，不向社区开放。随着人们对学校与社区关系认识的不断深化与发展，更多的人主张学校与社区之间是密切联系的。任何学校都存在于一定的社区之中，社区的环境与活动影响着学校和学生。

在民主的、开放的社会中，要求学校与社区之间形成合理的、建设性的关系，强调学校与社区之间的沟通与互动。一方面，学校作为社区的文化教育中心和传播科学技术的中心，学校的设施设备、场馆资源应该向社区开放。学校应该协助社区居民满足其文化教育的需求，清除社区环境中的不良因素，改善社区的生活，共同建设和发展社区。另一方面，社区是学校教育发展的基础，参与学校培养教育学生的任务，参与学校的发展规划，把学校发展和社区发展紧密结合起来，协助学校解决各种问题，支援学校财物，参与对学校工作和成果的监督和评估，为学校提供教育教学资源，提供学校良好的育人环境。

对于学校与社区之间建立良好关系的基本目的，艾尔伯特·豪勒德(Albert E. Holliday)认为主要在于两个方面：一是促进学生获得更大成就(建立有利于教育的学校环境和家长、居民的参与)；二是让社区居民对教

第十一章 课程资源的共享机制

育有更多的理解，从而谋求更多的财政支持。[①] 从这一观点出发，学校与社区间的关系侧重于社区资源的学校共享方面，就是学校通过特定的活动方式，以学生的更多、更好的发展为目标来获取社区人员对学校教育的理解与支持。因此，如何从社区中发掘、利用与整合各种潜在的资源，丰富学校教育活动的基本内容，实现学校与社区在文化建设和物质建设上的双向互动与有效合作，将是我们面临的一个重要课题。

1. 学校与社区在文化建设上的关系

一般来说，校园文化主要包括制度文化、物质文化和精神文化三个层面。对于一所学校来说，良好的校园文化氛围诸如优美整洁的校园环境、学校的历史传统、校风、学风等，都对学生的健康成长起着潜移默化的重要作用。社区文化是指一定区域内社会共同体所反映出来的有关人的行为模式、社会习俗、价值观念、思维定向、地域心态等文化现象的总和。它具有社会整合、情感交流和价值导引的基本功能。所以社区文化建设必须从社区群体的共同利益和实际需要出发，确立共同的价值目标，提升社区成员的自身素质，形成良好的人际互动关系，造就浓厚的社区文化氛围，从而不断促进社区成员的认同感与归属感。

如果就文化建设主体来说，社区文化可以包括一定地域范围内的校园文化、企业文化、军营文化等。如果从文化群体的角度来看，社区文化和校园文化都是一种亚文化形态，两者处于并列的关系。在这里，我们是从文化群体的角度出发来理解学校与社区在文化建设上的沟通与互动关系。

2. 学校与社区在文化建设上互动的重要意义

学校与社区在文化建设上是相辅相成、互为依托的，两者的沟通与互动也具有重要的现实意义。总的来说，学校与社区在文化建设上的沟通与互动，对于进一步丰富校园文化的内涵，帮助中小学生更好地认识、了解和适应社会，促进学生的社会化进程等都具有重要意义。同时，对于提升社区成员的文化素养和生活质量，促进社区文化的发展也存在着不可低估的实际价值。

对于社区来说，可以借助校园的特殊文化氛围，为社区文化建设注入环境育人的特殊效能。学校在一定条件下向社区开放，组织社区成员参与学校的教育教学活动，可以让他们感受到学校教育的特殊力量，在潜移默化的人文环境下不断提升社区成员的文化素养。同时，社区还可以积极地、富有建设性地参与学校管理，促进校园文化建设向活动形式多元化、活动

[①] [美]倍根，[美]格莱叶. 学校与社区关系(第 7 版)[M]. 周海涛，译. 重庆：重庆大学出版社，2003.16.

内容个性化发展，并辐射整个社区，从而形成社区文化建设的区域特色，提高社区文化建设的社会效益，不断提升社区居民的生活质量。

对于学校来说，社区文化不仅是校园文化的丰富源泉，更会深刻地影响中小学生文化素质水平的提升。社区中的一些共同行为方式，诸如不准随意乱扔垃圾、爱护小区公共设施等日常生活行为，对中小学生产生着重要的影响。当社区成员都自觉地遵守这些行为规范时，往往能够营造一种积极的环境氛围，并具有教育意义；反之，当社区成员缺乏良好的社会公德习惯时，往往会产生一种消极的、具有破坏性的心理文化环境。此外，社区内人际关系状况、道德风貌、思维方式、文化传统、对待学生学习与发展的价值态度等，也在一定程度上制约着学校的文化建设。

3. 校园文化与社区文化互动的基本途径

学校开发和利用课程资源，不仅要考虑到如何开发和利用社区的资源为学校服务，还要考虑如何主动地融入当地社区，成为社区文化建设的有机组成部分，为社区的发展承担应有的责任、做出应有的贡献，最终实现学校课程资源对社区的有效辐射，成为社区文化发展的强大动力。

学校与社区在文化建设上的沟通与互动，从校园文化的角度来考察，就是要实现校园文化活动的社区化。校园文化活动的社区化，就是不断将校园文化建设的"触须"延伸到社区这一更大的环境范围，从而拓宽校园文化建设的实际内容和活动空间。对此，我们可以采取的主要措施有：第一，建立校外教育基地。如爱国主义、革命传统教育和艰苦奋斗教育的基地以及各种义务劳动、公益劳动的基地等。它既有利于学生的全面发展，又有利于学校对社区文化的辐射、导引。第二，学校与社区联手，举办各种文化活动。它要求学校打破封闭模式，积极主动参与社区的政治、经济、文化教育活动。学校与社区相互合作，组织开展各种节假日文化活动；学校可以把丰富多彩的文艺、体育、科技活动办到社区，以科技文化活动为依托，通过多种渠道和形式为社区服务。第三，重视学生的社会实践活动。学校的社会实践活动，是校园文化建设的重要内容之一。学校由于自身的特点和局限，往往很难为学生提供更广泛的学习内容和空间，而社区文化建设活动则可以利用社区的各种资源——如工厂、医院、部队营房、图书室、影院、福利院、车站、码头、市场和商场等，为学生的社会实践活动提供更多的选择、更广的视野和更丰富的情感体验。

(三) 学校与社区的物质条件互补

学校与社区不仅在文化建设上保持沟通与互动，在物质建设上也需要进行合作。然而，有关调查研究表明：学校利用社区场馆资源的情况并不

第十一章 课程资源的共享机制

理想;学校向社区开放学校教育资源的积极性也并不高。① 为了不让学校成为社区内的一座"文化孤岛",必须实现学校与社区在物质资源上的共享。首先,学校在物质资源不足的现实情况下,应充分调动社区的各种物质资源,如图书馆、文化馆、纪念馆、体育运动场地等,为学校的条件性资源建设服务,这是解决学校实际困难的有效措施。实际上,这些资源的开发和利用需要学校和老师有敏锐的眼光和意识,能够积极主动地走出去,与社区内有关单位建立相对固定的合作关系,并就有关资源的利用问题达成一定的协议,为日后学校正常的教育教学需求服务。

其次,学校可以在不影响正常教育教学活动的前提下,在设施设备上为社区提供便利的条件。社区可以借助学校的普通教室举办市民学校,开展各种学习辅导、宣传教育活动;借助学校的计算机教室、语音教室提高社区成员对现代先进技术的认知水平;借助学校的多功能厅、多媒体教室开展丰富多彩的艺术欣赏和文化娱乐活动;借助学校的体育设施设备开展全民健身和体育竞赛活动。凡此种种,校园可以为社区成员提供多种活动的空间和设施。

开放中小学校场地、设施设备等物质资源,可以提升社区居民的涵养,凝聚社区意识,强化社区生活品质,建立学习型社区。中小学校场地、设施设备向社区的开放,必须以校内的教育教学为基本前提,同时还要注意解决好以下几个问题②:

第一,服务对象问题。向社区开放意味着学校场地、设备在完成为本校师生提供教学服务的情况下,还要考虑社区居民各种各样的体育运动、信息文化需求,它的服务对象包括本校师生和社区居民。对这个问题的正确认识是开展学校场地、设备向社区开放工作的前提。

第二,学校场地、设备购置和维修经费问题。由于各级学校教育经费多用于校内教育教学,从事社区教育的经费往往有限,有些学校虽运用社会赞助和寻求政府补贴,但总是杯水车薪且非经常性、稳定的财源,实非长远之计。所以,要使学校教育社区化的工作真正落实,不仅需要多宣传、沟通,还必须积极争取政府补贴、完善经费使用制度,向政府争取维护修缮的补助经费,并整合社区其他机构财源,以相当的数额作为推动社区教育的基金,运用场地租借等多种模式将运动设施开发营运,增加学校财源,从而扎实有效地推动此项工作的开展。

---

① 李继星.学校不能成为社区的"文化孤岛"——社区与中小学相互开放教育资源的调查分析[J].中小学管理,2005(11).

② 张燕.对学校与社区资源共享的思考[J].教育科学研究,2006(5).

第三，具体开放时间问题。学校场地、设施设备可以规定课间和白天只向校内师生开放，一方面是考虑到社区居民的作息时间；另一方面又可以不影响学校的正常教育教学秩序。保证晚上尤其是周末、公共假期向社区居民开放。此外，寒暑假期也可以适度向社区开放。也就是说，学校场地、设施设备的开放不得影响到正常的教育教学秩序。

第四，服务内容和服务方式问题。学校场地、设备要突破以往只为教育教学服务的局限，将服务内容扩大到居民关心的日常生活问题，使之成为社区的文教中心，主导社区文化活动，提倡居民正当的休闲活动。例如，社区居民在生活和工作中常有许多问题需要解决，但不知道通过什么途径可以解决。学校图书馆可通过热情、可靠、高质、快捷的服务，为他们排忧解难。这些服务包括法律、医疗、保险、交通、旅游、家政、财产及计划生育等方面。学校通过调查研究，了解本区居民的需要，特别是某个时期的热点、难点问题，搜集各种相关信息，通过各种方式主动及时地向居民提供信息咨询服务。

第五，工作量增加问题。学校服务对象扩大，服务时间延长，这些都有形或无形地加大了学校人员的工作量。目前，一般学校在人少事繁的现实环境中，大多有人力不足的问题。因此，学校一方面可以提出申请，增加编制；另一方面可以在社区中招收义务服务员（如鼓励家长、社区居民及师生加入），让他们参与学校管理，使他们成为学校与社区的联络员。

四、课程资源的数据库建设

在推进教育信息化发展的进程中，教育资源的数据库建设是实现资源共享的一种有效手段。伴随着远程教育网络体系的建设以及中小学"校校通"工程的迅速发展，数字化的课程资源已经越来越凸显其重要的作用。从社会整体上来说，在一个大数据化的时代背景下，课程资源的数据库建设能够逐步缩小我国东西部地区之间办学条件与需求的差距，极大地弥补学校中课程资源短缺的现实困境，有助于促进基础教育均衡地可持续发展。从具体的教学实践来说，它超越了时空的限制，能够满足教师们对优质课程资源的渴望与需求，具有简捷方便、执行速度快、节省时间、可重复性以及实行个别化教学等特点。因此，如何使各种课程资源可以在一个开放的网络平台上，基于同样的技术规范，方便地实现资源的共享和互换，提高资源建设的效率和利用率是资源建设的头等大事。

"数据库"是计算机领域内的一个专业术语，其本质就是关于各种数据的排列与集合，且能够被查询和调取。顾名思义，课程资源的数据库就是关于各种课程资源的汇集。它通过互联网络技术来实现彼此共享，便于不

第十一章 课程资源的共享机制

同用户对有关信息资源的检索和利用。教育资源库根据不同的标准可以有不同的类别形式。从教育资源库的内容维度来看，根据《现代远程教育资源建设技术规范》的规定，它一般包括媒体素材库、题库、案例库、课件库和网络课程建设，以及适合多种教学模式的教学支撑系统和现代远程教育管理系统的研制开发等。[①] 从教育资源存储的方式来看，资源库包括结构化和非结构化两种形式。前者一般以表格的方式来组织资源及其内部的关系，主要存储在数据库中；后者一般指以文件的形式存储在硬盘或其他介质上的资源，它是我们日常认识的资源库形式。从教育资源库的层次来说，它可以分为三个层次：国家级教育资源库；分类教育资源库；学校、公司或教师个人的网站。不论是教育资源库的层次划分，及其所包含的具体内容方面，还是资源的具体存储形式，都对课程资源的数据库建设具有借鉴作用。以下我们主要从教育资源库的层次维度来加以认识。

(一) 综合资源库

综合资源库不仅限于某一专门类别，而是根据不同的分类方式，对多种多样的课程资源加以组合所形成的。从资源库的层次上说，国家级教育资源库基本上都属于此类。我们通常所说的中小学教育资源库建设，也主要就是谈论综合资源库问题。当前，国内外许多学校和商业机构都涉足了中小学教育资源库的建设，开发了众多规模不一的资源库，国外的如Gateway、ERIC(教育资源信息中心)；国内的有国之源、校际通教育资源库以及TCL、科利华、K12等公司开发的教育资源库、国家教育管理信息系统等。这些资源库都是综合的，包含各类课程资源。案例11-2介绍的两种资源库则反映了综合资源库的基本情形。

案例11-2 综合教育资源库

1. K12教育资源库

K12中小学教育教学网上有软件交流中心(可以下载各学科教学软件)、教案交流中心、试题交流中心、素材交流中心、论文交流中心、教师个人专辑等。同时还有一个K12研究性学习资源包，包内有研究性学习基础资源库、研究性主题网站集锦、研究性学习教学案例实录、《基于网络的研究性自主学习导学》学生手册、《如何开展研究性学习》专家讲座的网络课程等。

2. 中国基础教育资源库

中国基础教育资源库中学版由14个学科子库，共51张光盘组成。它

[①] 李烁，冯秀琪．关于教育资源库建设的几点思考[J]．中国电化教育，2003(1)．

涵盖初高中语文、数学、英语、历史、地理、政治、物理、化学、生物、体育与健康、信息技术、艺术教育等各个学科，并针对不同学科特点，提供各类素材，并按照课程改革的新标准和新教材来组织，既满足当前教学，又适应未来需要。同时，素材的分类方法便于用户添加素材，扩充资源库。同时它还提供内容更为详尽的演示光盘。用户既可以选择安装整套资源库，也可根据需要单独安装任意一个学科子库。

在案例11-2中，我们可以发现两种资源库都包含着众多的子库，子库按照不同的分类进行资源重新组合。K12资源库是以主题的方式进行分类的，中国基础教育资源库则主要是按不同学科进行组合。综合资源库既有官方的，也有企业开发的；既有可以在网络上免费使用的，也有相当一部分是收费服务的。对各个学校来说，可以购买一些资源库供校内的师生使用。

中小学教育资源库应该按照课程标准来整合各种资源形态。按新课程标准整合资源，按应用目录索引形式呈现网络资源，使之从单一的素材库转而为新课程设计、实施和评价提供全面信息支持的教学资源库。中小学教育资源库包括媒体素材、量规集、教与学工具与模板、课件、案例、文献资料、课程和目录索引八个部分。它与新课程构架相匹配，以学习主题（不仅仅是知识点）为主线，对素材资源进行集成，呈现给用户的不是素材的堆积，而是真正意义上的主题学习资源，这将为原始素材的提炼、整合、集成提供一种可操作的开发思路。[①] 所以在具体建设过程中，应该遵循与基础教育课程标准保持一致的《基础教育教学资源元数据规范》的指导，加强在数据库的开发、资源管理平台的开发、资源内容的开发等方面的建设。

（二）学科资源库

在今天的网络时代，信息资源种类繁多、内容也相当丰富，但能够检索到的有用资源比例很小，尤其是缺乏与基础教育阶段各学科课程教学相适应、与课程教材相配套的课程资源。这需要我们加强不同学科的教育资源库建设。所谓学科资源库，就是专门针对中小学某一特定学科所开发的一种资源库。每一学科都可以找到一些与本学科相关的专门资源库或网站，学校教师和学生可以根据自己的实际需求来加以选择。在综合资源库的相应学科板块中可以发现某一学科子库，例如案例11-2中的中国基础教育资源库。案例11-3则是关于英语学习的网络资源网站，或者说是英语学科的资源库。

---

① 张友文．中小学教育资源库建设的实施与管理[J]．中小学信息技术教育，2004(9)．

案例11-3　网上英语学习资源①

Dave英语学习咖啡屋(http：//eslcafe.com)是由Dave Sperling主持的一个面向英语学习者和英语教师的英语学习网站。主要内容有：本站语言学习新闻、商业英语、英语教师论坛、一日一题、英语习语、短语动词、名言隽语、历史上的今天等。

英语网上向导(http：//www.esldirect.com)是一个旨在提高英语学习者词汇、阅读及写作能力的交互式英语学习网站。网站内含大量的语言学习游戏，有专家修改学生的英语作文并有一个加拿大文化专栏。主要栏目包括：本周语言课程、趣味英语游戏、教师参考资料、加拿大掠影等。

英语在线(http：//www.englishonline.net)网站提供免费英语会话课程，该课程每日更新，同时每天还提供托福习语和词汇辅导，并有网上英语聊天及写作教程等项目。

网上英语城(http：//englishtown.com)提供免费网上英语学习在线服务。主要栏目包括：在线英语课程、英语聊天室、国际英语笔友俱乐部及英语课程教案等。

网上免费英语(http：//freeenglish.com)。只要下载一个English Pro Web Edition的软件，就可以免费浏览、下载一个网上语言学习课程。下载以后学生可离线学习。该网站的主要内容有交互式英语小测验、游戏、网上聊天等。

英语词汇专家(http：//www.wordsmith.org)。该网站旨在帮助英语学习者学习英语词汇。主要栏目有一日一词、在线英语字典、同义词、拼字游戏、缩略词大全等。这些项目都可以通过邮件的方式获得。

英语空间(http：//www.syonline.net.cn/edu/english)提供英语新闻、名篇欣赏、英语题库及实用英语学习资料。

中青网英语角(http：//www.cycnet.com/englishcorner/index.hmt)主要提供英语学习背景知识、文章选读、自学测试及聊天室。

在案例11-3中，每一个英语学习的网站都明确规定了学习目的以及可以操作的具体栏目内容，这些都有助于学习者根据自己的需要来加以选择。学科资源库只针对某一具体学科的资源进行开发，它更能体现出专业的特性，在资源库建设中也相对要深入、细化一些，也更有利于满足学习者学习的选择性需求。

(三)学校资源库

在计算机网络技术突飞猛进的当今时代，学校资源库建设面临前所未

---

① 武和平. Internet时代的英语教师与英语教学[J]. 电化教育研究，2002(8).

有的机遇，学校管理也因此需要借助先进信息科技手段，实现课程资源建设的跨越式发展。

1. 教育资源库建设存在的问题

中小学教育资源库对教育教学的实际效用是一件非常明显的事情。但在目前的开发与建设中还存在着一些问题，诸如：教育资源泛滥、重复率高；搜索引擎的智能化程度不高，资源导航系统功能不强，无法根据用户需要精确定位资源；资源库建设缺乏一个相对统一的标准；资源内容的更新速度慢、时效性差等。这些问题导致师生只能走马观花式地浏览页面，有效资源的检索困难在一定程度上脱离了学校教学实际的具体需求，使师生难以获得合适的资源内容。同时，不同系统之间的兼容性不够，无法做到不同资源库之间的资源共享和相互操作。比如，现在市场上的资源库各有自己的优势与缺陷，一些学校就采购了多套不同的资源库，并试图集合众家之长，但如何将这些不同版本的多套资源库合并为一套资源库，则是这些学校面临的一个非常实际、也是非常头疼的事情。因为一些公司在开发中是各自为政的，无论在技术平台，还是在数据库结构上都是不一样的，所以不同资源库之间的整合对于普通用户来说是难以做到的。而这对于资源的使用和积累都是很不利的。

除了教育资源库开发本身的客观性问题外，学校教师在主观上利用资源库的意愿也直接关涉到资源库的建设问题。例如，有人调查了10所购置了资源库的学校，得到的回答非常一致：教师在教学中利用资源库的次数很少，资源库的利用率很低。其原因可能是学校的信息化程度不高，教师本身就很少利用信息技术手段；也可能是从资源库中检索到的资源陈旧或者不符合教学实际的需要，远远不如从互联网上直接搜索资源；也可能是教师使用这些资源往往需要二次加工，而加工起来比较困难，并且这些资源整合到课件中也比较困难，所以教师不太愿意使用资源库。[1] 由于以上主观与客观两个方面的问题，每一所学校都应该在校园网日益普及的契机下，加强学校自身的资源库建设，以满足学校教师教学和学生学习的现实需要。

2. 学校资源库建设的建议

学校需要建设适合自身需求的资源库，并恰当地保持学校的个性与特色。其实，资源库本身只是一个开放的、共享的虚拟空间范围，学校资源库的建设就是要能够有效地整合各种各样的课程资源，而不是另起炉灶去

---

[1] 张文军，李云淑，王俊．高中课程资源开发和利用的实践智慧[M]．北京：高等教育出版社，2004．221．

重新开发庞大的数据库。因此,要建设好学校资源库,我们应该注意做到以下两个方面:

(1)在资源库建设中谋求专门指导和有效合作

学校资源库建设不是单独作战,而是需要有专门机构进行指导和管理。我们从教育资源库建设的层次性可以知道,学校是资源库建设的一个重要主体。但作为一个最微观的组织实体,如果缺乏官方的统一协调管理和有关公司的技术力量支持,期望由学校任课教师制作高质量的资源存在着一定的实际困难,而且资源建设很容易停留在低水平的简单重复上。这就需要地方教育主管部门加强对教育资源库建设的整体性规划,协调学校之间进行密切沟通;同时加强学校与有关公司的有效合作,使教育、技术和资金等各种资源得到最大限度地整合。

(2)不断增加资源库的储存量

增加与丰富教育资源库的储存量的具体方式主要有:第一,鼓励学校教师、学生自行设计开发资源。目前各个学校的资源库主要是通过购买方式获得的,因此许多教师在需要使用某一课程资源时,往往难以发现合适的资源。学校可以通过组织一些课件制作大赛和多媒体素材的评选活动,鼓励师生积极参与资源的设计与制作,开发出一些具有实用价值的课程资源。同时,教师的教案设计、备课素材、教学感悟以及学生的学业作品等也可以不断添加到资源库中,以逐步形成学校自己的特色或个性资源库。第二,保证资源库建设的教育经费到位。教育资源库的建设不可能一次性完成,它是一个动态发展、长期投入与更新的过程。为此,学校在有限的教育经费中,必须保证专款专用,及时地更新和丰富资源的内容,以便更好地满足师生的基本教学需要。第三,可以通过网上免费下载和相互交换的方式直接获取最新的资源,并对这些资源加以整理归类,不断充实本校教育资源库的建设。当然在这个过程中,需要教师能够对网上资源进行有效的鉴别和筛选,以保证资源本身的权威性、科学性和适切性。